Grols Verlage

„Bücher sind wie Fallschirme. Sie nützen uns nichts, wenn wir sie nicht öffnen."

Gröls Verlag

Redaktionelle Hinweise und Impressum

Das vorliegende Werk wurde zugunsten der Authentizität sehr zurückhaltend bearbeitet. So wurden etwa ursprüngliche Rechtschreibfehler *nicht* systematisch behoben, denn kleine Unvollkommenheiten machen das Buch – wie im Übrigen den Menschen – erst authentisch. Mitunter wurden jedoch zum Beispiel Absätze behutsam neu getrennt, um den Lesefluss zu erleichtern.

Um die Texte zu rekonstruieren, werden antiquarische Bücher von Lesegeräten gescannt und dann durch eine Software lesbar gemacht. Der so entstandene Text wird von Menschen gegengelesen und korrigiert – hierbei treten auch Fehler auf. Wenn Sie ebenfalls antiquarische Texte einreichen möchten, finden Sie weitere Informationen auf www.groels.de

Viel Freude bei der Lektüre wünscht Ihnen das Team des Gröls-Verlags.

Adressen

Verleger: Sophia Gröls, Im Borngrund 26, 61440 Oberursel

Externer Dienstleister für Distribution & Herstellung: BoD, In de Tarpen 42, 22848 Norderstedt

Unsere „Edition | Werke der Weltliteratur" hat den Anspruch, eine der größten und vollständigsten Sammlungen klassischer Literatur in deutscher Sprache zu sein. Nach und nach versammeln wir hier nicht nur die „üblichen Verdächtigen" von Goethe bis Schiller, sondern auch Kleinode der vergangenen Jahrhunderte, die – zu Unrecht – drohen, in Vergessenheit zu geraten. Wir kultivieren und kuratieren damit einen der wertvollsten Bereiche der abendländischen Kultur. Kleine Auswahl:

Francis Bacon • Neues Organon • **Balzac** • Glanz und Elend der Kurtisanen • **Joachim H. Campe** • Robinson der Jüngere • **Dante Alighieri** • Die Göttliche Komödie • **Daniel Defoe** • Robinson Crusoe • **Charles Dickens** • Oliver Twist • **Denis Diderot** • Jacques der Fatalist • **Fjodor Dostojewski** • Schuld und Sühne • **Arthur Conan Doyle** • Der Hund von Baskerville • **Marie von Ebner-Eschenbach** • Das Gemeindekind • **Elisabeth von Österreich** • Das Poetische Tagebuch • **Friedrich Engels** • Die Lage der arbeitenden Klasse • **Ludwig Feuerbach** • Das Wesen des Christentums • **Johann G. Fichte** • Reden an die deutsche Nation • **Fitzgerald** • Zärtlich ist die Nacht • **Flaubert** • Madame Bovary • **Gorch Fock** • Seefahrt ist not! • **Theodor Fontane** • Effi Briest • **Robert Musil** • Über die Dummheit • **Edgar Wallace** • Der Frosch mit der Maske • **Jakob Wassermann** • Der Fall Maurizius • **Oscar Wilde** • Das Bildnis des Dorian Grey • **Émile Zola** • Germinal • **Stefan Zweig** • Schachnovelle • **Hugo von Hofmannsthal** • Der Tor und der Tod • **Anton Tschechow** • Ein Heiratsantrag • **Arthur Schnitzler** • Reigen • **Friedrich Schiller** • Kabale und Liebe • **Nicolo Machiavelli** • Der Fürst • **Gotthold E. Lessing** • Nathan der Weise • **Augustinus** • Die Bekenntnisse des heiligen Augustinus • **Marcus Aurelius** • Selbstbetrachtungen • **Charles Baudelaire** • Die Blumen des Bösen • **Harriett Stowe** • Onkel Toms Hütte • **Walter Benjamin** • Deutsche Menschen • **Hugo Bettauer** • Die Stadt ohne Juden • **Lewis Caroll** • *und viele mehr….*

Baruch de Spinoza

Ethik

Inhalt

Vorwort

Diese Neuausgabe der „Ethik" von Spinoza legt die Auerbachsche Übersetzung (erste Aufl. 1841; zweite Aufl. 1871) zugrunde, die selbst eine Umarbeitung der im Jahre 1812 erschienenen Übersetzung von F. W. V. Schmidt darstellt. Die Auerbachsche Übertragung, von der ein zeitgenössischer Spinoza-Forscher rühmend bemerkt, daß sie unter allen am glücklichsten Treue und Lesbarkeit vereinige, mußte allerdings gründlich durchgesehen und genau mit dem lateinischen Text verglichen werden, der in Bd. 1 der trefflichen Ausgabe der „ Opera quotquot reperta sunt" (S. 35 bis 266), herausgegeben von J. van Vloten und J. P. N. Land, steht. Die textkritischen Bemerkungen der Herausgeber, sowie die Anmerkungen in der deutschen Ausgabe der Ethik von Otto Baensch wurden mit Dank verwertet. Die Übertragungen von Baensch (J. Meiner) und J. Stern (Reclam) wurden gelegentlich verglichen. Es ist versucht worden, möglichst denselben lateinischen Ausdruck auch stets durch denselben deutschen Terminus wiederzugeben. Von der außerordentlich zahlreichen Literatur über Spinoza seien nur einige der bedeutendsten neueren Schriften herausgegriffen, zunächst, was das Leben betrifft, die ganz ausgezeichnete Biographie von J. Freudenthal: Spinoza, Sein Leben und seine Lehre. Erster Band (der zweite ist nicht erschienen): Das Leben Spinozas. Stuttgart. Fr. Frommanns Verlag (E. Hauff) 1904. Als Einführung in das Studium Spinozas ist sodann sehr geeignet: Kuno Fischer, Spinozas Leben, Werke und Lehre, 5. Auflage, besorgt von Karl Gebhardt. Heidelberg. 1909. Ferner seien empfohlen die Werke von Wenzel: Die Philosophie Spinozas. Leipzig; Franz Erhardt: Die Philosophie Spinozas im Lichte der Kritik. Leipzig 1908.

Dr. Artur Buchenau

Erster Teil / Von Gott

Definitionen

1. Unter *Ursache seiner selbst* verstehe ich das, dessen Wesen das Dasein in sich schließt, oder das, dessen Natur nur als daseiend begriffen werden kann.

2. Dasjenige Ding heißt in seiner Art *endlich*, welches durch ein anderes von gleicher Natur begrenzt werden kann. Ein Körper z. B. heißt endlich, weil wir immer einen andern größeren begreifen. So wird ein Gedanke durch einen anderen Gedanken begrenzt; der Körper aber nicht durch einen Gedanken, noch ein Gedanke durch den Körper.

3. Unter *Substanz* verstehe ich das, was in sich ist und aus sich begriffen wird; das heißt das, dessen Begriff nicht eines andern Dinges Begriff bedarf, um daraus gebildet zu werden.

4. Unter *Attribut* verstehe ich das, was der Verstand an der Substanz, als ihr Wesen ausmachend, erkennt.

5. Unter *Daseinsweise* verstehe ich die Affektionen der Substanz, oder das, was in einem andern ist, wodurch man es auch begreift.

6. Unter *Gott* verstehe ich das absolut unendliche Wesen, d. h. die Substanz, die aus unendlichen Attributen besteht, von denen jedes ein ewiges unendliches Wesen ausdrückt.

7. Dasjenige Ding wird *frei* heißen, das aus der bloßen Notwendigkeit seiner Natur existiert und von sich allein zum Handeln bestimmt wird; *notwendig* aber, oder vielmehr gezwungen, dasjenige, was von einem andern bestimmt wird, auf gewisse und bestimmte Weise zu existieren und zu wirken.

8. Unter *Ewigkeit* verstehe ich das Dasein selbst, sofern es aus der bloßen Definition eines ewigen Dinges, als notwendig folgend, begriffen wird.

Axiome

1. Alles, was ist, ist entweder in sich oder in einem anderen.
2. Das, was nicht durch ein anderes begriffen werden kann, muß durch sich selbst begriffen werden.

3. Aus einer gegebenen bestimmten Ursache erfolgt notwendig eine Wirkung; und umgekehrt, wenn es keine bestimmte Ursache gibt, so kann unmöglich eine Wirkung erfolgen.
4. Die Erkenntnis der Wirkung hängt von der Erkenntnis der Ursache ab und schließt dieselbe in sich.
5. Dinge, die nichts miteinander gemein haben, können auch nicht wechselseitig auseinander erkannt werden, oder der Begriff des einen schließt den Begriff des anderen nicht in sich.
6. Eine wahre Idee muß mit ihrem Gegenstande übereinstimmen.
7. Was als nicht daseiend begriffen werden kann, dessen Wesen schließt das Dasein nicht ein.

Lehrsatz 1. Die Substanz ist von Natur früher als ihre Affektionen.

Beweis. Dieser folgt aus Definition 3 und 5.

Lehrsatz 2. Zwei Substanzen, die verschiedene Attribute haben, haben nichts miteinander gemein.

Beweis. Dieser erhellt ebenfalls aus Definition 3. Denn jede Substanz muß in sich sein und durch sich begriffen werden, oder der Begriff der einen schließt den Begriff der andern nicht in sich.

Lehrsatz 3. Von Dingen, die nichts miteinander gemein haben, kann nicht eines die Ursache des andern sein.

Beweis. Wenn sie nichts miteinander gemein haben, so können sie (nach Ax. 5) nicht wechselseitig auseinander erkannt werden, und darum (nach Ax. 4) kann nicht das eine die Ursache des andern sein. Was zu beweisen war. **Lehrsatz 4.** Zwei oder mehrere verschiedene Dinge unterscheiden sich voneinander entweder nach der Verschiedenheit der Attribute der Substanzen, oder nach der Verschiedenheit der Affektionen derselben.

Beweis. Alles, was ist, ist entweder in sich oder in einem anderen (nach Ax. 1), d. h. (nach Def. 3 und 5) außer dem Verstande gibt es nichts als Substanzen und ihre Affektionen. Es gibt also nichts außer dem Verstande, wodurch mehrere Dinge voneinander unterschieden werden können, als die Substanzen, oder, was dasselbe ist (nach Def. 4), ihre Attribute und ihre Affektionen. W. z. b. w.

Lehrsatz 5. Es kann in der Natur nicht zwei oder mehrere Substanzen von derselben Beschaffenheit oder von demselben Attribute geben.

Beweis. Gäbe es mehrere verschiedene, müßten sie nach Verschiedenheit der Attribute oder nach Verschiedenheit der Affektionen voneinander unterschieden werden (nach dem vor. Lehrsatz). Wenn bloß nach Verschiedenheit der Attribute, wird also zugestanden, daß es dennoch nur *eine* Substanz von demselben Attribute gebe; wenn aber nach Verschiedenheit der Affektionen, so wird, da die Substanz von Natur früher ist als ihre Affektionen (nach Lehrsatz 1), wenn sie also ohne Affektionen und an sich betrachtet, d. h. (nach Def. 3 und 6) richtig betrachtet wird, sie nicht von einer andern unterschieden, begriffen werden können, d. h. (nach dem vor. Lehrsatz) es wird nicht mehrere, sondern nur eine geben können. W. z. b. w.

Lehrsatz 6. Eine Substanz kann nicht von einer anderen Substanz hervorgebracht werden.

Beweis. Es kann in der Natur nicht zwei Substanzen von demselben Attribute geben (nach dem vor. Lehrsatz), d. h. (nach Lehrsatz 2) die etwas miteinander gemein hätten; und deshalb kann (nach Lehrsatz 3) die eine nicht die Ursache der anderen sein, oder eine kann nicht von der anderen hervorgebracht werden. W. z. b. w.

Folgesatz. Hieraus folgt, daß die Substanz nicht von etwas anderem hervorgebracht werden kann. Denn es gibt in der Natur nichts als Substanzen und ihre Affektionen (wie aus Ar. 1 und Def. 3 und 5 erhellt). Nun kann sie nicht von einer Substanz hervorgebracht werden (nach obigem Lehrsatz), also kann eine Substanz überhaupt nicht von etwas anderem hervorgebracht werden. W. z. b. w.

Anderer Beweis. Dies läßt sich noch leichter durch den Widersinn des Gegenteils beweisen; denn, wenn die Substanz von etwas anderem hervorgebracht werden könnte, so müßte ihre Erkenntnis von der Erkenntnis ihrer Ursache abhängen (nach Ar. 4), und demnach (nach Def. 3) wäre sie nicht Substanz.

Lehrsatz 7. Zur Natur der Substanz gehört das Dasein.

Beweis. Die Substanz kann nicht von etwas anderm hervorgebracht werden (nach dem Folgesatz des vor. Lehrsatzes), und ist daher Ursache ihrer selbst, d. h. (nach Def. 1) ihr Wesen schließt notwendig das Dasein in sich, oder zu ihrer Natur gehört das Dasein. W. z. b. w.

Lehrsatz 8. Alle Substanz ist notwendig unendlich.

Beweis. Es kann nur *eine* Substanz von demselben Attribute da sein (nach Lehrsatz 5), und zu ihrer Natur gehört das Dasein (nach Lehrsatz 7); sie muß also ihrer Natur nach entweder als endliche oder als unendliche da sein; aber nicht als endliche. Denn (nach Def. 2) alsdann müßte sie von einer anderen, von gleicher Natur, die auch noch notwendig da sein müßte, begrenzt werden (nach Lehrsatz 7), also gäbe es zwei Substanzen von demselben Attribute, was widersinnig ist (nach Lehrsatz 5). Sie existiert also als unendliche. W. z. b. w.

1. *Anmerkung.* Da Endlichsein im Grunde eine teilweise Negation ist und unendlich eine absolute Bejahung des Daseins einer Natur, so folgt also schon allein aus dem Lehrsatze 7, daß alle Substanz unendlich sein muß.

2. *Anmerkung.* Ich zweifle nicht, daß es allen, die die Dinge unklar beurteilen, und die Dinge nicht nach ihren ersten Gründen zu erkennen gewohnt sind, schwer wird, den Beweis des 7. Lehrsatzes zu begreifen, weil sie nämlich zwischen Modifikationen und Substanzen und den Substanzen selbst nicht unterscheiden und nicht wissen, wie die Dinge hervorgebracht werden. Hierdurch kommt es, daß sie den Anfang, den sie bei den natürlichen Dingen sehen, auch den Substanzen andichten. Denn, wer die wahren Gründe der Dinge nicht kennt, verwirrt alles und fabelt ohne Widerspruch seines Geistes, daß die Bäume wie die Menschen reden, daß Menschen sowohl aus Steinen wie aus Samen gebildet, und daß alle Formen in alle anderen verwandelt werden können. So legen auch die, welche die göttliche Natur mit der menschlichen vermengen, leicht Gott menschliche Affekte bei, zumal, so lange sie auch nicht wissen, wie die Affekte im Geiste hervorgebracht werden. Wenn aber die Menschen auf die Natur der Substanz achteten, würden sie gar nicht an der Wahrheit des 7. Lehrsatzes zweifeln, ja dieser Lehrsatz würde ihnen allen als Axiom gelten und unter die Gemeinbegriffe gezählt werden; denn unter Substanz würden sie das verstehen, was in sich ist und durch sich begriffen wird, das heißt das, dessen Erkenntnis nicht der Erkenntnis eines anderen Dinges bedarf; unter Modifikationen aber das, was in einem anderen ist, und deren Begriff nach dem Begriffe des Dinges, an dem sie sind, gebildet wird, weshalb wir richtige Ideen von nicht daseienden Modifikationen haben können, da, obschon sie außer dem Verstande nicht wirklich da sind, doch ihr Wesen so in einem anderen begründet ist, daß sie durch dieses begriffen werden können. Die Wahrheit der Substanzen aber ist außer dem Verstande nirgends als in ihnen selbst, weil sie aus sich begriffen werden. Wenn jemand also sagt, er habe eine klare und bestimmte, d.h. richtige Idee von der Substanz, er sei aber dennoch

ungewiß, ob eine solche Substanz da sei, so wäre das wahrlich dasselbe, wie wenn er sagte, er habe eine wahre Idee, er sei aber dennoch nicht gewiß, ob sie nicht falsch sei (wie dem gehörig Aufmerksamen offenbar sein muß), oder, wenn jemand behauptet, die Substanz werde geschaffen, so behauptet er zugleich, daß eine falsche Idee wahr geworden sei; etwas Widersinnigeres als dies aber kann nicht gedacht werden. Demnach muß man notwendig zugeben, daß das Dasein der Substanz, wie ihr Wesen, eine ewige Wahrheit ist. Hieraus können wir auch noch auf andere Weise schließen, daß es nur *eine* Substanz von derselben Beschaffenheit gibt, was ich hier einer weiteren Darlegung wert erachtete. Um aber dies in Ordnung auszuführen, ist zu bemerken:

1. daß die richtige Definition jedes Dinges nichts in sich schließt noch ausdrückt, als die Natur des definierten Dinges, woraus sodann

2. folgt, daß keine Definition eine bestimmte Zahl von Individuen in sich schließt noch ausdrückt, da sie nichts anderes als die Natur des definierten Dinges ausdrückt. Z. B. die Definition des Dreieckes drückt nichts anderes aus, als die einfache Natur des Dreieckes, nicht aber eine bestimmte Zahl von Dreiecken.

3. bemerke man, daß es notwendig eine bestimmte Ursache jedes daseienden Dinges gibt, durch welche es existiert.

4. endlich bemerke man, daß diese Ursache, weshalb ein Ding da ist, entweder in der Natur selbst und der Definition des daseienden Dinges enthalten sein (nämlich, daß es zu seiner Natur gehöre, da zu sein), oder außer ihr liegen muß.

Aus diesen Sätzen folgt, daß, wenn in der Natur eine bestimmte Zahl von Individuen da ist, es notwendig eine Ursache geben muß, warum diese Individuen, und warum nicht mehr und nicht weniger da sind. Wenn z. B. in der Welt zwanzig Menschen da wären, die ich, der größeren Deutlichkeit wegen, als zusammen daseiend annehme, und so, daß keine anderen vor ihnen auf der Welt waren, so wird es nicht genügen (um nämlich den Grund anzugeben, warum die zwanzig Menschen da sind), die Ursache der menschlichen Natur im allgemeinen zu zeigen, sondern es wird überdies nötig sein, die Ursache zu zeigen, warum nicht mehr, noch weniger als zwanzig da sind, da (nach der Bem. 3) es notwendig von einem jeden einzelnen eine Ursache geben muß, warum er da ist. Diese Ursache kann aber (nach Bem. 2 und 3) nicht in der menschlichen Natur selbst enthalten sein, da die wahre Definition des Menschen die Zahl zwanzig nicht enthält; daher muß (nach Bem. 4) die Ursache, warum diese zwanzig Menschen da sind, und folglich, warum jeder einzelne da ist, notwendig außer einem jeden liegen, und deshalb ist absolut zu schließen, daß alles das, von dessen Natur mehrere Individuen da sein können, notwendig eine äußere Ursache haben muß, um da zu sein. Da es nun (wie schon in dieser Anmerkung gezeigt) zur Natur der Substanz gehört, da zu sein, so muß ihre Definition ihr notwendiges Dasein in sich schließen, und folglich muß aus ihrer bloßen Definition ihr Dasein geschlossen werden. Aus ihrer Definition kann aber (wie wir schon nach Bem. 2 und 3 dargetan) nicht das Dasein mehrerer Substanzen folgen, es folgt daher aus ihr notwendig, daß nur *eine* von derselben Natur da sei, wie in dem Lehrsatz angenommen wurde.

Lehrsatz 9. Je mehr Realität oder Sein jedes Ding hat, desto mehr Attribute kommen ihm zu.

Beweis. Dieser folgt aus Definition 5.

Lehrsatz 10. Jedes Attribut einer Substanz muß aus sich begriffen werden.

Beweis. Denn Attribut ist das, was der Verstand, als das Wesen der Substanz ausmachend, erkennt (nach Def. 4), und also (nach Def. 3) muß es aus sich begriffen werden. W. z. b. w.

Anmerkung. Hieraus erhellt, daß, wenn auch zwei Attribute als real verschieden begriffen werden, das heißt eines ohne Vermittlung des andern, wir daraus doch nicht schließen können, daß sie zwei Seiende oder zwei verschiedene Substanzen bilden; denn es gehört zur Natur der Substanz, daß jedes ihrer Attribute aus sich begriffen werde, da alle Attribute, welche sie hat, in ihr immer zugleich waren und eines nicht von dem anderen hervorgebracht werden konnte, sondern jedes die Realität oder das Sein der Substanz ausdrückt. Weit entfernt also, daß es widersinnig wäre, einer Substanz mehrere Attribute zuzuschreiben, ist vielmehr in der Natur nichts klarer, als daß jedes Seiende unter einem Attribute begriffen werden müsse, und daß je mehr Realität oder Sein es habe, es auch desto mehr Attribute habe, welche Notwendigkeit oder Ewigkeit und Unendlichkeit ausdrücken, und folglich ist auch nichts klarer, als daß das absolut unendlich Seiende notwendig definiert werden müsse (wie wir Def. 6 getan) als das Seiende, welches aus unendlich vielen Attributen besteht, von denen jedes eine ewige und unendliche bestimmte Wesenheit ausdrückt. Fragt man aber, durch welches Kennzeichen wir also die Verschiedenheit der Substanzen unterscheiden können, so lese man die folgenden Lehrsätze, welche zeigen, daß es in der Natur der Dinge nur *eine* Substanz gibt und daß diese absolut unendlich ist, weshalb man nach einem solchen Kennzeichen umsonst suchen würde.

Lehrsatz 11. Gott, oder die aus unendlichen Attributen bestehende Substanz, von denen jedes eine ewige und unendliche Wesenheit ausdrückt, existiert notwendig.

Beweis. Verneint man dies, so nehme man, wenn es möglich ist, an, daß Gott nicht existiert. Also (nach Ax. 7) schließt sein Wesen sein Dasein nicht ein. Nun ist dies (nach Lehrsatz 7) widersinnig, folglich existiert Gott notwendig. W. z. b. w.

Anderer Beweis. Von jedem Dinge muß eine Ursache oder ein Grund bezeichnet werden, sowohl warum es da ist, als auch warum es nicht da ist. Z. B. wenn das Dreieck da ist, muß es einen Grund oder eine Ursache geben, warum es da ist; wenn es aber nicht da ist, muß es auch einen Grund oder eine Ursache geben, welche verhindert, daß es da ist, oder welche sein Dasein aufhebt. Dieser Grund oder diese Ursache muß aber entweder in der Natur des Dinges, oder außerhalb derselben liegen. Z. B. der Grund, warum es keinen viereckigen Kreis gibt, wird von seiner Natur angegeben, nämlich weil das einen Widerspruch enthält. Hingegen warum die Substanz da ist, folgt aus ihrer bloßen Natur, weil sie nämlich das Dasein in sich schließt (siehe Lehrsatz 7). Der Grund aber, warum der Kreis oder das Dreieck da sind, oder, warum sie nicht da sind, folgt nicht aus ihrer Natur, sondern aus der Ordnung der ganzen Körperwelt; denn aus dieser muß folgen, daß entweder das Dreieck notwendig bereits da ist, oder daß es unmöglich ist, daß es jetzt existiert. Dies ist an sich klar. Hieraus folgt, daß dasjenige notwendig da ist, wovon es keinen Grund und keine Ursache gibt, die dasselbe hinderte, da zu sein. Wenn es daher keinen Grund und keine Ursache geben kann, welche hinderten, daß Gott da ist, oder welche sein Dasein aufheben, so ist durchaus zu schließen, daß er notwendig da ist. Wenn es aber einen solchen Grund oder eine solche Ursache gäbe, so müßte es sie entweder in Gottes Natur selbst, oder außerhalb derselben geben, d. h. in einer anderen Substanz von fremder Natur. Denn wäre sie von derselben Natur, so wird eben dadurch zugestanden, daß es Gott gibt. Eine Substanz aber, die von fremder Natur wäre, könnte nichts mit Gott gemein haben (nach Lehrsatz 2), mithin dessen Dasein weder setzen noch aufheben. Da es also einen Grund oder eine Ursache, die das göttliche Dasein aufhöben, nicht außerhalb der göttlichen Natur geben kann, so wird sie, wenn er nämlich nicht da ist, notwendig in seiner Natur selbst liegen müssen, was demnach einen Widerspruch enthielte. Aber dies von dem absolut unendlichen und höchst vollkommenen Seienden zu behaupten, ist widersinnig, und deshalb gibt es weder in Gott, noch außer Gott irgendeinen Grund oder eine Ursache, welche sein Dasein aufhöbe, und folglich existiert Gott notwendig. W. z. b. w.

Anderer Beweis. Möglicherweise nicht existieren, ist Unvermögen; dagegen existieren können, ist Vermögen (wie an sich klar). Wenn daher das, was jetzt notwendig da ist, nur endliche Seiende sind, so sind also endliche Seiende mächtiger, als das absolut unendliche Seiende, dies ist aber (wie an sich klar) widersinnig; daher existiert entweder überhaupt nichts, oder das absolut unendliche Seiende existiert auch notwendigerweise. Nun sind wir entweder in uns da, oder in einem anderen, das notwendig da ist (siehe Ax. 1 und Lehrsatz 7), also ist das absolut unendliche Seiende, d. h. (nach Def. 6) Gott, notwendig da. W. z. b. w.

Anmerkung. In diesem letzten Beweise habe ich Gottes Dasein *a posteriori* erweisen wollen, damit der Beweis leichter gefaßt würde, nicht aber deshalb, weil aus derselben Grundlage das Dasein Gottes nicht auch *a priori* sich ergebe. Denn, da möglicherweise Existieren Vermögen ist, so folgt, daß, je mehr Realität der Natur eines Dinges zukommt, es desto mehr Kräfte aus sich habe, da zu sein; und daß so das absolut unendliche Daseiende, oder Gott, ein absolut unendliches Vermögen, da zu sein, aus sich habe, und er darum absolut da ist. Viele werden aber vielleicht die Evidenz dieses Beweises schwer einsehen können, weil sie gewohnt sind, nur *die* Dinge zu betrachten, die aus äußeren Ursachen entstehen, und sie daraus, daß etwas schnell entsteht, das heißt leicht da ist, auch ersehen, daß es leicht untergeht, und sie dagegen dasjenige für schwieriger zu vollbringen, d. h. für nicht so leicht zu sein halten, wozu sie mehr erforderlich denken. Um sie aber von diesen Vorurteilen zu befreien, habe ich nicht nötig, hier zu zeigen, inwiefern der Satz: *was schnell entsteht, vergeht schnell,* wahr sei, noch auch, ob in Beziehung auf die ganze Natur alles gleich leicht sei oder nicht; vielmehr genügt es, dies hier zu bemerken, daß ich hier nicht von Dingen spreche, welche aus äußeren Ursachen entstehen, sondern von bloßen Substanzen, welche (nach Lehrsatz 6) von keiner äußeren Ursache hervorgebracht werden können. Denn Dinge, welche aus äußeren Ursachen entstehen, mögen sie aus vielen Teilen oder wenigen bestehen, verdanken alles, was sie an Vollkommenheit oder Realität haben, der Kraft der äußeren Ursache, und also entspringt ihr Dasein aus der bloßen Vollkommenheit der äußeren Ursache, nicht aber aus ihrer eignen. Was hingegen die Substanz von

Vollkommenheit hat, verdankt sie keiner äußeren Ursache. Darum muß auch ihr Dasein aus ihrer Natur allein folgen, welche deshalb nichts anderes ist, als ihre Wesenheit. Vollkommenheit hebt daher das Dasein eines Dinges nicht auf, sondern setzt es vielmehr; wohingegen die Unvollkommenheit es aufhebt, und deshalb können wir von dem Dasein keines Dinges gewisser sein, als von dem Dasein des absolut unendlichen oder vollkommenen Seienden, d. h. Gottes. Denn weil seine Wesenheit alle Unvollkommenheit ausschließt, und die absolute Vollkommenheit in sich schließt, so hebt es eben dadurch alle Ursache des Zweifelns an seinem Dasein auf und gibt die höchste Gewißheit von demselben, was, wie ich glaube, auch bei geringer Aufmerksamkeit einleuchten wird.

Lehrsatz 12. Kein Attribut der Substanz kann richtig begriffen werden, aus welchem folgte, daß die Substanz geteilt werden könnte.

Beweis. Denn die Teile, in welche die Substanz, so begriffen, geteilt würde, behalten entweder die Natur der Substanz, oder nicht. Wenn das erste, dann müßte (nach Lehrsatz 8) jeder Teil unendlich sein, und (nach Lehrsatz 6) Ursache seiner selbst, und (nach Lehrsatz 5) aus einem verschiedenen Attribute bestehen, und so könnten aus einer Substanz mehrere gebildet werden, was (nach Lehrsatz 6) widersinnig ist. Hierzu kommt, daß die Teile (nach Lehrsatz 2) nichts mit ihrem Ganzen gemein hatten, und das Ganze (nach Def. 4 und Lehrsatz 10) ohne seine Teile sowohl sein wie begriffen werden könnte; daß dies widersinnig, wird niemand bezweifeln können. Wenn aber das zweite gesetzt wird, daß nämlich die Teile nicht die Natur der Substanz behalten, so würde also, wenn die ganze Substanz in gleiche Teile geteilt wäre, sie die Natur der Substanz verlieren und aufhören, zu sein, was (nach Lehrsatz 7) widersinnig ist.

Lehrsatz 13. Die absolut unendliche Substanz ist unteilbar.

Beweis. Denn wenn sie teilbar wäre, behielten die Teile, in die sie geteilt würde, entweder die Natur der absolut unendlichen Substanz, oder nicht. Wenn das erste, so wird es also mehrere Substanzen von derselben Natur geben, was (nach Lehrsatz 5) widersinnig ist. Wenn das zweite gesetzt wird, könnte also (wie oben gezeigt) die absolut unendliche Substanz zu sein aufhören, was (nach Lehrsatz 11) ebenfalls widersinnig ist.

Folgesatz. Hieraus folgt, daß keine Substanz, und folglich keine körperliche Substanz, insofern sie Substanz ist, teilbar ist.

Anmerkung. Daß die Substanz unteilbar ist, wird noch einfacher daraus allein erkannt, daß die Natur der Substanz nur als unendliche begriffen werden kann, und daß unter einem Teil der Substanz nichts anderes verstanden werden kann, als eine endliche Substanz, was (nach Lehrsatz 8) einen offenbaren Widerspruch enthält.

Lehrsatz 14. Außer Gott gibt es keine Substanz und läßt sich auch keine begreifen.

Beweis. Da Gott das absolut unendliche Seiende ist, welchem kein Attribut, das das Wesen der Substanz ausdrückt, abgesprochen werden kann (nach Def. 6), und er notwendig da ist (nach Lehrsatz 11), so müßte, wenn es eine Substanz außer Gott gäbe, diese durch ein Attribut Gottes erklärt werden, und so wären zwei Substanzen mit demselben Attribut da, was (nach Lehrsatz 5) ungereimt ist; also kann es auch keine Substanz außer Gott geben, und folglich kann auch keine begriffen werden. Denn, wenn sie begriffen werden könnte, müßte sie notwendig als daseiend begriffen werden. Dieses ist aber (nach dem ersten Teil dieses Beweises) widersinnig; also kann es außer Gott keine Substanz geben und keine begriffen werden. W. z. b. w.

Folgesatz 1. Hieraus folgt auf das Deutlichste, erstens: daß Gott einzig ist, d. h. (nach Def. 6), daß es in der Natur der Dinge nur eine Substanz gibt, und daß diese absolut unendlich ist, wie wir in der Anmerkung zu Lehrsatz 10 schon angedeutet.

Folgesatz 2. Es folgt zweitens: daß das ausgedehnte Ding und das denkende Ding entweder Attribute Gottes, oder (nach Ax. 1) Affektionen der Attribute Gottes sind.

Lehrsatz 15. Alles, was ist, ist in Gott, und nichts kann ohne Gott sein, noch begriffen werden.

Beweis. Außer Gott gibt es keine Substanz und kann keine begriffen werden (nach Lehrsatz 14), das heißt (nach Def. 3) ein Ding, das in sich ist und aus sich begriffen wird. Die Modi aber können (nach Def. 5) ohne Substanz weder sein noch begriffen werden; weshalb diese allein in der göttlichen Natur sein, und aus ihr allein begriffen werden können. Nun gibt es außer Substanzen und Modis nichts (nach Ax. 1). Also kann nichts ohne Gott sein, noch begriffen werden. W. z. b. w.

Anmerkung. Manche stellen sich vor, Gott bestehe, wie der Mensch, aus Körper und Geist und sei den Leidenschaften unterworfen; aber wie weit diese von der richtigen Erkenntnis Gottes entfernt sind, ergibt sich zur Genüge aus dem schon Bewiesenen. Doch gehe ich auf sie nicht weiter ein; denn alle, die die göttliche Natur auf irgendeine Art erwogen haben, verneinen, daß Gott körperlich sei, was sie auch am besten daraus beweisen, daß sie unter Körper jede lange, breite und tiefe, durch eine gewisse Form bestimmte Masse verstehen und Widersinnigeres als dies kann von Gott, als dem absolut unendlichen Seienden ja nicht ausgesagt werden. Indes zeigen sie doch durch andere Gründe, wodurch sie eben dieses beweisen wollen, deutlich, daß sie die körperliche oder ausgedehnte Substanz selbst von der göttlichen Natur durchaus trennen und sie als von Gott geschaffen annehmen. Aus welcher göttlichen Macht sie aber geschaffen werden konnte, das wissen sie durchaus nicht, was deutlich zeigt, daß sie das, was sie selber sagen, nicht verstehen. Ich wenigstens habe meiner Meinung nach deutlich genug bewiesen (siehe Folgesatz zu Lehrsatz 6, und Anm. 2 zu Lehrsatz 8), daß keine Substanz von einer anderen hervorgebracht oder erschaffen werden kann. Ferner habe ich (Lehrsatz 14) gezeigt, daß es außer Gott keine Substanz gibt, noch eine begriffen werden kann, und hieraus haben wir geschlossen, daß die ausgedehnte Substanz eines von den unendlichen Attributen Gottes ist. Zur vollständigeren Erläuterung will ich jedoch die Beweise der Gegner widerlegen, die alle auf folgendes hinauslaufen. Erstens behaupten sie, daß die körperliche Substanz, als Substanz, aus Teilen besteht, und deshalb verneinen sie, daß sie unendlich, und folglich Gott eigen sein könne. Und dies erläutern sie mit vielen Beispielen, wovon ich das eine und das andere anführen will. Wenn die körperliche Substanz, sagen sie, unendlich ist, und man nehme an, daß sie in zwei Teile geteilt werde, so wird jeder Teil entweder endlich oder unendlich sein. Wenn jenes, so ist also das Unendliche aus zwei endlichen Teilen zusammengesetzt, was widersinnig ist. Wenn dieses, gibt es also ein Unendliches, das noch einmal so groß als ein anderes Unendliches ist, was ebenfalls widersinnig ist. Ferner, wenn man eine unendliche Quantität durch Teile mißt, die das Maß eines Fußes haben, so muß sie aus unendlichen Teilen dieser Art bestehen, wie auch, wenn sie durch Teile gemessen würde, die einen Zoll groß sind; *eine* unendliche Zahl würde demnach zwölfmal größer sein als eine andere unendliche. Endlich, wenn man annimmt, daß aus einem Punkte einer unendlichen Quantität zwei Linien, AB, AC, nach einer gewissen und im Anfang bestimmten Entfernung ins Unendliche verlängert werden, so ist gewiß, daß die Entfernung zwischen B und C fortgehend zunimmt, und daß sie endlich aus einer bestimmten eine unbestimmbare wird. Da also dieses Widersinnige, wie sie meinen, daraus folgt, daß eine unendliche Quantität angenommen wird, so schließen sie daraus, daß die körperliche Substanz endlich sein müsse, und folglich nicht zur Wesenheit Gottes gehöre. Einen zweiten Beweis leiten sie ebenfalls von Gottes höchster Vollkommenheit her. Denn, da Gott, sagen sie, das höchste vollkommene Seiende ist, kann er nicht leiden; nun kann aber die körperliche Substanz, da sie ja teilbar ist, leiden; daraus folgt also, daß sie nicht zu Gottes Wesenheit gehört. Diese Beweise sind es, welche ich bei den Schriftstellern finde, wodurch sie zu zeigen versuchen, daß die körperliche Substanz der göttlichen Natur unwürdig, sei und nicht zu ihr gehören könne. Wer jedoch die Sache recht betrachtet, wird finden, daß ich hierauf schon geantwortet habe, da ja diese Beweise sich nur darauf gründen, daß die körperliche Substanz als aus Teilen zusammengesetzt angenommen wird, was ich schon (Lehrsatz 12 und Folgesatz zu Lehrsatz 13) als widersinnig gezeigt habe. Ferner, wenn jemand die Sache recht erwägen will, wird er sehen, daß alle jene Widersinnigkeiten (sofern sie wirklich alle solche sind, worüber ich jetzt nicht streite), woraus sie schließen wollen, daß die ausgedehnte Substanz endlich sei, keineswegs daraus folgen, daß man eine unendliche Quantität annimmt, sondern daher kommen, daß sie die unendliche Quantität als meßbar und aus endlichen Teilen zusammengesetzt annehmen, weshalb sie aus den Widersinnigkeiten, die daraus folgen, nichts anderes schließen können, als daß die unendliche Quantität nicht meßbar ist, und daß sie nicht aus endlichen Teilen zusammengesetzt sein kann; und eben dies ist es, was wir oben (Lehrsatz 12 usw.) bereits bewiesen haben; die gegen uns gerichteten Waffen treffen also in Wahrheit sie selbst. Wenn sie aber selbst aus dieser ihrer Widersinnigkeit doch schließen wollen, daß die ausgedehnte Substanz endlich sein müsse, tun sie wahrlich nichts anderes, als wenn jemand daraus, weil er sich einbildet, der Kreis habe die Eigenschaften des Viereckes, schließt, der Kreis habe keinen Mittelpunkt, von welchem aus alle nach dem Umkreise gezogenen Linien gleich sind. Denn, um schließen zu können, daß die körperliche Substanz, welche doch nur als unendlich, nur als einig und nur als unteilbar begriffen werden kann (siehe Lehrsatz 8, 5 und 12), endlich sei, stellen sie sich vor, dieselbe sei aus endlichen Teilen zusammengemischt, vielfach und teilbar. So wissen auch andere, nachdem sie sich erst einbilden, daß die Linie aus Punkten bestehe, viele Gründe aufzufinden, wodurch sie dartun, daß die Linie nicht ins Unendliche geteilt werden könne. In der Tat ist es nicht minder widersinnig, zu behaupten, daß die körperliche Substanz aus Körpern oder Teilen sich zusammensetzt, als daß der Körper aus Flächen, die Flächen aus Linien, die Linien endlich aus Punkten zusammengesetzt seien. Dieses müssen alle, welche wissen, daß die klare Vernunft untrüglich ist, zugeben, und vornehmlich die, welche den leeren Raum bestreiten. Denn, wenn die körperliche Substanz so geteilt werden könnte, daß ihre Teile real unterschieden wären, warum könnte dann nicht ein Teil vernichtet werden, während die übrigen, wie zuvor, unter sich verbunden bleiben? Und warum sollen alle so zusammenpassen, daß es keinen leeren Raum gibt? Von Dingen, welche real voneinander unterschieden sind, kann eines ohne das andere sein und in seinem Zustande bleiben. Da es also in der Natur keinen leeren Raum gibt (worüber an einer anderen Stelle zu handeln sein wird), sondern alle Teile sich so verbinden müssen, daß es kein Leeres gibt, so folgt hieraus auch, daß sie nicht real unterschieden werden können, das heißt, daß die körperliche Substanz, insofern sie Substanz ist, nicht geteilt werden kann. Wenn nun aber jemand fragt, warum wir von Natur so geneigt sind, die Quantität zu teilen, so antworte ich ihm, daß die Quantität auf zwei Arten von uns begriffen wird, nämlich abstrakt oder oberflächlich, je nachdem wir uns nämlich sie selbst vorstellen, oder als Substanz, was allein durch den Verstand geschieht. Wenn wir also auf die Quantität achten, so wie sie in der sinnlichen Vorstellung, ist, was wir oft und ziemlich leicht tun, finden wir sie endlich, teilbar und aus Teilen zusammengesetzt; wenn wir sie aber, wie sie im Verstande ist, betrachten und sie als Substanz begreifen, was sehr schwer geschieht, dann finden wir sie, wie wir schon hinlänglich gezeigt, unendlich, einzig und unteilbar. Dies wird allen, welche zwischen bloßer Vorstellung und Erkenntnis zu unterscheiden wissen, hinlänglich deutlich sein; besonders wenn man auch darauf achtet, daß die Materie überall dieselbe ist und in ihr nur Teile unterschieden werden, insofern wir uns die Materie als auf verschiedene Art bestimmt vorstellen, weshalb ihre Teile nur modal, nicht aber real unterschieden werden. Wir begreifen z. B., daß das Wasser, insofern es Wasser ist, geteilt, und seine Teile voneinander getrennt werden können, nicht aber, insofern es körperliche Substanz ist, denn als solche wird es nicht getrennt noch geteilt. Ferner, Wasser als Wasser wird erzeugt und zerstört, aber als Substanz wird es weder erzeugt noch zerstört; und hiermit glaube ich auch auf den zweiten Beweis geantwortet zu haben, weil er sich ebenfalls darauf gründet, daß die Materie als Substanz teilbar und aus Teilen zusammengesetzt ist. Und wäre dieses auch nicht, so sehe ich nicht, warum sie der göttlichen Natur unwürdig wäre, da (nach Lehrsatz 14) es keine Substanz außer Gott geben kann, durch die sie leiden könnte. Alles, sage ich, ist in Gott, und alles was geschieht, geschieht bloß durch die Gesetze der unendlichen Natur Gottes, und erfolgt aus der Notwendigkeit seines Wesens (wie ich bald zeigen werde); weshalb man auf keine Art sagen kann, daß Gott durch ein anderes leide, oder daß die ausgedehnte Substanz der göttlichen Natur unwürdig wäre, wenn sie auch als teilbar angenommen wird, wofern nur zugestanden wird, daß sie ewig und unendlich ist. Doch für jetzt genug hiervon.

Lehrsatz 16. Aus der Notwendigkeit der göttlichen Natur muß Unendliches auf unendliche Modi (d. h. alles, was der unendliche Verstand fassen kann) erfolgen.

Beweis. Dieser Lehrsatz muß jedem deutlich sein, der nur erwägt, daß der Verstand aus der gegebenen Definition eines jeden Dinges auf mehrere Eigenschaften schließt, welche wirklich aus derselben (d. h. aus der Wesenheit des Dinges selbst) notwendig erfolgen, und auf desto mehrere, je mehr Realität die Definition des Dinges ausdrückt, das heißt, je mehr Realität die Wesenheit des definierten Dinges enthält. Da aber die göttliche Natur absolut unendliche Attribute hat (nach Def. 6), von denen jedes das unendliche Wesen in seiner Art ausdrückt, muß also aus ihrer Notwendigkeit Unendliches auf unendliche Modi (d. h. alles, was der unendliche Verstand fassen kann) notwendig erfolgen. W. z. b. w.

Folgesatz 1. Hieraus folgt, daß Gott die wirkende Ursache aller Dinge ist, die der unendliche Verstand fassen kann.

Folgesatz 2. Zweitens folgt, daß Gott durch sich, nicht aber durch ein Hinzukommendes (*accidens*) die Ursache ist.

Folgesatz 3. Drittens folgt, daß Gott absolut die erste Ursache ist.

Lehrsatz 17. Gott handelt bloß gemäß den Gesetzen seiner Natur und von niemanden gezwungen.

Beweis. Daß aus der bloßen Notwendigkeit der göttlichen Natur, oder (was dasselbe ist) aus den bloßen Gesetzen seiner Natur, absolut das Unendliche erfolgt, haben wir eben Lehrsatz 16 gezeigt, und in Lehrsatz 15 bewiesen, daß nichts ohne Gott sein noch begriffen werden kann, sondern daß alles in Gott ist. Deshalb kann nichts außer ihm sein, wodurch er zum Handeln bestimmt oder gezwungen würde, und folglich handelt Gott bloß gemäß den Gesetzen seiner Natur und von niemanden gezwungen. W. z. b. w.

Folgesatz 1. Hieraus folgt erstens, daß es keine Ursache gibt, welche Gott von außen oder von innen zum Handeln bewegt, außer der Vollkommenheit seiner eigenen Natur.

Folgesatz 2. Es folgt zweitens, daß Gott allein Ursache ist. Denn Gott allein ist nach der bloßen Notwendigkeit seiner Natur da (nach Lehrsatz 11 und Folgesatz zu Lehrsatz 14) und handelt gemäß der bloßen Notwendigkeit seiner Natur (nach dem vorigen Lehrsatze), und deshalb ist er allein (nach Def. 7) freie Ursache. W. z. b. w.

Anmerkung. Andere meinen, Gott sei darum freie Ursache, weil er, wie sie meinen, bewirken kann, daß das, was wir als aus seiner Natur erfolgend angegeben haben, d. h. das, was in seiner Macht steht, nicht geschehe, oder von ihm nicht hervorgebracht werde. Dies ist aber gerade, als wenn sie sagten, daß Gott bewirken könne, daß aus der Natur des Dreieckes nicht folge, daß seine drei Winkel zweien rechten gleich wären, oder daß aus einer gegebenen Ursache nicht eine Wirkung erfolge, was widersinnig ist. Ferner werde ich unten ohne Hilfe dieses Lehrsatzes zeigen, daß zu Gottes Natur weder Verstand noch Wille gehört. Ich weiß allerdings, daß viele meinen, sie könnten beweisen, daß zu Gottes Natur der höchste Verstand und freier Wille gehören; denn sie sagen, sie wüßten nichts Vollkommeneres, das sie Gott zuschreiben könnten, als dasjenige, was bei uns die höchste Vollkommenheit ist. Ferner, obgleich sie Gott als den tatsächlich höchst Einsichtsvollen fassen, glauben sie doch nicht, daß er alles, was er tatsächlich erkennt, zum Dasein hervorbringen könne, denn auf diese Art meinen sie Gottes Macht zu zerstören. Wenn er alles, sagen sie, was in seinem Verstande ist, geschaffen hätte, dann könnte er ja nichts mehr erschaffen. Dies halten sie für einen Widerspruch gegen die Allmacht Gottes, darum nehmen sie lieber an, daß Gott gegen alles indifferent sei und nichts weiter schaffe, als was er nach einem gewissen absoluten Willen zu schaffen beschlossen. Ich glaube aber deutlich genug gezeigt zu haben (siehe Lehrsatz 16), daß aus der höchsten Macht Gottes, oder aus seiner unendlichen Natur Unendliches auf unendliche Modi, das heißt, alles notwendig geflossen ist, oder immer nach derselben Notwendigkeit erfolgt, auf dieselbe Art, wie aus der Natur des Dreieckes von Ewigkeit und in Ewigkeit folgt, daß seine drei Winkel gleich zwei rechten sind. Darum ist Gottes Allmacht von Ewigkeit her wirksam gewesen und wird in Ewigkeit in derselben Wirksamkeit beharren. Und auf diese Art wird Gottes Allmacht, wenigstens meinem Urteile nach, weit vollkommener gesetzt. Ja, die Gegner scheinen Gottes Allmacht (man erlaube mir offen zu sprechen) zu leugnen, denn sie werden gezwungen zu gestehen, daß Gott unendliches Erschaffbares erkennt, was er doch nie wird schaffen können. Denn sonst, wenn er nämlich alles, was er erkennt, erschüfe, würde er, nach ihnen, seine Allmacht erschöpfen und sich selbst unvollkommen machen. Um also Gott vollkommen zu setzen, kommen sie dahin, daß sie zugleich annehmen müssen, er könne nicht alles, worauf sich seine Macht erstreckt, bewirken; Widersinnigeres aber oder Gottes Allmacht mehr Widersprechendes als dies, kann wohl nicht erdichtet werden. Ferner, um auch von Verstand und Willen, welche man Gott gewöhnlich zuschreibt, hier etwas zu sagen, so muß, wenn Verstand und Wille zu Gottes ewiger Wesenheit gehören, unter beiden Eigenschaften gewiß etwas anderes verstanden werden, als was man gewöhnlich darunter versteht; denn der Verstand und Wille, welche das Wesen Gottes ausmachten, müßten von unserem Verstande und Willen himmelweit verschieden sein, und könnten nur dem Namen nach sich gleich sein, nicht anders nämlich, als der Hund, das himmlische Sternbild, und der Hund, das bellende Tier, sich gleich sind. Dies will ich so beweisen. Wenn der Verstand zur göttlichen Natur gehört, wird er nicht, wie unser Verstand, später als die begriffenen Dinge (wie die meisten annehmen), oder auch von Natur mit ihnen zugleich sein, da ja Gott seiner Kausalität nach früher ist als alle Dinge (nach Folgesatz I zu Lehrsatz 16); sondern umgekehrt die Wahrheit und die formale Wesenheit der Dinge sind deshalb so wie sie sind, weil sie als solche in Gottes Verstand objektiv da sind. Deshalb ist der Verstand Gottes, insofern er als das Wesen Gottes ausmachend begriffen wird, in der Tat die Ursache der Dinge, sowohl ihrer Wesenheit als ihres Daseins. Dies scheinen auch die bemerkt zu haben, welche behauptet haben, daß Gottes Verstand, Wille und Macht ein und dasselbe sei. Da also Gottes Verstand die einzige Ursache der Dinge ist, nämlich (wie wir gezeigt haben) sowohl ihrer Wesenheit als ihres Daseins, so muß er selbst sich notwendig, sowohl in Rücksicht der Wesenheit, als in Rücksicht des Daseins, von ihnen unterscheiden. Denn das Verursachte unterscheidet sich eben in dem von seiner Ursache, was es von der Ursache hat. Z. B. der Mensch ist die Ursache des Daseins, nicht aber des Wesens eines andern Menschen, denn dieses ist eine ewige Wahrheit, und deshalb können sie dem Wesen nach einander ganz gleich sein; im Dasein aber müssen sie sich unterscheiden, und deshalb, wenn das Dasein des einen aufhört, wird darum nicht das des andern aufhören; wenn aber das Wesen des einen zerstört und verfälscht werden könnte, würde auch das Wesen des anderen zerstört. Deshalb muß das Ding, welches die Ursache des Wesens und Daseins einer Wirkung ist, von dieser Wirkung, sowohl in Rücksicht des Wesens, als in Rücksicht des Daseins, verschieden sein. Nun ist Gottes Verstand die Ursache des Wesens wie des Daseins unseres Verstandes, also unterscheidet sich Gottes Verstand, insofern er als das göttliche Wesen ausmachend erkannt wird, von unserem Verstande, sowohl in Rücksicht des Wesens als in Rücksicht des Daseins, und kann in nichts, als dem Namen nach, ihm gleich sein, wie ich zeigen wollte. Hinsichtlich des Willens wird der Beweis ebenso geführt, wie jeder leicht einsehen kann.

Lehrsatz 18. Gott ist die innewohnende immanente, nicht aber die vorübergehende Ursache aller Dinge.

Beweis. Alles, was ist, ist in Gott und muß aus Gott begriffen werden (nach Lehrsatz 15), und darum ist Gott (nach Folgesatz 1 zu Lehrsatz 16) die Ursache der Dinge, welche in ihm sind. Dies ist das erste. Sodann kann es außer Gott keine Substanz geben (nach Lehrsatz 14), das heißt (nach Def. 3), ein Ding, das außerhalb Gottes in sich ist. Dies war das zweite. Gott ist also aller Dinge innewohnende, nicht aber vorübergehende Ursache. W. z. b. w.

Lehrsatz 19. Gott oder alle Attribute Gottes sind ewig.

Beweis. Denn Gott ist (nach Def. 6) die Substanz, welche (nach Lehrsatz 11) notwendig da ist, d. h. (nach Lehrsatz 7), zu deren Natur das Dasein gehört, oder (was dasselbe ist) aus deren Definition folgt, daß sie da sei, und deshalb ist er (nach Def. 8) ewig. Ferner ist unter Gottes Attributen das zu verstehen, was (nach Def. 4) das Wesen der göttlichen Substanz ausdrückt, d. h. das, was zur Substanz gehört; eben dies, sage ich, müssen die Attribute selbst enthalten. Nun gehört zur Natur der Substanz (wie ich schon aus Lehrsatz 7 bewiesen habe) die Ewigkeit, folglich muß jedes Attribut die Ewigkeit enthalten, und folglich sind sie alle ewig. W. z. b. w.

Anmerkung. Dieser Lehrsatz erhellt auch ganz deutlich aus der Art, wie ich (Lehrsatz 11) das Dasein Gottes bewiesen habe. Aus diesem Beweise, sage ich, ist klar, daß Gottes Dasein wie sein Wesen eine ewige Wahrheit ist. Sodann habe ich (Lehrsatz 19, Teil 1 der Prinzipien Descartes') noch auf eine andere Art die Ewigkeit Gottes bewiesen und brauche dies hier nicht zu wiederholen.

Lehrsatz 20. Gottes Dasein und Gottes Wesen ist ein und dasselbe.

Beweis. Gott und alle seine Attribute sind (nach dem vor. Lehrsatze),ewig, d. h. (nach Def. 8) jedes einzelne seiner Attribute drückt das Dasein aus. Dieselben Attribute Gottes also, welche (nach Def. 4) Gottes ewiges Wesen ausdrücken,

drücken zugleich sein ewiges Dasein aus, d. h. eben das, was das Wesen Gottes ausmacht, macht auch zugleich sein Dasein aus, und also ist dies und sein Wesen ein und dasselbe. W. z. b. w.

Folgesatz 1. Hieraus folgt erstens, daß das Dasein Gottes, wie sein Wesen, eine ewige Wahrheit ist.

Folgesatz 2. Es folgt zweitens, daß Gott oder alle Attribute Gottes unveränderlich sind; denn, wenn sie in Rücksicht des Daseins verändert würden, müßten sie auch (nach dem vorigen Lehrsatz) in Rücksicht des Wesens verändert werden, d. h. (wie an sich klar), aus wahren zu falschen werden, was widersinnig ist.

Lehrsatz 21. Alles, was aus der absoluten Natur eines göttlichen Attributs folgt, mußte immer und unendlich da sein, oder ist vermöge dieses Attributes ewig und unendlich.

Beweis. Man nehme (wenn man es leugnen will), möglicherweise an, daß aus der absoluten Natur eines göttlichen Attributs etwas erfolge, was endlich ist und ein begrenztes Dasein oder Dauer hat, z. B. die Idee Gottes im Denken. Nun ist aber das Denken, da es als Attribut Gottes angenommen wird, notwendig (nach Lehrsatz 11) seiner Natur nach unendlich; insofern es aber die Idee Gottes hat, wird es als endlich angenommen. Aber (nach Def. 2) kann es als endlich nur begriffen werden, wenn es durch das Denken selbst begrenzt wird; jedoch nicht durch das Denken selbst, insofern es die Idee Gottes ausmacht; denn insofern wird es eben als endlich angenommen; also durch das Denken, insofern es die Idee Gottes nicht ausmacht, welches dennoch (nach Lehrsatz 11) notwendig da sein muß. Es gibt also ein Denken, welches nicht die Idee Gottes ausmacht, und darum folgt nicht aus seiner Natur, insofern es absolutes Denken ist, notwendig die Idee Gottes. (Denn es wird ein die Idee Gottes ausmachendes und ein sie nicht ausmachendes angenommen.) Dies ist gegen die Voraussetzung. Wenn also die Idee Gottes im Denken, oder sonst etwas (es ist gleich, was man annimmt, denn der Beweis ist allgemein) in einem Attribute Gottes aus der Notwendigkeit der absoluten Natur des Attributs selbst folgt, so muß es notwendig unendlich sein. Dies war das erste. Ferner kann das, was aus der Notwendigkeit der Natur eines Attributes auf diese Weise erfolgt, keine begrenzte Dauer haben. Denn, leugnet man dies, so nehme man an, es wäre ein Ding, welches aus der Notwendigkeit der Natur eines Attributes folgt, in einem Attribute Gottes vorhanden, z. B. die Idee Gottes im Denken und von dieser nehme man an, sie sei einmal nicht dagewesen, oder werde einmal nicht da sein. Da nun aber das Denken als ein Attribut Gottes angenommen wird, muß es auch notwendig und unveränderlich da sein (nach Lehrsatz 11 und Folgesatz 2 zu Lehrsatz 20). Sonach müßte das Denken ohne die Idee Gottes über die Grenzen der Dauer der Idee Gottes hinaus da sein; denn es wird angenommen, sie sei einmal nicht da gewesen oder werde nicht da sein. Dies ist aber gegen die Voraussetzung, denn es wird angenommen, daß aus dem gegebenen Denken die Idee Gottes notwendig erfolge. Also kann die Idee Gottes im Denken, oder sonst etwas, was notwendig aus der absoluten Natur eines göttlichen Attributes folgt, keine begrenzte Dauer haben, sondern ist durch eben dieses Attribut ewig. Dies war das zweite. Zu bemerken ist, daß eben dies auch von jeder anderen Sache behauptet werden muß, die in einem Attribute Gottes aus der absoluten Natur Gottes notwendig erfolgt.

Lehrsatz 22. Alles, was aus einem anderen Attribute Gottes folgt, insofern es durch eine solche Modifikation modifiziert wird, die eben dadurch sowohl notwendig als unendlich da ist, muß ebenfalls sowohl notwendig wie unendlich da sein.

Beweis. Der Beweis dieses Lehrsatzes wird auf dieselbe Art, wie der Beweis des vorigen geführt.

Lehrsatz 23. Jeder Modus, welcher notwendig und unendlich da ist, mußte notwendig folgen, entweder aus der absoluten Natur eines göttlichen Attributes, oder aus einem Attribute, das durch eine notwendig und unendlich daseiende Modifikation modifiziert ist.

Beweis. Denn der Modus ist in einem anderen, durch welches er begriffen werden muß (nach Def. 5), d. h. (nach Lehrsatz 15), er ist in Gott allein und kann aus Gott allein begriffen werden. Wenn also der Modus als notwendig daseiend und unendlich seiend begriffen wird, so muß dies beides notwendig aus einem Attribute Gottes geschlossen oder wahrgenommen werden, insofern dies als Unendlichkeit und Notwendigkeit des Daseins, oder (was nach Def. 8 dasselbe ist) Ewigkeit ausdrückend begriffen wird, d. h. (nach Def. 6 und Lehrsatz 19) sofern es absolut betrachtet wird. Der Modus also, welcher notwendig und unendlich da ist, mußte aus der absoluten Natur eines göttlichen Attributes folgen; und dies entweder unmittelbar (worüber Lehrsatz 21), oder durch Vermittlung einer Modifikation, welche aus der absoluten Natur des Attributes erfolgt, d. h. (nach dem vorigen Lehrsätze), welche notwendig und unendlich da ist. W. z. b. w.

Lehrsatz 24. Das Wesen der von Gott hervorgebrachten Dinge schließt nicht ihr Dasein in sich.

Beweis. Dieser erhellt aus Def. 1; denn dasjenige, dessen Natur (nämlich an sich betrachtet) das Dasein in sich schließt, ist Ursache seiner selbst und existiert gemäß der bloßen Notwendigkeit seiner Natur.

Folgesatz. Hieraus folgt, daß Gott nicht bloß die Ursache ist, daß die Dinge anfangen, da zu sein, sondern auch, daß sie im Dasein beharren, oder (um einen scholastischen Ausdruck zu gebrauchen): Gott ist die „Seinsursache" der Dinge. Denn, mögen die Dinge da sein oder nicht da sein, so finden wir, wenn wir auf ihr Wesen achten, daß dieses weder Dasein noch Dauer in sich schließt; und so kann ihr Wesen weder Ursache ihres Daseins noch ihrer Dauer sein, sondern nur Gott, zu dessen Natur allein das Dasein gehört (nach Folgesatz 1 zu Lehrsatz 14).

Lehrsatz 25. Gott ist nicht nur die wirkende Ursache des Daseins sondern auch des Wesens der Dinge.

Beweis. Verneinte man dies, so wäre also Gott nicht die Ursache des Wesens der Dinge, und also kann (nach Ax. 4) das Wesen der Dinge ohne Gott begriffen werden; dies ist aber (nach Lehrsatz 15) widersinnig, folglich ist Gott auch die Ursache des Wesens der Dinge. W. z. b. w.

Anmerkung. Dieser Lehrsatz folgt noch deutlicher aus Lehrsatz 16, denn aus diesem folgt, daß aus der vorhandenen göttlichen Natur sowohl das Wesen als das Dasein der Dinge notwendig geschlossen werden muß; und, um es mit einem Worte zu sagen, in eben dem Sinne, wonach Gott Ursache seiner selbst genannt wird, muß er auch Ursache aller Dinge genannt werden, was noch deutlicher aus dem nachstehenden Folgesatz erhellen wird.

Folgesatz. Die einzelnen Dinge sind nichts als Affektionen oder Modi der Attribute Gottes, durch welche die Attribute Gottes auf gewisse und bestimmte Weise ausgedrückt werden. Der Beweis erhellt aus Lehrsatz 15 und Def. 5.

Lehrsatz 26. Ein Ding, das etwas zu wirken bestimmt ist, ist notwendig so von Gott bestimmt worden, und was von Gott nicht bestimmt ist, kann sich nicht selbst zum Wirken bestimmen.

Beweis. Das, wonach man von den Dingen sagt, daß sie etwas zu wirken bestimmt seien, ist notwendig etwas Positives (wie an sich klar), also ist Gott, vermöge der Notwendigkeit seiner Natur, die wirkende Ursache sowohl von dem Wesen als von dem Dasein desselben (nach Lehrsatz 26 und 16). Dies war das erste. Hieraus folgt auch der zweite Teil des Satzes auf das deutlichste. Denn, wenn ein Ding, welches nicht von Gott bestimmt ist, sich selbst bestimmen könnte, so wäre der erste Teil hiervon falsch, was, wie wir gezeigt, widersinnig ist.

Lehrsatz 27. Ein Ding, das von Gott etwas zu wirken bestimmt ist, kann sich selbst nicht zu einem Unbestimmten machen.

Beweis. Dieser Lehrsatz erhellt aus Axiom 3.

Lehrsatz 28. Jedes einzelne, oder jedes Ding, welches endlich ist und ein bestimmtes Dasein hat, kann nicht da sein und nicht zum Wirken bestimmt werden, ohne zum Dasein und Wirken von einer anderen Ursache bestimmt zu werden, welche ebenfalls endlich ist und ein bestimmtes Dasein hat. Und wiederum kann diese Ursache auch nicht da sein und nicht zum Wirken bestimmt werden, ohne von einer anderen, welche ebenfalls endlich ist und ein bestimmtes Dasein hat, zum Dasein und Wirken bestimmt zu werden, und so ins Unendliche.

Beweis. Was zum Dasein und Wirken bestimmt ist, ist von Gott so bestimmt (nach Lehrsatz 26 und Folgesatz zu Lehrsatz 24). Was aber endlich ist und ein bestimmtes Dasein hat, konnte nicht von der absoluten Natur eines göttlichen Attributs hervorgebracht werden; denn alles, was aus der absoluten Natur eines göttlichen Attributs folgt, ist unendlich und ewig (nach Lehrsatz 21). Es mußte also aus Gott oder einem Attribute desselben folgen, sofern dies als von einem gewissen Modus affiziert betrachtet wird. Denn außer Substanz und Modus gibt es nichts (nach Ax. 1 und Def. 3 und 5), und die Modi sind (nach Folgesatz zu Lehrsatz 25) nichts als Affektionen der Attribute Gottes. Aber aus Gott oder einem Attribute desselben, insofern es durch eine Modifikation bestimmt ist, welche ewig und unendlich ist, konnte es auch nicht folgen (nach Lehrsatz 22). Es mußte also folgen oder zum Dasein und Wirken bestimmt werden von Gott oder einem Attribute desselben, sofern dieses durch eine Modifikation modifiziert ist, welche endlich ist und ein bestimmtes Dasein hat. Dies war das erste. Ferner mußte wiederum diese Ursache oder dieser Modus (aus demselben Grunde, aus welchem wir den ersten Teil dieses Lehrsatzes eben bewiesen haben) ebenfalls von einer anderen Ursache bestimmt werden, welche auch endlich ist und ein bestimmtes Dasein hat, und wiederum diese letzte (aus demselben Grunde) von einer anderen, und so immerfort (aus demselben Grunde) ins Unendliche. W. z. b. w.

Anmerkung. Da einiges von Gott unmittelbar hervorgebracht werden mußte, nämlich das, was aus seiner absoluten Natur notwendig folgt, indem dies erste alles vermittelte, was doch ohne Gott weder sein noch begriffen werden kann, so folgt hieraus: erstens, daß Gott die absolut nächste Ursache der von ihm unmittelbar hervorgebrachten Dinge ist, nicht aber in ihrer Gattung, wie man sagt. Denn die Wirkungen Gottes können ohne ihre Ursache weder sein noch begriffen werden (nach Lehrsatz 15 und Folgesatz zu Lehrsatz 24). Es folgt zweitens, daß Gott nicht eigentlich die entfernte Ursache der einzelnen Dinge genannt werden kann, es sei denn etwa deshalb, damit wir diese von den Dingen, welche er unmittelbar hervorgebracht hat, oder vielmehr, welche aus seiner absoluten Natur erfolgen, unterscheiden. Denn unter entfernter Ursache verstehen wir eine solche, welche mit der Wirkung auf keine Weise verbunden ist. Alles aber, was ist, ist in Gott und hängt so von Gott ab, daß es ohne ihn weder sein noch begriffen werden kann.

Lehrsatz 29. Es gibt in der Natur nichts Zufälliges, sondern alles ist gemäß der Notwendigkeit der göttlichen Natur bestimmt, auf gewisse Weise da zu sein und zu wirken.

Beweis. Alles, was ist, ist in Gott (nach Lehrsatz 15), Gott aber kann nicht als ein zufälliges Ding bezeichnet werden. Denn (nach Lehrsatz 11), er existiert notwendig und nicht zufällig. Ferner sind die Modi der göttlichen Natur aus dieser auch notwendig, nicht aber zufällig aus ihr erfolgt (nach Lehrsatz 16), und das, entweder insofern die göttliche Natur absolut (nach Lehrsatz 21), oder sofern sie als auf gewisse Art zur Tätigkeit bestimmt betrachtet wird (nach Lehrsatz 27). Ferner ist Gott die Ursache dieser Modi nicht nur, sofern sie einfach da sind (nach Folgesatz zu Lehrsatz 24), sondern auch (nach Lehrsatz 26) sofern sie als zu einem Wirken bestimmt betrachtet werden. Wenn sie von Gott (nach demselben Lehrsatz) nicht bestimmt sind, ist es unmöglich, nicht aber zufällig, daß sie sich selbst bestimmen, und umgekehrt (nach Lehrsatz 27), wenn sie von Gott bestimmt sind, ist es unmöglich, nicht aber zufällig, daß sie sich selbst unbestimmt machen. Sonach ist alles gemäß der Notwendigkeit der göttlichen Natur bestimmt, nicht nur da zu sein, sondern auch auf eine gewisse Weise da zu sein und zu wirken, und es gibt nichts Zufälliges. W. z. b. w.

Anmerkung. Bevor ich weiter gehe, will ich hier erklären oder vielmehr erinnern, was wir unter wirkender Natur(*natura naturans*), und was unter gewordener Natur (*natura naturata*) verstehen. Denn ich glaube, aus dem Vorigen ergibt sich schon, daß wir unter wirkender Natur das verstehen, was in sich ist und aus sich begriffen wird, oder solche Attribute der Substanz, welche eine ewige und unendliche Wesenheit ausdrücken d. h. (nach Folgesatz 1 zu Lehrsatz 14, und Folgesatz 2 zu Lehrsatz 17), Gott, insofern er als freie Ursache betrachtet wird. Unter gewordener Natur aber verstehe ich alles, was gemäß der Notwendigkeit der Natur Gottes oder jedes göttlichen Attributs folgt, d. h. alle Modi der Attribute Gottes, sofern sie als Dinge betrachtet werden, welche in Gott sind, und welche ohne Gott weder sein noch begriffen werden können.

Lehrsatz 30. Der wirklich endliche oder wirklich unendliche Verstand muß die Attribute und die Affektionen Gottes fassen und nichts anderes.

Beweis. Die wahre Idee muß mit ihrem Gegenstande übereinstimmen (nach Ar. 6), d. h. (wie an sich klar) das, was im Verstande objektiv enthalten ist, muß notwendig in der Natur gegeben sein. Nun gibt es aber in der Natur (nach Folgesatz 1 zu Lehrsatz 14) nur eine Substanz, nämlich Gott, und keine anderen Affektionen (nach Lehrsatz 15) als die, welche in Gott sind und welche (nach demselben Lehrsatz) ohne Gott weder sein noch begriffen werden können. Also muß der wirkliche endliche oder wirklich unendliche Verstand die Attribute Gottes und die Affektionen fassen und nichts anderes. W. z. b. w.

Lehrsatz 31. Der wirkliche Verstand, sei er nun endlich oder unendlich, so wie auch der Wille, die Begierde, die Liebe usw., müssen zur gewordenen Natur, nicht aber zur wirkenden gerechnet werden.

Beweis. Denn unter Verstand verstehen wir (wie an sich klar) nicht das absolute Denken, sondern nur einen gewissen Modus des Denkens, welcher Modus sich von anderen, nämlich der Begierde, der Liebe usw., unterscheidet, und deshalb (nach Def. 5) aus dem absoluten Denken begriffen werden muß, nämlich (nach Lehrsatz 15 und Def. 6) aus einem Attribute Gottes, welches das ewige und unendliche Wesen des Denkens ausdrückt, so begriffen werden muß, daß es ohne dasselbe weder sein noch begriffen werden kann, und folglich (nach Anmerkung zu Lehrsatz 29) zur gewordenen Natur, nicht aber zur wirkenden gerechnet werden muß, wie auch die übrigen Modi des Denkens. W. z. b. w.

Anmerkung. Der Grund, warum ich hier vom wirklichen Verstande spreche, ist nicht, weil ich zugebe, es gäbe einen Verstand der Möglichkeit nach, sondern, weil ich alle Verwirrung zu vermeiden trachte, wollte ich nur von einem von uns ganz deutlich aufgefaßten Dinge sprechen, nämlich vom Verstehen selbst; denn deutlicher als dies können wir nichts auffassen; können wir doch nichts verstehen, was nicht zur vollkommeneren Erkenntnis des Verstehens führte.

Lehrsatz 32. Der Wille kann nicht freie Ursache, sondern nur notwendige heißen.

Beweis. Der Wille ist nur ein gewisser Modus des Denkens, wie der Verstand, folglich kann (nach Lehrsatz 28) jedes Wollen nur da sein und zum Wirken bestimmt werden, wenn es von einer anderen Ursache bestimmt wird, und diese wieder von einer anderen und so fort ins Unendliche. Wenn der Wille als unendlich angenommen würde, müßte er auch zum Dasein und Wirken von Gott bestimmt werden, nicht insofern dieser die absolut unendliche Substanz ist, sondern insofern er ein Attribut hat, welches das unendliche und ewige Wesen des Denkens ausdrückt (nach Lehrsatz 23). Auf welche Weise also er begriffen werden mag, sei es als endlich oder unendlich, so erheischt er eine Ursache, durch welche er zum Dasein und Wirken bestimmt wird, und folglich (nach Def. 7) kann er nicht freie Ursache, sondern nur notwendige oder gezwungene genannt werden. W. z. b. w.

Folgesatz 1. Hieraus folgt erstens, daß Gott nicht aus Freiheit des Willens wirkt.

Folgesatz 2. Es folgt zweitens, daß Wille und Verstand sich so zu Gottes Natur verhalten, wie Bewegung und Ruhe, und überhaupt wie alle Naturdinge, welche (nach Lehrsatz 29), um da zu sein und zu wirken, von Gott auf eine gewisse Weise bestimmt werden müssen. Denn der Wille bedarf, wie alles übrige, einer Ursache, durch welche er, um da zu sein und zu wirken, auf eine gewisse Weise bestimmt wird. Und obgleich aus einem gegebenen Willen oder Verstand Unendliches folgt, kann deshalb dennoch von Gott ebensowenig gesagt werden, daß er aus Freiheit des Willens handle, als wegen dessen, was aus Bewegung und Ruhe folgt (denn auch aus diesen erfolgt Unendliches), gesagt werden kann, daß er aus Freiheit der Bewegung und Ruhe handle; darum gehört der Wille ebensowenig zur Natur Gottes, als die übrigen Naturdinge, sondern er verhält sich auf dieselbe Weise zu ihr, wie Bewegung und Ruhe und alles übrige, was, wie ich gezeigt habe, aus der Notwendigkeit der göttlichen Natur folgt und auf gewisse Weise da zu sein und zu wirken von ihr bestimmt wird.

Lehrsatz 33. Die Dinge konnten auf keine andere Weise und in keiner andern Ordnung von Gott hervorgebracht werden, als sie hervorgebracht worden sind.

Beweis. Denn alle Dinge sind aus der gegebenen Natur Gottes notwendig erfolgt (nach Lehrsatz 16) und aus der Notwendigkeit der göttlichen Natur bestimmt, auf gewisse Weise da zu sein und zu wirken (nach Lehrsatz 29). Wenn also die Dinge von anderer Natur sein, oder auf andere Weise zum Wirken hätten bestimmt werden können, so daß die Ordnung der Natur eine andere wäre, so hätte demnach auch die Natur Gottes eine andere sein können, als sie jetzt ist, und folglich (nach Lehrsatz 11) müßte jene andere auch da sein, und sonach könnte es zwei oder mehrere Götter geben, was (nach Folgesatz 1 zu Lehrsatz 14) widersinnig ist. Deshalb konnten die Dinge auf keine andere Weise und in keiner anderen Ordnung usw. W. z. b. w.

1. Anmerkung. Da ich hierdurch sonnenklar gezeigt habe, daß es durchaus nichts in den Dingen gibt, weshalb sie zufällig genannt werden könnten, will ich kurz erläutern, was nach meiner Auffassung unter zufällig zu verstehen ist, jedoch vorher, was unter notwendig und unmöglich. Ein Ding heißt notwendig entweder in Beziehung auf sein Wesen, ober in Beziehung auf die Ursache. Denn das Dasein eines Dinges erfolgt notwendig entweder aus seinem Wesen und seiner Definition, oder aus einer gegebenen wirkenden Ursache. Sodann wird auch aus eben diesen Gründen ein Ding unmöglich genannt, weil nämlich entweder sein Wesen oder seine Definition einen Widerspruch enthält, oder weil es keine äußere Ursache gibt, welche ein solches Ding hervorzubringen bestimmt wäre. Zufällig aber wird ein Ding nur mit Rücksicht auf einen Mangel unserer Erkenntnis genannt. Denn ein Ding, von dem wir nicht wissen, ob sein Wesen einen Widerspruch enthält, oder von dem wir sehr gut wissen, daß es keinen Widerspruch enthält, aber dennoch von seinem Dasein nichts mit Bestimmtheit behaupten können, weil uns nämlich die Ordnung der Ursachen unbekannt ist, dies kann uns niemals weder als notwendig noch als unmöglich scheinen, und darum nennen wir es entweder zufällig oder möglich.

2. Anmerkung. Aus dem Vorhergehenden folgt deutlich, daß die Dinge in der höchsten Vollkommenheit von Gott hervorgebracht worden sind, da sie ja aus der vorhandenen vollkommensten Natur mit Notwendigkeit erfolgt sind. Und dies zeiht Gott keiner Unvollkommenheit, denn seine Vollkommenheit zwingt uns zu dieser Behauptung. Ja, aus dem Gegenteile würde klar folgen, (wie wir soeben gezeigt), daß Gott nicht höchst vollkommen ist, weil man nämlich, wenn die Dinge auf eine andere Weise hervorgebracht wären, Gott eine andere Natur zuschreiben müßte, verschieden von der, welche wir aus der Betrachtung des vollkommensten Seienden ihm zuzuschreiben gezwungen sind. Ich zweifle aber nicht, daß viele diese Meinung als widersinnig verspotten und sich nicht bemühen werden, sie zu überlegen, und zwar aus keinem anderen Grunde, als weil sie gewohnt sind, Gott eine andere Freiheit zuzuschreiben, welche von der, welche wir (Def. 7) angenommen haben, nämlich einem absoluten Willen, weit entfernt ist. Ich zweifle aber auch nicht, daß, wenn sie die Sache überlegen und die Reihenfolge unserer Beweise gehörig bei sich überdenken wollen, sie endlich eine solche Freiheit, wie sie jetzt Gott zuschreiben, nicht bloß als töricht, sondern auch als ein großes Hindernis des Wissens gänzlich verwerfen werden. Es ist unnötig, hier das zu wiederholen, was in der Anmerkung zu Lehrsatz 17 gesagt wurde; um ihretwillen will ich aber noch zeigen, daß, wenn man auch einräumt, daß der Wille zum Wesen Gottes gehört, aus seiner Vollkommenheit dennoch folgt, daß die Dinge auf keine andere Weise und in keiner anderen Ordnung von Gott erschaffen werden konnten. Dies wird leicht zu zeigen sein, wenn wir zuvörderst das betrachten, was sie selbst zugeben, daß es nämlich von dem Beschlusse und dem Willen Gottes allein abhänge, daß jedes Ding das ist, was es ist. Denn sonst wäre Gott nicht Ursache aller Dinge. Ferner, daß alle Beschlüsse Gottes von Ewigkeit her von Gott selbst gefaßt waren, denn sonst würde er der Unvollkommenheit und Unbeständigkeit geziehen. Da es aber im Ewigen kein *Wann*, kein *Vorher* und kein *Nachher* gibt, so folgt daher aus der bloßen Vollkommenheit Gottes, daß Gott nie etwas anderes beschließen kann, noch je gekonnt hat, oder daß Gott vor seinen Beschlüssen weder gewesen ist, noch ohne sie sein kann. Aber, sagen sie, nähme man auch an, daß Gott eine andere Natur der Dinge gemacht hätte, oder daß er von Ewigkeit etwas anderes über die Natur und ihre Ordnung beschlossen hätte, so würde hieraus doch keine Unvollkommenheit in Gott folgen. Wenn sie dies aber sagen, so räumen sie zugleich ein, daß Gott seine Beschlüsse ändern könne. Denn hätte Gott über die Natur und ihre Ordnung etwas anderes beschlossen, als er beschlossen hat, d. h. hätte er etwas anderes über die Natur gewollt und sich vorgenommen, so hätte er notwendig einen anderen Verstand gehabt, als er jetzt hat, und einen anderen Willen, als er jetzt hat. Und wenn man Gott einen anderen Verstand und einen anderen Willen, ohne eine Veränderung seines Wesens und seiner Vollkommenheit, zuschreiben darf, wo ist ein Grund, warum er nicht jetzt seine Beschlüsse über die geschaffenen Dinge ändern, und dennoch gleich vollkommen bleiben könnte? Denn es ist ja einerlei in Rücksicht seines Wesens und seiner Vollkommenheit, wie man seinen Verstand und Willen, in bezug auf die geschaffenen Dinge und ihre Ordnung, begreift. Ferner geben alle Philosophen, die ich kenne, zu, daß es in Gott keinen bloß potentiellen Verstand gibt, sondern bloß einen aktuellen. Da aber sein Verstand und Wille sich nicht von seinem Wesen unterscheiden, wie auch alle zugeben, so folgt hieraus auch, daß, wenn Gott einen anderen wirklichen Verstand und Willen gehabt hätte, auch sein Wesen notwendig ein anderes wäre, und ferner (wie ich anfangs geschlossen habe), wenn die Dinge anders, als sie jetzt sind, von Gott hervorgebracht worden wären, so müßte Gottes Verstand und sein Wille, d. h. (wie zugegeben wird), sein Wesen, ein anderes sein, was widersinnig ist. Da also die Dinge auf keine andere Weise und in keiner anderen Ordnung von Gott hervorgebracht werden konnten und die Wahrheit dieses Satzes aus der höchsten Vollkommenheit Gottes folgt, so kann uns gewiß keine gesunde Vernunft glauben machen, daß Gott nicht alles, was in seinem Verstande ist, mit derselben Vollkommenheit habe schaffen wollen, mit welcher er alles erkennt. Aber, so könnten sie sagen, in den Dingen ist weder Vollkommenheit noch Unvollkommenheit, sondern das, was in ihnen ist, weshalb sie vollkommen oder unvollkommen sind, gut oder schlecht genannt werden, hängt nur vom Willen Gottes ab, und wenn folglich Gott gewollt hätte, hätte er bewirken können, daß das, was jetzt Vollkommenheit ist, die höchste Unvollkommenheit wäre, und umgekehrt. Aber, was wäre dies anders, als offenbar behaupten, daß Gott, welcher das, was er will, notwendig erkennt, durch seinen Willen bewirken könne, daß er die Dinge auf andere Art erkenne, als er sie erkennt? Dies, wie eben gezeigt, ist höchst widersinnig. Darum kann ich den Beweis folgendermaßen gegen sie selbst wenden. Alles hängt von der Macht Gottes ab. Damit sich die Dinge also anders verhalten könnten, müßte notwendig der Wille Gottes sich ebenfalls anders verhalten. Nun kann sich der Wille Gottes nicht anders verhalten (wie wir oben aus Gottes Vollkommenheit aufs deutlichste gezeigt haben), also können sich auch die Dinge nicht anders verhalten. Ich gestehe, daß diese Meinung, welche alles einem gewissen indifferenten Willen Gottes unterwirft und alles von seinem Gutdünken abhängen läßt, weniger vom Wahren entfernt ist als die Meinung derjenigen, welche annehmen, daß Gott alles unter dem Gesichtspunkte des Guten tue. Denn diese scheinen etwas außer Gott zu setzen, was nicht von Gott abhängt und worauf Gott, wie auf ein Muster, im Wirken acht gibt, oder worauf er, wie auf ein bestimmtes Ziel, lossteuert. Dies heißt wahrlich nichts anderes, als Gott dem Schicksal unterwerfen; Widersinnigeres aber kann nicht von Gott behauptet weiden, von ihm, den wir als erste und einzige freie Ursache des Wesens wie des Daseins aller Dinge dargestellt haben. Deshalb ist es nicht nötig, bei der Widerlegung dieser Ungereimtheit die Zeit zu verlieren.

Lehrsatz 34. Die Macht Gottes ist sein Wesen selbst.

Beweis. Denn aus der bloßen Notwendigkeit des göttlichen Wesens folgt, daß Gott die Ursache seiner selbst (nach Lehrsatz 11) und (nach Lehrsatz 16 und dessen Folgesatz) aller Dinge ist. Demnach ist die Macht Gottes, wodurch er selbst und alles ist und handelt, sein Wesen selbst. W. z. b. w.

Lehrsatz 35. Alles, was wir, als in Gottes Macht stehend, begreifen, das ist notwendig.

Beweis. Denn alles, was in Gottes Macht steht, dies muß (nach dem vorigen Lehrsatze) so in seinem Wesen begriffen sein, daß es notwendig daraus folgt, und so ist es notwendig. W. z. b. w.

Lehrsatz 36. Nichts ist da, aus dessen Natur nicht eine Wirkung erfolgte.

Beweis. Alles, was da ist, drückt Gottes Natur oder Wesen auf eine gewisse und bestimmte Weise aus (nach dem Folgesatz zu Lehrsatz 25), d. h. (nach Lehrsatz 34) alles, was da ist, drückt Gottes Macht, welche die Ursache aller Dinge ist, auf gewisse und bestimmte Weise aus, und folglich (nach Lehrsatz 16) muß aus ihm irgendeine Wirkung erfolgen.

Anhang

Hiermit habe ich die Natur Gottes und seine Eigenschaften erläutert, nämlich, daß er notwendig da ist, daß er einzig ist, daß er gemäß der bloßen Notwendigkeit seiner Natur ist und handelt; daß und wie er die freie Ursache aller Dinge ist; daß alles in Gott ist und so von ihm abhängt, daß es ohne ihn weder sein noch begriffen werden kann, und endlich, daß alles von Gott vorher bestimmt war, nicht zwar aus Freiheit des Willens oder absolutem Gutdünken, aber aus der absoluten Natur oder der unendlichen Macht Gottes. Ferner habe ich überall, wo sich Gelegenheit dazu bot, die Vorurteile wegzuräumen gesucht, die der Auffassung meiner Beweise hinderlich sein konnten. Weil aber noch gar viele Vorurteile übrig sind, welche auch, ja vor allem verhindern könnten und können, daß man den Zusammenhang der Dinge in der Weise, wie ich ihn entwickelt habe, auffassen könne, hielt ich es für der Mühe wert, sie hier der Prüfung der Vernunft zu unterwerfen. Da aber alle Vorurteile, welche ich hier zu bezeichnen unternehme, von dem einen abhängen, daß nämlich die Menschen gemeiniglich voraussetzen, alle Dinge in der Natur handelten, wie sie selbst, um eines Zweckes willen, ja, daß sie als gewiß aufstellen, daß Gott selbst alles zu einem gewissen bestimmten Zwecke lenke (denn sie sagen, Gott habe alles des Menschen wegen gemacht, den Menschen aber, damit dieser ihn verehre), so will ich dies eine zuerst betrachten, indem ich nämlich *zuerst* die Ursache aufsuche, weshalb die meisten in diesem Vorurteile stecken, und alle von Natur so geneigt sind, es zu hegen. *Sodann* will ich die Unrichtigkeit desselben nachweisen und *schließlich* zeigen, wie hieraus die Vorurteile von *gut* und *böse*, *Verdienst* und *Sünde*, *Lob* und *Tadel*, *Ordnung* und *Verwirrun g*, *Schönheit* und *Häßlichkeit* und dergleichen entstanden sind. Dieses jedoch aus der Natur des menschlichen Geistes abzuleiten, dazu ist hier nicht der Ort. Es wird hier genügen, wenn ich als Grundsatz das annehme, was alle zugeben müssen, nämlich dies, daß alle Menschen der Ursachen der Dinge unkundig geboren werden und daß alle das Bestreben haben, das für sie Nützliche zu suchen, dessen sie sich bewußt sind. Hieraus folgt *erstens*, daß die Menschen sich für frei halten, weil sie sich ihres Wollens und ihres Strebens bewußt sind und an die Ursachen, von welchen sie dazu veranlaßt werden, etwas zu begehren und zu wollen, da sie ihrer unkundig sind, nicht im Traume denken. Es folgt *zweitens*, daß die Menschen alles um eines Zweckes willen tun, nämlich wegen des Nützlichen, das sie begehren. Daher kommt es, daß sie immer nur die Zweckursachen der geschehenen Dinge zu wissen begehren, und wenn sie sie gehört, zufrieden sind, weil sie nämlich keine Ursache haben, noch in Ungewißheit zu sein. Können sie diese aber von keinem anderen erfahren, so bleibt ihnen nichts übrig, als sich an sich selbst zu wenden und über die Zwecke, von welchen sie selbst zu dergleichen bestimmt zu werden pflegen, nachzusinnen, und so beurteilen sie notwendig die Sinnesweise eines anderen nach ihrer eigenen Sinnesweise. Ferner, da sie in sich und außer sich allerlei Mittel finden, die sehr viel zur Erreichung ihres Nutzens beitragen, wie z. B. die Augen zum Sehen, die Zähne zum Kauen, Pflanzen und Tiere zur Nahrung, die Sonne zum Leuchten, das Meer Fische zu ernähren usw., so kommt es daher, daß sie alles in der Natur als Mittel zu ihrem Nutzen betrachten; und weil sie wissen, daß jene Mittel von ihnen aufgefunden, nicht aber hergestellt sind, so war dies die Ursache zu dem Glauben, irgendein anderer sei es, der jene Mittel zu ihrem Nutzen hergerichtet habe. Denn nachdem sie einmal die Dinge als Mittel betrachteten, konnten sie nicht glauben, daß diese sich selbst gemacht hätten, sondern sie mußten aus den Mitteln, welche sie sich zu bereiten pflegen, schließen, daß es einen oder einige mit menschlicher Freiheit begabte Lenker der Natur gäbe, die alles für sie besorgt, und alles zu ihrem Nutzen gemacht hätten. Auch die Sinnesweise dieser mußten sie, da sie nie etwas darüber gehört hatten, nach der ihrigen beurteilen, und deshalb nahmen sie an, die Götter lenkten alles zum Nutzen der Menschen, um die Menschen sich zu verbinden und auf das höchste von ihnen geehrt zu werden. Daher kam es, daß jeder nach seiner Sinnesweise verschiedene Arten, Gott zu verehren, sich ausdachte, damit Gott ihn mehr als die übrigen liebte, und die ganze Natur zur Befriedigung seiner blinden Begierde und unersättlichen Habsucht lenkte. Und so verwandelte sich dieses Vorurteil in Aberglauben und trieb tiefe Wurzeln in den Gemütern; und dies war der Grund, weshalb jeder mit größter Anstrengung die *Zweckursachen* aller Dinge zu erkennen und zu erklären suchte. Aber während sie zu zeigen suchten, daß die Natur nichts vergebens (d. h. nichts, was nicht zum Nutzen der Menschen diene) tue, haben sie, wie es scheint, nichts anderes gezeigt, als daß die Natur und die Götter ebenso wahnwitzig sind, wie die Menschen. Man sehe nur, wohin das schließlich hinauslief! Unter so vielem Nützlichen in der Natur mußten sie nicht wenig Schädliches finden, nämlich Stürme, Erdbeben, Krankheiten usw.; diese, meinten sie, kämen daher, weil die Götter über die von den Menschen ihnen zugefügten Beleidigungen oder über Vergehen bei ihrer Verehrung erzürnt wären, und obgleich die Erfahrung sich täglich dagegen auflehnte und durch unzählige Beispiele zeigte, daß Nützliches und Schädliches den Frommen wie den Gottlosen auf gleiche Weise begegne, ließen sie doch nicht von dem eingerosteten Vorurteile ab. Denn es war für sie leichter, dies unter anderes Unbekannte, dessen Nutzen sie nicht kannten, zu rechnen, und so ihren gegenwärtigen und angeborenen Zustand der Unwissenheit zu behaupten, als jenes ganze Gebäude umzustoßen und ein neues auszusinnen; deshalb nahmen sie als gewiß an, daß die Urteile der Götter die menschliche Fassungskraft weit überstiegen, was allein schon hätte verursachen können, daß die Wahrheit dem Menschengeschlechte in Ewigkeit verborgen bliebe, wenn nicht die Mathematik, in der es sich nicht um Zwecke, sondern nur um die Wesen und Eigenschaften der Figuren handelt, den Menschen eine andere Richtschnur der Wahrheit gezeigt hätte. Außer der Mathematik können noch andere Ursachen bezeichnet werden (deren Aufzählung hier überflüssig ist), welche die Menschen auf diese gemeinen Vorurteile aufmerksam machen, und sie zur richtigen Erkenntnis der Dinge führen konnten.

Hiermit habe ich den ersten Punkt dessen, was ich zu zeigen versprochen, hinlänglich erläutert. Um nun aber zu zeigen, daß die Natur sich keinen Zweck vorgesetzt hat, und daß alle Zweckursachen nichts als menschliche Erdichtungen sind, bedarf es nicht viel; denn ich glaube, dieses ergibt sich schon hinlänglich aus den Gründen und Ursachen, aus welchen ich den Ursprung dieses Vorurteiles aufgezeigt habe, so wie auch aus Lehrsatz 16 und dem Folgesatz zu Lehrsatz 32 und außerdem aus allen denen, wodurch ich gezeigt habe, daß alles in der Natur nach einer gewissen ewigen Notwendigkeit und höchsten Vollkommenheit vor sich gehe. Nur dies will ich noch hinzusetzen, daß nämlich diese Lehre vom Zweck die Natur gänzlich umkehrt. Denn das, was eigentlich Ursache ist, betrachtet sie als Wirkung und umgekehrt; ferner macht sie das, was von Natur früher ist, zum Späteren; und endlich macht sie das, was das Höchste und Vollkommenste ist, zum Unvollkommensten. Denn (mit Übergehung der beiden ersten, weil sie an sich klar sind), aus den Lehrsätzen 21, 22 und 23 erhellt, daß diejenige Wirkung die vollkommenste ist, welche von Gott unmittelbar hervorgebracht wird, und daß etwas um so unvollkommener ist, je mehr vermittelnder Ursachen es bedarf, um hervorgebracht zu werden. Wenn aber die Dinge, welche unmittelbar von Gott hervorgebracht sind, deshalb gemacht wären, damit Gott seinen Zweck erreichte, dann wären notwendig die letzten, um derentwillen die ersteren gemacht sind, die vortrefflichsten von allen. Ferner hebt diese Lehre die Vollkommenheit Gottes auf; denn, wenn Gott um eines Zweckes willen handelt, begehrt er notwendig etwas, das ihm fehlt. Obgleich nun die Theologen und Metaphysiker zwischen Zweck des Bedürfnisses und Zweck der Assimilation unterscheiden, so räumen sie doch ein, daß Gott alles seinethalben, nicht aber wegen der zu schaffenden Dinge getan habe, weil sie vor der Schöpfung außer Gott nichts angeben können, wegen dessen Gott handeln sollte, also müssen sie notwendig zugeben, daß Gott das, um derentwillen er die Mittel bereiten wollte, entbehrt hat, und es begehrt, wie an sich klar ist. Hierbei ist nicht zu vergessen, daß die Anhänger dieser Lehre, welche in der Zweckbestimmung der Dinge ihren Scharfsinn zur Schau tragen wollten, eine neue Art der Beweisführung aufgebracht haben, um diese ihre Lehre zu stützen, indem sie sich nämlich nicht auf die Unmöglichkeit, sondern auf die Unwissenheit berufen; dies zeigt, daß es kein anderes Mittel gegeben hat, diese Lehre zu beweisen. Denn, wenn z. B. ein Ziegel von einem Dache jemanden auf den Kopf fällt und ihn tötet, sie werden sie auf diese Art beweisen, daß der Ziegel gefallen sei, um den Menschen zu töten. Denn, wenn er nicht nach dem Willen Gottes zu diesem Zwecke gefallen wäre, wie konnten so viele Umstände (denn oft treffen viele zusammen) durch Zufall zusammenkommen? Antwortet man etwa, es kam daher, weil der Wind wehte und weil der Mensch eben dort vorbeiging, so fragen sie dann wieder, warum wehte der Wind damals? Warum ging der Mensch gerade damals dort? Wenn man hierauf wieder antwortet, der Wind entstand damals, weil das Meer am vorigen Tage bei noch ruhigem Wetter stürmisch zu werden anfing und weil der Mensch von einem Freunde eingeladen war, so werden sie dann wieder, weil das Fragen keine Grenzen hat, entgegnen, warum war aber das Meer stürmisch? Warum wurde der Mensch zu jener Zeit eingeladen? Und so werden sie nicht ablassen, weiter und weiter nach den Ursachen der Ursachen zu fragen, bis man zum Willen Gottes, d. h. zum Asyl der Unwissenheit seine Zuflucht nimmt. So auch, wenn sie den Bau des menschlichen Körpers betrachten, staunen sie, und weil sie die Ursachen eines so hohen Kunstwerkes nicht kennen, schließen sie, daß er nicht durch mechanische, sondern durch göttliche oder übernatürliche Kunst und auf solche Weise zusammengesetzt sei, daß kein Teil den andern verletzt. Daher kommt es, daß, wer die wahren Ursachen der Wunder aufsucht, und wer die Naturdinge als Gelehrter zu verstehen, nicht aber als Tor anzustaunen strebt, überall für einen Ketzer und Gottlosen gehalten, und von denen verschrien wird, die das Volk gleichsam als die Dolmetscher der Natur und der Götter anbetet; denn sie wissen, daß, wenn man die Unwissenheit wegräumt, auch das blöde Staunen wegfällt, das einzige Mittel, welches sie haben, etwas zu erweisen und ihr Ansehen zu behaupten. Doch ich lasse dies und gehe zu dem dritten Punkte über.

Nachdem die Menschen sich einmal eingebildet hatten, daß alles, was geschieht, ihrethalben geschehe, mußten sie das bei jedem Ding für die Hauptsache halten, was ihnen das Nützlichste war, und alles das als das Höchste schätzen, wovon sie am angenehmsten berührt wurden. Daher mußten sie die folgenden Begriffe bilden, womit sie die Beschaffenheiten der Dinge erklärten, nämlich: *gut, böse, Ordnung, Verwirrung, warm, kalt, Schönheit* und *Häßlichkeit,* und weil sie sich für frei halten, sind die folgenden Begriffe entstanden: *Lob* und *Tadel, Sünde* und *Verdienst;* diese letzteren will ich unten, wenn ich von der menschlichen Natur gehandelt habe, die ersteren aber will ich hier kurz erläutern. Alles das nämlich, was zum Wohlbefinden und zur Gottesverehrung führt, haben sie *gut*, was aber diesem entgegen ist, *böse* genannt. Und weil die, welche die Natur nicht verstehen, nichts von den Dingen behaupten, sondern sich die Dinge nur vorstellen, und sinnliche Vorstellung für Verstehen nehmen, so glauben sie in ihrer Unkenntnis der Dinge und ihrer Natur fest, es sei eine *Ordnung* in den Dingen, Denn wenn sie so beschaffen sind, daß wir sie, wenn sie uns durch die Sinne dargestellt werden, leicht vorstellen können, und folglich uns ihrer leicht erinnern, nennen wir sie wohlgeordnet; wenn aber im Gegenteil, sagen wir, sie seien schlecht geordnet oder *verworren*. Und weil uns dasjenige besonders angenehm ist, was wir leicht vorstellen können, ziehen die Menschen die Ordnung der Verwirrung vor, als ob, abgesehen von unserer Vorstellung, die Ordnung etwas in der Natur wäre. Sie sagen, Gott habe alles in Ordnung geschaffen, und legen so, ohne ihr Wissen, Gott Vorstellung bei, wenn sie nicht vielleicht meinen, daß Gott, für die menschliche Vorstellung sorgend, alle Dinge in solcher Weise angeordnet habe, daß sie sich dieselben nur ja recht leicht vorstellen können. Und das wird ihnen vielleicht gar kein Bedenken machen, daß man Unzähliges findet, was unsere Vorstellung weit übersteigt, und sehr vieles, was sie wegen ihrer Schwäche verwirrt. Doch genug hiervon. Auch die übrigen Begriffe sind weiter nichts, als Vorstellungsarten, wodurch die Vorstellung auf verschiedene Weise affiziert wird, und werden doch von Unkundigen als wesentliche Attribute der Dinge betrachtet, weil sie, wie bereits erwähnt, glauben, alle Dinge wären ihrethalben gemacht, und so nennen sie die Natur eines Dinges gut, oder böse, gesund oder faul und verdorben, je nachdem sie von ihm affiziert werden. Wenn z. B. die Bewegung, welche die Nerven von den durch die Augen vorgestellten Gegenständen empfangen, dem Wohlbefinden zusagt, werden die Gegenstände, welche die Ursache sind, *schön* genannt; die aber, welche die entgegengesetzte Bewegung erregen, *häßlich*. Das ferner, was durch die Nase den Sinn erregt, nennen sie wohlriechend oder stinkend; was durch die Zunge, süß oder bitter, wohlschmeckend oder übelschmeckend usw. Was aber durch das Tasten, hart oder weich, rauh oder glatt usw. Was endlich das Gehör erregt, bezeichnen sie als Geräusch, Schall oder Harmonie; dieses letztere hat die Menschen so betört, daß sie glaubten, auch Gott ergötze sich an der Harmonie. Es gibt auch Philosophen, welche sich eingebildet haben, die himmlischen Bewegungen bildeten eine Harmonie. Alles dies zeigt deutlich, daß jeder gemäß der Beschaffenheit seines Gehirns über die Dinge geurteilt, oder vielmehr die Regungen seiner Einbildungskraft für die Dinge selbst genommen hat. Deshalb ist es kein Wunder (um auch dies nebenbei zu bemerken), daß unter den Menschen die vielen Streitigkeiten, von denen wir erfahren, entstanden sind, und endlich daraus der Skeptizismus. Denn obgleich die menschlichen Körper in vielem übereinstimmen, weichen sie doch in dem meisten voneinander ab, und deshalb erscheint dem einen gut, was dem anderen böse, dem einen geordnet, was dem anderen verworren, einem angenehm, was dem anderen unangenehm ist, und so im übrigen, worauf ich mich hier nicht einlasse, teils weil hier nicht der Ort ist, genauer davon zu handeln, teils weil jeder dies genugsam erfahren hat. Denn jeder kennt ja die Redensart: so viele Köpfe, so viel Sinne; jeder hat genug an seinem Sinn, es gibt so viel Verschiedenheiten der Köpfe als der Geschmäcke. Diese Sätze zeigen hinlänglich, daß die Menschen je nach der Beschaffenheit ihres Kopfes über die Dinge urteilen und sich die Dinge lieber bloß vorstellen, als sie erkennen. Denn wenn sie die Dinge erkannt hätten, würden diese, wie die Mathematik bezeugt, alle wenn nicht für sich gewinnen, so doch wenigstens überzeugen.

Wir sehen also, daß alle Begriffe, durch welche man gewöhnlich die Natur zu erklären pflegt, nur Vorstellungsarten sind, und nicht die Natur irgendeines Dinges, sondern nur die Verfassung der Vorstellungsweise anzeigen; und weil sie Namen haben, als ob sie außerhalb der Vorstellung daseienden Dingen angehörten, so nenne ich sie nicht Vernunftdinge, sondern Dinge der Einbildungskraft; sonach können alle Gründe, welche gegen uns aus solchen Begriffen hergenommen werden, leicht widerlegt werden. Denn viele pflegen so zu schließen: Wenn alles aus der Notwendigkeit der vollkommensten Natur Gottes ist, woher sind denn so viele Unvollkommenheiten in der Natur, wie die Verderbung der Dinge bis zum Gestank, die ekelerweckende Mißgestalt der Dinge, die Verwirrung, das Übel, die Sünde u. a. m.? Aber, wie ich eben sagte, sie werden leicht widerlegt. Denn die Vollkommenheit der Dinge muß nach ihrer Natur und ihrem Vermögen allein geschätzt werden, und die Dinge sind deshalb nicht mehr oder minder vollkommen, weil sie den Sinn der Menschen ergötzen oder beleidigen, weil sie der menschlichen Natur zusagen oder ihr entgegen sind. Denen aber, welche fragen, warum Gott nicht alle Menschen so geschaffen hat, daß sie bloß durch die Führung der Vernunft geleitet werden, antworte ich nur: weil er Stoff hatte, alles zu schaffen von der höchsten bis zur niedrigsten Stufe der Vollkommenheit; oder eigentlicher zu reden, weil die Gesetze seiner Natur so weit umfassend gewesen sind, daß sie zur Hervorbringung alles dessen, was von einem unendlichen Verstande begriffen werden kann, ausreichten, wie ich Lehrsatz 16 gezeigt habe. Dies sind die Vorurteile, welche ich hier anführen wollte; wenn noch einige dieses Schlages übrig sind, werden sie bei einigem Nachdenken leicht von jedem gehoben werden können.

Zweiter Teil / Von der Natur und dem Ursprunge des Geistes

Ich gehe nunmehr zur Auseinandersetzung dessen über, was aus dem Wesen Gottes, oder des ewigen und unendlichen Seienden, notwendig folgen mußte; zwar nicht alles, denn Lehrsatz 16, Teil 1 haben wir gezeigt, daß Unendliches auf unendliche Arten aus ihm erfolgen müsse; sondern nur das, was uns zur Erkenntnis des menschlichen Geistes und seiner höchsten Glückseligkeit, gleichsam an der Hand hinführen kann.

Definitionen

1. Unter Körper verstehe ich einen Modus, der das Wesen Gottes, insofern er als ausgedehntes Ding betrachtet wird, auf gewisse und bestimmte Weise ausdrückt. Siehe Folgesatz zu Lehrsatz 25, T. 1.

2. Zum Wesen eines Dinges, sage ich, gehört das, wodurch, wenn es gegeben ist, das Ding notwendig gesetzt, und wodurch, wenn man es aufhebt, das Ding notwendig aufgehoben wird; oder das, ohne welches das Ding, und umgekehrt, was ohne das Ding weder sein, noch begriffen werden kann.

3. Unter Idee verstehe ich den Begriff des Geistes, welchen der Geist bildet, weil er ein denkendes Ding ist.

Erläuterung. Ich sage lieber Begriff, als Wahrnehmung, weil das Wort Wahrnehmung anzuzeigen scheint, daß der Geist von dem Objekt leidet. Begriff dagegen scheint eine Handlung des Geistes auszudrücken.

4. Unter adäquater Idee verstehe ich die Idee, welche, insofern sie an sich, ohne Bezug auf das Objekt, betrachtet wird, alle Eigenschaften oder inneren Merkmale einer wahren Idee hat.

Erläuterung. Ich sage innere, um das auszuschließen, was äußerlich ist, nämlich das Übereinstimmen der Idee mit ihrem Gegenstande.

5. *Dauer* ist eine unbestimmte Fortsetzung des Daseins.

Erläuterung. Ich sage unbestimmt, weil sie durch die eigne Natur des daseienden Dinges nicht bestimmt werden kann, und ebensowenig durch die wirkende Ursache, welche nämlich das Dasein eines Dinges notwendig setzt, nicht aber aufhebt.

6. Unter *Realität* und *Vollkommenheit* verstehe ich dasselbe.

7. Unter *Einzeldingen* verstehe ich die Dinge, welche endlich sind und ein bestimmtes Dasein haben. Wenn mehrere Individuen so in *einer* Handlung zusammentreffen, daß sie alle zusammen die Ursache *einer* Wirkung sind, so betrachte ich sie alle in sofern als *ein* Einzelding.

Axiome

1. Das Wesen des Menschen schließt kein notwendiges Dasein in sich, d. h., nach der Ordnung der Natur kann es ebensowohl sein, daß dieser und jener Mensch da ist, als daß er nicht da ist.
2. Der Mensch denkt.
3. Modi des Denkens, wie Liebe, Neigung, oder welche sonst noch mit dem Ausdrucke Affekte der Seele bezeichnet werden, gibt es nur, wenn es in demselben Individuum eine Idee des geliebten, begehrten usw. Gegenstandes gibt. Es kann aber eine Idee geben, wenn auch kein anderer Modus des Denkens vorhanden ist.
4. Wir empfinden, daß ein Körper auf mannigfache Weisen affiziert wird.
5. Wir empfinden und nehmen keine anderen einzelnen Dinge wahr, als nur Körper und Modi des Denkens.

Die Postulate siehe nach Lehrsatz 13.

Lehrsatz 1. Das Denken ist ein Attribut Gottes, oder Gott ist ein denkendes Ding.

Beweis. Die einzelnen Gedanken, oder dies und jenes Denken, sind Modi, welche Gottes Natur auf eine gewisse und bestimmte Weise ausdrücken (nach Folgesatz zu Lehrsatz 25, T. 1). Es kommt also Gott ein Attribut zu (nach Def. 5, T. 1), dessen Begriff in allen einzelnen Gedanken enthalten ist, und durch welches Attribut diese auch begriffen werden. Das Denken ist also eines von den unendlich vielen Attributen Gottes, das Gottes ewiges und unendliches Wesen ausdrückt (siehe Def. 6, T. 1), oder Gott ist ein denkendes Ding. W. z. b. w.

Anmerkung. Dieser Lehrsatz erhellt auch daraus, daß wir ein unendliches denkendes Wesen begreifen können. Denn je mehr ein denkendes Wesen denken kann, desto mehr Realität oder Vollkommenheit müssen wir ihm auch in unserem Begriffe beilegen. Ein Wesen also, das Unendliches auf unendliche Weisen denken kann, ist notwendig unendlich an Kraft des Denkens. Da wir also auf das bloße Denken achtend, ein unendliches Wesen begreifen, so ist (nach

Def. 4 und 6, T. 1) das Denken notwendig eines von den unendlich vielen Attributen Gottes, wie wir behaupten.

Lehrsatz 2. Die Ausdehnung ist ein Attribut Gottes, oder Gott ist ein ausgedehntes Ding.

Beweis. Dieser wird auf dieselbe Art, wie bei dem vorhergehenden Lehrsatze geführt.

Lehrsatz 3. Es gibt in Gott notwendig eine Idee, sowohl seines Wesens, als alles dessen, was aus seinem Wesen notwendig folgt.

Beweis. Denn Gott kann (nach Lehrsatz 1 dieses Teiles) Unendliches auf unendliche Weisen denken, oder (was dasselbe ist, nach Lehrsatz 16, T. 1) die Idee seines Wesens und alles dessen, was notwendig daraus folgt, bilden. Nun ist alles, was in Gottes Macht steht, notwendig (nach Lehrsatz 35, T. 1); also gibt es notwendig eine solche Idee, und (nach Lehrsatz 15, T. 1) nur in Gott. W. z. b. w.

Anmerkung. Der große Haufe versteht unter Gottes Macht seinen freien Willen und sein Recht auf alles, was ist, und was deshalb gewöhnlich als zufällig betrachtet wild. Denn, sagt man, Gott hat die Macht, alles zu zerstören und in nichts zu verwandeln. Ferner vergleicht man Gottes Macht sehr oft mit der Macht der Könige; allein dieses haben wir Folgesatz 1 und 2 zu Lehrsatz 32, T. 1 widerlegt und Lehrsatz 16, T. 1 gezeigt, daß Gott nach derselben Notwendigkeit handelt, mit der er sich selbst erkennt, d. h. sowie es aus der Notwendigkeit der göttlichen Natur (wie alle einstimmig annehmen) folgt, daß Gott sich selbst erkennt, mit derselben Notwendigkeit folgt auch, daß Gott Unendliches auf unendliche Weisen tut. Ferner haben wir Lehrsatz 34, Teil 1 gezeigt, daß Gottes Macht nichts als Gottes tätiges Wesen ist, und daher ist es uns ebenso unmöglich zu begreifen, daß Gott nicht handle, als daß Gott nicht sei. Wenn ich dies hier weiter verfolgen dürfte, könnte ich ferner zeigen, daß jene Macht, welche der große Haufe Gott andichtet, nicht bloß eine menschliche ist (welches zeigt, daß Gott als Mensch, oder einem Menschen ähnlich, von der großen Menge aufgefaßt wird), sondern daß sie sogar ein Unvermögen in sich schließt. Doch ich will über eine und dieselbe Sache nicht so oft reden, ich will nur den Leser dringend ersuchen, daß er alles, was im ersten Teile von Lehrsatz 16 bis zu Ende, über diese Sache gesagt ist, ganz genau durchdenkt. Denn niemand wird das, was ich meine, recht erfassen, wenn er sich nicht sehr hütet, die Macht Gottes mit der menschlichen Macht oder dem Rechte der Könige zu vermengen.

Lehrsatz 4. Die Idee Gottes, aus welcher Unendliches auf unendliche Weisen folgt, kann nur eine einzige sein.

Beweis. Der unendliche Verstand faßt nichts als Gottes Attribute und seine Affektionen (nach Lehrsatz 30, T. 1), Nun ist Gott einzig (nach Folgesatz 1 zu Lehrsatz 14, T. 1). Also kann die Idee Gottes, aus welcher Unendliches auf unendliche Weise folgt, nur eine einzige sein. W. z. b. w.

Lehrsatz 5. Das formale Sein der Ideen erkennt Gott nur als seine Ursache an, insofern er als denkendes Ding betrachtet wird, und nicht insofern er durch ein anderes Attribut erklärt wird; d. h. die Ideen sowohl der Attribute Gottes als der einzelnen Dinge erkennen nicht die Gegenstände selbst, oder die wahrgenommenen Dinge als wirkende Ursache an, sondern Gott selbst insofern er ein denkendes Ding ist.

Beweis. Dieser erhellt auch aus Lehrsatz 3, T. 2; denn dort schlossen wir, daß Gott die Idee seines Wesens und alles dessen, was daraus notwendig folgt, allein dadurch bilden könne, daß Gott ein denkendes Ding ist, und nicht dadurch, daß er das Objekt seiner Idee ist. Deshalb erkennt das formale Sein der Ideen Gott als Ursache an, insofern er ein denkendes Ding ist. Dieser Lehrsatz kann indes auch noch anders auf folgende Weise bewiesen werden: Das formale Sein der Ideen ist eine Denkweise (wie an sich klar), d. h. (nach Folgesatz zu Lehrsatz 25, T. 1) eine Daseinsweise, welche Gottes Natur, insofern er denkendes Ding ist, auf gewisse Weise ausdrückt, es schließt also (nach Lehrsatz 10, T. 1) den Begriff keines anderen göttlichen Attributes in sich, und daher (nach Ax. 4, T. 1) ist es die Wirkung keines anderen göttlichen Attributs als des Denkens, und also erkennt das formale Sein der Ideen Gott nur, insofern er als denkendes Ding betrachtet wird usw. W. z. b. w.

Lehrsatz 6. Die Modi jedes Attributes haben Gott nur insofern zur Ursache, als er unter jenem Attribute, dessen Modi sie sind, betrachtet wird, und nicht, sofern er unter irgendeinem anderen betrachtet wird.

Beweis. Denn jedes Attribut wird aus sich, ohne ein anderes begriffen (nach Lehrsatz 10, T. 1). Deshalb schließen die Modi jedes Attributs den Begriff ihres Attributs, nicht aber den eines anderen, in sich. Folglich (nach Ax. 4, T. 1) haben sie Gott nur insofern zur Ursache, als er unter jenem Attribute, dessen Modi sie sind, betrachtet wird, und nicht, sofern er unter irgendeinem anderen betrachtet wird. W. z. b. w.

Folgesatz. Hieraus folgt, daß das formale Sein der Dinge, welche keine Modi des Denkens sind, nicht deshalb aus der göttlichen Natur erfolgt, weil sie die Dinge früher erkannt hat, sondern auf dieselbe Weise und mit derselben Notwendigkeit erfolgen die vorgestellten Dinge aus ihren Attributen und werden daraus geschlossen, wie wir gezeigt haben, daß die Ideen aus dem Attribute des Denkens erfolgen.

Lehrsatz 7. Die Ordnung und Verknüpfung der Ideen ist dieselbe, wie die Ordnung und Verknüpfung der Dinge.

Beweis. Dieser erhellt aus Axiom 4, Teil 1. Denn die Idee eines jeden Verursachten hängt von der Erkenntnis der Ursache ab, deren Wirkung sie ist.

Folgesatz. Hieraus folgt, daß das Denkvermögen Gottes seinem wirklichen Handlungsvermögen gleich ist, d. h. alles, was aus der unendlichen Natur Gottes formal erfolgt, das erfolgt aus der Idee Gottes in Gott objektiv, in derselben Ordnung und in derselben Verknüpfung.

Anmerkung. Ehe wir weiter gehen, müssen wir uns hier das ins Gedächtnis zurückrufen, was wir oben gezeigt haben, nämlich: alles was von dem unendlichen Verstande, als das Wesen der Substanz ausmachend, wahrgenommen werden kann, alles dies gehört nur zu *einer* Substanz, und folglich ist die denkende Substanz und die ausgedehnte Substanz eine und dieselbe Substanz, welche bald unter diesem, bald unter jenem Attribute aufgefaßt wird. So ist auch der Modus der Ausdehnung und die Idee dieses Modus ein und dasselbe Ding, aber auf zwei Weisen ausgedrückt. Dies scheinen einige Hebräer dunkel erkannt zu haben, da sie nämlich annehmen, Gott, Gottes Verstand und die von ihm verstandenen Dinge seien ein und dasselbe. Z. B. ein in der Natur vorhandener Kreis und die Idee des vorhandenen Kreises, welche auch in Gott ist, ist ein und dasselbe Ding, welches durch verschiedene Attribute ausgedrückt wird. Wir mögen demnach die Natur unter dem Attribute der Ausdehnung, oder unter dem Attribute des Denkens, oder unter einem anderen begreifen, so werden wir ein und dieselbe Ordnung, oder ein und dieselbe Verknüpfung von Ursachen d. h. dieselben Dinge aufeinanderfolgend finden. Aus keinem anderen Grunde habe ich gesagt, daß Gott die Ursache der Idee, z. B. des Kreises ist, insofern er nur denkendes Ding, und des Kreises, insofern er nur ausgedehntes Ding ist, als weil das formale Sein der Idee des Kreises nur durch eine andere Weise (Modus) des Denkens als die nächste Ursache, und diese wieder durch eine andere Weise und so ins Unendliche fort aufgefaßt werden kann, so daß, solange die Dinge als Daseinsweisen des Denkens betrachtet werden, wir die Ordnung der ganzen Natur oder die Verknüpfung der Ursachen bloß durch das Attribut des Denkens erklären müssen, und insofern sie als Daseinsweisen der Ausdehnung betrachtet werden, auch die Ordnung der ganzen Natur bloß durch das Attribut der Ausdehnung erklärt werden muß, und so verstehe ich es auch bei den anderen Attributen. Darum ist Gott, insofern er aus unendlichen Attributen besteht, wahrhaft die Ursache der Dinge, wie sie an sich sind; deutlicher kann ich dies für jetzt nicht erläutern.

Lehrsatz 8. Die Ideen der nicht daseienden einzelnen Dinge oder Daseinsweisen müssen so in der unendlichen Idee Gottes enthalten sein, wie die formalen Wesenheiten der einzelnen Dinge oder der Daseinsweisen in Gottes Attributen enthalten sind.

Beweis. Dieser Lehrsatz erhellt aus dem Vorigen, läßt sich aber noch klarer aus der vorigen Anmerkung ersehen.

Folgesatz. Hieraus folgt, daß, solange die einzelnen Dinge nicht anders da sind, als insofern sie in Gottes Attributen enthalten sind, auch ihr objektives Sein oder ihre Ideen nicht anders da sind, als insofern Gottes unendliche Idee da ist, und wenn man den Einzeldingen ein, nicht nur in den Attributen Gottes enthaltenes, sondern ein wirklich dauerndes Dasein zuschreibt, so schließen ihre Ideen auch das Dasein in sich, durch welches sie in der Zeit dauernd genannt werden.

Anmerkung. Wenn jemand zur besseren Erläuterung dieser Sache ein Beispiel wünscht, so werde ich freilich keines geben können, welches die Sache, wovon ich hier spreche, da sie einzig ist, adäquat erläuterte. Dennoch will ich versuchen, die Sache so viel als möglich deutlich zu machen. Der Kreis ist von solcher Natur, daß die Rechtecke aus allen geraden, in ihm sich durchschneidenden Linien einander gleich sind, deshalb sind in dem Kreise unendliche, einander gleiche Rechtecke enthalten; gleichwohl kann keines von ihnen daseiend genannt werden, außer insofern der Kreis da ist, auch die Idee keines dieser Rechtecke kann daseiend genannt werden, außer insofern sie in der Idee des Kreises enthalten ist. Nun nehme man an, daß von jenen unendlichen nur zwei da sind, nämlich *E* und *D*.

Jetzt sind auch nicht bloß ihre Ideen da, insofern sie nur in der Idee des Kreises begriffen sind, sondern auch insofern sie das Dasein jener Rechtecke in sich schließen, wodurch es kommt, daß sie sich von den übrigen Ideen der übrigen Rechtecke unterscheiden.

Lehrsatz 9. Die Idee eines in der Wirklichkeit daseienden Einzeldinges hat Gott zur Ursache, nicht insofern er unendlich ist, sondern insofern er als durch eine andere Idee eines in der Wirklichkeit daseienden Einzeldinges affiziert betrachtet wird, dessen Ursache Gott auch ist, insofern er von einer dritten Idee offiziell ist, und so ins Unendliche fort.

Beweis. Die Idee eines in der Wirklichkeit daseienden Einzeldinges ist eine einzelne und von den übrigen verschiedene Daseinsweise des Denkens (nach Folgesatz und Anmerkung zu Lehrsatz 8 dieses Teils), und also (nach Lehrsatz 6 dieses Teils) hat sie Gott zur Ursache, insofern er nur ein denkendes Ding ist. Aber nicht (nach Lehrsatz 28, T. 1) sofern er ein absolut denkendes Ding ist, sondern sofern er als von einer anderen Weise des Denkens affiziert angesehen wird; und die Ursache dieser Daseinsform ist Gott wiederum nur, sofern er von einer anderen affiziert ist, und so ins Unendliche. Nun ist die Ordnung und Verknüpfung der Ideen (nach Lehrsatz 7 dieses Teils) dieselbe, wie die Ordnung und Verknüpfung ihrer Ursachen. Folglich ist die Ursache der Idee eines Einzeldinges eine andere Idee, oder Gott, sofern er als von einer anderen Idee affiziert angesehen wird, und auch die Ursache dieser ist er, insofern er von einer anderen affiziert ist. Und so ins Unendliche. W. z. b. w.

Folgesatz. Von allem, was in dem einzelnen Objekte jeder Idee geschieht, davon gibt es in Gott eine Erkenntnis, sofern er bloß die Idee dieses Objekts hat.

Beweis. Von allem, was in dem Objekte jeder Idee geschieht, davon gibt es in Gott eine Idee (nach Lehrsatz 3 dieses Teils) nicht sofern er unendlich ist, sondern sofern er als durch eine andere Idee eines Einzeldinges affiziert angesehen wird (nach dem vorigen Lehrsatze). Nun ist aber (nach Lehrsatz 7 dieses Teils) die Ordnung und Verknüpfung der Ideen dieselbe, wie die Ordnung und Verknüpfung der Dinge. Es wird also eine Erkenntnis dessen, was in irgendeinem anderen Objekte geschieht, in Gott sein, sofern er bloß eine Idee dieses Objektes hat. W. z. b. w.

Lehrsatz 10. Das Sein der Substanz gehört nicht zum Wesen des Menschen, oder die Substanz macht nicht die Form des Menschen aus.

Beweis. Denn das Sein der Substanz schließt notwendiges Dasein in sich (nach Lehrsatz 7, T. 1). Wenn also das Sein der Substanz zum Wesen des Menschen gehöre, so würde, wenn die Substanz vorhanden wäre, notwendig auch der

Mensch vorhanden sein (nach Def. 2 dieses Teils). Folglich würde der Mensch notwendig da sein, was (nach Ax. 1 dieses Teils) widersinnig ist. Also usw. W. z. b. w.

Anmerkung. Dieser Lehrsatz erhellt auch aus Lehrsatz 5, Teil 1, daß es nämlich nicht zwei Substanzen von derselben Natur gibt. Da aber mehrere Menschen da sein können, ist demnach das, was die Form des Menschen ausmacht, nicht das Sein der Substanz. Dieser Satz erhellt ferner aus den übrigen Eigenschaften der Substanz, weil nämlich die Substanz ihrer Natur nach unendlich, unveränderlich, unteilbar usw. ist, wie jeder leicht einsehen kann.

Folgesatz. Hieraus folgt, daß das Wesen des Menschen aus gewissen Modifikationen der Attribute Gottes besteht. Denn das Sein der Substanz gehört (nach dem obigen Satze) nicht zum Wesen des Menschen. Es ist also (nach Lehrsatz 15, T. 1) etwas, was in Gott ist, und was ohne Gott weder sein, noch begriffen werden kann, oder (nach Folgesatz zu Lehrsatz 25, T. 1) eine Affektion oder Daseinsweise, welche Gottes Natur auf gewisse und bestimmte Weise ausdrückt.

Anmerkung. Allgemein muß zugestanden werden, daß ohne Gott nichts sein, noch begriffen werden kann. Denn alle gestehen, daß Gott die einzige Ursache aller Dinge, sowohl ihres Wesens, als ihres Daseins ist, d. h. Gott ist nicht nur die Ursache der Dinge, rücksichtlich des Werdens, wie man zu sagen pflegt, sondern auch rücksichtlich des Seins. Indessen sagen doch die meisten, das gehöre zu dem Wesen eines Dinges, ohne welches das Ding weder sein, noch begriffen werden kann; demnach, meinen sie, gehört die Natur Gottes entweder zum Wesen der geschaffenen Dinge, oder die geschaffenen Dinge könnten ohne Gott entweder sein oder begriffen werden, oder, was wohl das Wahrscheinlichste ist, sie sind sich selbst nicht recht darüber klar. Der Grund hiervon liegt, glaube ich, darin, weil sie sich nicht an die Ordnung im Philosophieren gehalten haben. Denn die göttliche Natur, welche sie vor allem in Betracht ziehen mußten, weil sie sowohl der Erkenntnis als der Natur nach die erste in der Reihe der Erkenntnis ist, haben sie für die letzte, und die Dinge, welche Objekte der Wahrnehmungen genannt werden, für die ersten von allen gehalten. Daher kam es, daß, während sie die natürlichen Dinge betrachteten, sie an nichts weniger als an die göttliche Natur dachten, und daß sie nachher, als sie sich zur Betrachtung der göttlichen Natur wendeten, an nichts weniger denken konnten, als an ihre ersten Phantasiegebilde, worauf sie die Erkenntnis der natürlichen Dinge gebaut hatten, die ihnen also zur Erkenntnis der göttlichen Natur nichts helfen konnten. Es ist demnach kein Wunder, wenn sie sich öfters widersprechen. Doch, lassen wir das. Es war hier bloß meine Absicht, einen Grund anzugeben, warum ich nicht gesagt habe, das gehöre zu dem Wesen eines Dinges, ohne welches das Ding weder sein noch begriffen werden kann, weil nämlich die Einzeldinge ohne Gott weder sein, noch begriffen werden können, und dennoch Gott nicht zu ihrem Wesen gehört, sondern dasjenige, sagte ich, macht notwendig das Wesen eines Dinges aus, wodurch, wenn es gegeben ist, das Ding gesetzt, und wodurch, wenn es aufgehoben, das Ding aufgehoben wird, oder das, ohne welches das Ding, und umgekehrt, was ohne das Ding weder sein noch begriffen werden kann.

Lehrsatz 11. Das erste, was das wirkliche Sein des menschlichen Geistes ausmacht, ist nichts anderes, als die Idee eines in der Wirklichkeit daseienden Einzeldinges.

Beweis. Das Wesen des Menschen besteht (nach Folgesatz des vorigen Lehrsatzes) aus gewissen Daseinsweisen der göttlichen Attribute, nämlich (nach Ax. 2 dieses Teils) aus Denkweisen, deren Idee (nach Ax. 3 dieses Teils) von Natur früher ist, und gibt es diese, so müssen die übrigen (als welche nämlich die Idee von Natur früher ist) in demselben Individuum sein (nach demselben Axiom). Folglich ist die Idee das erste, was das Sein des menschlichen Geistes ausmacht. Aber nicht die Idee eines nicht daseienden Dinges. Denn dann könnte (nach Folgesatz zu Lehrsatz 8 dieses Teils) nicht die Idee selbst daseiend genannt werden. Es wird also die Idee eines in der Wirklichkeit daseienden Dinges sein. Aber nicht eines unendlichen Dinges. Denn das unendliche Ding muß (nach Lehrsatz 21 und 22, T. 1) immer notwendig da sein. Nun ist dies nach Axiom 1 dieses Teils widersinnig. Also ist das erste, was das wirkliche Sein des menschlichen Geistes ausmacht, die Idee eines in der Wirklichkeit daseienden Einzeldinges. W. z. b. w.

Folgesatz. Hieraus folgt, daß der menschliche Geist ein Teil des unendlichen Verstandes Gottes ist; wenn wir demnach sagen: der menschliche Geist faßt dies oder jenes auf, so sagen wir nichts anderes, als daß Gott, nicht sofern er unendlich ist, sondern sofern er durch die Natur des menschlichen Geistes ausgedrückt ist, oder sofern er das Wesen des menschlichen Geistes ausmacht, diese oder jene Idee hat. Und wenn wir sagen, Gott hat diese oder jene Idee, nicht nur, insofern er die Natur des menschlichen Geistes ausmacht, sondern sofern er zugleich mit dem menschlichen Geiste auch die Idee eines anderen Dinges hat, dann sagen wir, daß der menschliche Geist ein Ding teilweise oder unadäquat auffaßt.

Anmerkung. Hier werden ohne Zweifel die Leser stocken, und es wird ihnen vieles einfallen, was ihnen Bedenken erregt, deshalb bitte ich sie, langsamen Schrittes mit mir weiterzugehen, und nicht eher hierüber ein Urteil zu fällen, als bis sie alles durchgelesen haben.

Lehrsatz 12. Alles, was in dem Objekte der Idee geschieht, welche den menschlichen Geist ausmacht, muß von dem menschlichen Geiste aufgefaßt werden, oder es wird im Geiste notwendig eine Idee dieses Dinges geben. Das heißt, wenn das Objekt der Idee, welche den menschlichen Geist ausmacht, ein Körper ist, kann in diesem Körper nichts geschehen, was nicht von dem Geiste aufgefaßt würde.

Beweis. Von allem, was in dem Objekte einer Idee geschieht, davon gibt es notwendig eine Erkenntnis in Gott (nach Folgesatz zu Lehrsatz 9 dieses Teils), sofern er als von der Idee dieses Objekts affiziert betrachtet wird, das heißt (nach Lehrsatz 11 dieses Teils) sofern er die Seele eines Dinges ausmacht. Alles, was daher in dem Objekte der Idee geschieht, welche den menschlichen Geist ausmacht, davon gibt es notwendig in Gott eine Erkenntnis, sofern er die Natur des menschlichen Geistes ausmacht, das heißt (nach Folgesatz zu Lehrsatz 11 dieses Teils) die Erkenntnis dieses Dinges wird notwendig im Geiste sein, oder der Geist faßt es auf. W. z. b. w.

Anmerkung. Dieser Satz erhellt auch, und wird noch deutlicher erkannt aus der Anmerkung zu Lehrsatz 7 dieses Teils, welche man nachsehe.

Lehrsatz 13. Das Objekt der Idee, welche den menschlichen Geist ausmacht, ist der Körper oder eine gewisse, wirklich vorhandene Daseinsweise der Ausdehnung, und nichts anderes.

Beweis. Denn wenn der Körper nicht das Objekt des menschlichen Geistes wäre, so würden die Ideen der Affektionen des Körpers nicht in Gott sein (nach Folgesatz zu Lehrsatz 9 dieses Teils), insofern er unseren Geist, sondern insofern er den Geist eines anderen Dinges ausmache, das heißt (nach Folgesatz zu Lehrsatz 11 dieses Teils) die Ideen der Affektionen des Körpers wären nicht in unserem Geiste, aber (nach Ax. 3 dieses Teils) haben wir die Ideen der Affektionen des Körpers. Sonach ist das Objekt der Idee, welche den menschlichen Geist ausmacht, der Körper, und zwar (nach Lehrsatz 11 dieses Teils) der wirklich daseiende. Ferner, gäbe es außer dem Körper auch noch ein anderes Objekt des Geistes, so müßte, da (nach Lehrsatz 36, T. 1) nichts da ist, woraus nicht eine Wirkung folgte, es notwendig (nach Lehrsatz 11 dieses Teils) die Idee einer Wirkung desselben in unserem Geiste geben; nun gibt es aber (nach Ax. 5 dieses Teils) keine solche Idee. Also ist das Objekt unseres Geistes der daseiende Körper und nichts anderes. W. z. b. w.

Folgesatz. Hieraus folgt, daß der Mensch aus Geist und Körper besteht, und daß der menschliche Körper, sowie wir ihn empfinden, da ist.

Anmerkung. Wir ersehen hieraus nicht nur, daß der menschliche Geist mit dem Körper vereinigt, sondern auch was unter der Vereinigung von Körper und Geist zu verstehen ist. Aber adäquat oder genau wird dieses niemand einsehen können, wenn er nicht vorher die Natur unseres Körpers adäquat erkennt. Denn das, was wir bis jetzt gezeigt haben, ist sehr allgemein, und paßt ebensowohl auf die Menschen, als auf die übrigen Individuen, welche alle, wenn auch in verschiedenen Abstufungen, doch beseelt sind. Denn von einem jeden Dinge, dessen Ursache er ist, ist notwendig ebenso eine Idee in Gott, wie die Idee des menschlichen Körpers in ihm ist. Folglich muß alles, was wir von der Idee des menschlichen Körpers gesagt haben, notwendig von der Idee eines jeden Dinges gelten. Doch können wir auch nicht leugnen, daß die Ideen untereinander, wie die Objekte selbst verschieden sind, und daß die eine vorzüglicher ist und mehr Realität enthält als die andere, je nachdem das Objekt der einen vorzüglicher ist und mehr Realität enthält als das der anderen. Um daher zu bestimmen, wodurch der menschliche Geist sich von den übrigen unterscheide, und wodurch er höher steht als die übrigen, müssen wir, wie gesagt, die Natur dieses Objekts, d. h. des menschlichen Körpers erkennen. Diese kann ich aber hier nicht auseinandersetzen, noch ist dies zu dem, was ich beweisen will, notwendig. Nur das will ich im allgemeinen sagen, daß, je befähigter ein Körper vor den übrigen ist, mehreres zugleich zu tun oder zu leiden, desto befähigter ist der Geist desselben, mehreres zugleich aufzufassen. Ferner, je mehr die Handlungen eines Körpers allein von ihm abhängen, und je weniger andere Körper mit ihm im Handeln mitwirken, um so befähigter ist auch sein Geist zu gründlicher Erkenntnis. Hieraus können wir den Vorzug des einen Geistes vor den übrigen erkennen, sodann auch die Ursache sehen, warum wir nur eine sehr undeutliche Kenntnis unseres Körpers haben und manches andere, was ich im folgenden hieraus ableiten werde. Darum habe ich es der Mühe für wert gehalten, eben dies ausführlicher zu erörtern und zu beweisen; hierzu ist es aber notwendig, einiges von der Natur der Körper vorauszuschicken.

Axiom 1. Alle Körper sind entweder in Bewegung oder in Ruhe.

Axiom 2. Jeder Körper bewegt sich bald langsamer, bald schneller.

Lehnsatz 1. Die Körper sind rücksichtlich der Bewegung und Ruhe, der Schnelligkeit und Langsamkeit, und nicht rücksichtlich der Substanz voneinander unterschieden.

Beweis. Den ersten Teil dieses Satzes nehme ich als an sich bekannt an; daß sich aber die Körper rücksichtlich der Substanz nicht unterscheiden, erhellt sowohl aus Lehrsatz 5 als aus Lehrsatz 8, Teil 1. Aber deutlicher noch aus dem, was in der Anmerkung zu Lehrsatz 15, Teil 1 gesagt ist.

Lehnsatz 2. Alle Körper stimmen in einigem miteinander überein.

Beweis. Denn darin stimmen alle Körper überein, daß sie den Begriff eines und desselben Attributs enthalten (nach Def. I dieses Teils). Ferner darin, daß sie bald langsamer, bald schneller, und überhaupt bald sich bewegen, bald ruhen können.

Lehnsatz 3. Der bewegte oder ruhende Körper mußte zur Bewegung oder Ruhe von einem anderen Körper bestimmt werden, der auch zur Bewegung oder Ruhe von einem anderen bestimmt war, und dieser wieder von einem anderen und so ins Unendliche.

Beweis. Die Körper sind (nach Def. 1 dieses Teils) Einzeldinge, welche (nach Lehnsatz 1) sich rücksichtlich der Bewegung und Ruhe voneinander unterscheiden, folglich mußte jeder (nach Lehrsatz 28, T. 1) zur Bewegung oder Ruhe notwendig von einem anderen Einzeldinge bestimmt werden, nämlich (nach Lehrsatz 6 dieses Teils) von einem anderen Körper, welcher (nach Ax. 1) ebenfalls entweder in Bewegung oder in Ruhe ist. Eben dieser aber konnte (aus demselben Grunde) nur sich bewegen oder ruhen, wenn er von einem anderen zur Bewegung oder Ruhe bestimmt war, und dieser wieder (aus demselben Grunde) von einem anderen und so ins Unendliche. W. z. b. w.

Folgesatz. Hieraus folgt, daß ein bewegter Körper so lange in Bewegung bleibt, bis er von einem anderen Körper zur Ruhe bestimmt wird, und daß ein ruhender Körper auch solange ruht, bis er von einem anderen zur Bewegung bestimmt wird, was auch an sich klar ist. Denn gesetzt, ein Körper, z. B. *A* ruhe, dann werde ich, wenn ich keine anderen bewegten Körper in Betracht ziehe, von dem Körper nichts sagen können, als daß er ruht. Wenn es nach her sich träfe, daß der Körper *A*, sich bewegt, so konnte dies gewiß nicht daraus entspringen, daß er in Ruhe war; denn daraus konnte nichts anderes erfolgen, als daß der Körper *A* ruhte. Gesetzt aber *A* bewegt sich, so werden wir, so oft wir nur auf *A* achten, von ihm nichts behaupten können, als daß er sich bewegt. Wenn es nachher sich träfe, daß *A* ruht, so konnte auch dieses gewiß nicht aus der Bewegung entspringen, welche er hatte; denn aus der Bewegung konnte nichts anderes folgen, als daß *A* sich bewegte. Es geschah also von einem Dinge, das nicht in *A* war, nämlich von einer äußeren Ursache, von der *A* zur Ruhe bestimmt worden ist.

Axiom 1. Alle Arten, wie ein Körper von einem anderen affiziert wird, erfolgen zugleich aus der Natur des affizierten Körpers und aus der Natur des affizierenden Körpers, so daß ein und derselbe Körper auf verschiedene Weise bewegt wird, je nach der Verschiedenheit der Natur der bewegenden Körper, und umgekehrt, so daß verschiedene Körper von einem und demselben Körper auf verschiedene Weise bewegt werden.

Axiom 2. Wenn ein bewegter Körper auf einen anderen ruhenden, welchen er nicht fortbewegen kann, stößt, prallt er, um seine Bewegung fortzusetzen, zurück, und der Winkel, den die Linie der zurückprallenden Bewegung mit der Fläche des ruhenden Körpers, auf welchen er gestoßen ist, bildet, wird gleich sein dem Winkel, welchen die Linie der einfallenden Bewegung mit derselben Fläche bildet.

So viel von den einfachsten Körpern, die sich nämlich bloß durch Bewegung und Ruhe, Schnelligkeit und Langsamkeit voneinander unterscheiden; steigen wir nun zu den zusammengesetzten auf!

Definition. Wenn einige Körper von gleicher oder verschiedener Größe von den übrigen so zusammengedrängt werden, daß sie aufeinander liegen, oder so, daß, wenn sie sich mit demselben oder mit verschiedenen Graden der Schnelligkeit begegnen, sie einander ihre Bewegungen in einer bestimmten Weise mitteilen: so sagen wir, daß diese Körper miteinander verbunden sind, und alle zusammen einen Körper oder ein Individuum bilden, welches sich von den übrigen durch diese Vereinigung der Körper unterscheidet.

Axiom 3. Je nachdem die Teile eines Individuums oder eines zusammengesetzten Körpers, mit größeren oder kleineren Oberflächen, aufeinanderliegen, um so schwerer oder leichter können sie ihre Lage zu verändern gezwungen werden, und folglich kann um so schwerer oder leichter bewirkt werden, daß das Individuum selbst eine andere Gestalt annehme. Daher nenne ich Körper, deren Teile mit großen Oberflächen aufeinanderlegen; *hart*; die aber, deren Teile mit kleinen Flächen aufeinanderliegen, *weich*; und schließlich die, deren Teile sich untereinander bewegen, *flüssig*.

Lehnsatz 4. Wenn von einem Körper oder Individuum, welches aus mehreren Körpern zusammengesetzt ist, einige Körper getrennt werden, und zugleich ebenso viel andere von derselben Natur an deren Stelle eintreten, so wird das Individuum seine vorige Natur behalten, ohne irgendeine Veränderung seiner Form.

Beweis. Denn (nach Lehnsatz 1) unterscheiden sich die Körper nicht rücksichtlich der Substanz. Das aber, was die Form des Individuums ausmacht, besteht (nach der vorigen Def.) in der Vereinigung der Körper. Diese wird aber (nach der Voraussetzung) beibehalten, wenn auch eine fortwährende Veränderung der Körper vor sich geht; also wird das Individuum sowohl rücksichtlich der Substanz als der Daseinsweise seine vorige Natur behalten. W. z. b. w.

Lehnsatz 5. Wenn die Teile, welche ein Individuum bilden, größer oder kleiner werden, jedoch in dem Verhältnis, daß sie alle dieselbe Art der Bewegung und Ruhe wie zuvor behalten, so wird das Individuum gleichfalls seine vorige Natur behalten, ohne irgendeine Veränderung seiner Form.

Beweis. Dieser ist ebenso, wie der des vorigen Lehnsatzes.

Lehnsatz 6. Wenn gewisse Körper, die ein Individuum ausmachen, die Bewegung, welche sie nach einer Richtung hin haben, nach einer anderen zu richten gezwungen werden, jedoch so, daß sie ihre Bewegungen fortsetzen, und auf dieselbe Weise, wie vorher, einander mitteilen können, so wird das Individuum gleichfalls, ohne irgendeine Veränderung der Form, seine Natur beibehalten.

Beweis. Dieser ist an sich klar; denn alles wird als beibehalten vorausgesetzt, wovon wir bei der Definition des Individuums sagten, daß es seine Form ausmache.

Lehnsatz 7. Außerdem behält das so zusammengesetzte Individuum seine Natur, mag es sich in bezug auf das Ganze bewegen oder ruhen, mag es nach dieser oder jener Richtung sich bewegen, wenn nur jeder Teil seine Bewegung behält, und diese, wie zuvor, den übrigen mitteilt.

Beweis. Dieser erhellt aus der Definition des Individuums (siehe diese vor Lehnsatz 4).

Anmerkung. Hieraus sehen wir also, wie ein zusammengesetztes Individuum auf viele Weisen affiziert werden und nichtsdestoweniger seine Natur bewahren kann. Und bis jetzt haben wir unter Individuum dasjenige begriffen, was nur aus Körpern, welche sich durch die bloße Bewegung und Ruhe, Schnelligkeit und Langsamkeit voneinander unterscheiden, d. h. das, was aus den einfachsten Körpern zusammengesetzt ist. Wenn wir uns aber ein anderes denken, das aus mehreren Individuen von verschiedener Natur zusammengesetzt ist, so werden wir finden, daß es auf mehrere Weisen affiziert werden und dennoch seine Natur bewahren kann. Denn da ja jeder Teil desselben aus mehreren Körpern besteht, so wird also (nach dem vorigen Lehnsatz) jeder Teil ohne irgendeine Veränderung seiner Natur sich bald langsamer, bald schneller bewegen und infolgedessen seine Bewegungen geschwinder oder langsamer den übrigen mitteilen. Wenn wir uns ferner eine dritte Gattung von Individuen denken, welche aus denen der zweiten zusammengesetzt ist, werden wir finden, daß sie noch auf viele andere Weisen ohne irgendeine Veränderung ihrer Form affiziert werden kann. Und wenn wir so bis ins Unendliche fortfahren, werden wir leicht einsehen, daß die ganze Natur ein einziges Individuum ist, dessen Teile auf unendliche Weise verschieden sind, d. h. alle Körper ohne irgendeine Veränderung des ganzen Individuums. Dies hätte ich, wenn es meine Absicht wäre, des genaueren von dem Körper zu sprechen, weiter ausführen und beweisen müssen. Aber ich habe schon gesagt, daß ich etwas anderes will, und dies nur deshalb anführe, weil ich daraus das, was ich zu beweisen mir vorgesetzt, leicht ableiten kann.

Postulate

1. Der menschliche Körper besteht aus sehr vielen Individuen von verschiedener Natur, von denen jedes sehr zusammengesetzt ist.
2. 2. Von den Individuen, aus welchen der menschliche Körper zusammengesetzt ist, sind einige flüssig, andere weich und wieder andere hart.
3. Die Individuen, welche den menschlichen Körper ausmachen, und folglich der menschliche Körper selbst, wird von äußeren Körpern in recht vielfacher Weise affiziert.

4. Der menschliche Körper bedarf zu seiner Erhaltung sehr vieler anderer Körper, von welchen er beständig gleichsam wieder erzeugt wird.
5. Wenn ein flüssiger Teil des menschlichen Körpers von einem äußeren Körper bestimmt wird, häufig auf einen weichen zu stoßen, so verändert er dessen Fläche und drückt ihm gleichsam gewisse Spuren des äußeren einwirkenden Körpers auf.
6. Der menschliche Körper kann die äußeren Körper auf sehr viele Weisen bewegen, und auf sehr viele Weisen disponieren.

Lehrsatz 14. Der menschliche Geist ist befähigt, recht vieles aufzufassen, und um so befähigter, auf je mehrere Weisen sein Körper disponiert werden kann.

Beweis. Denn der menschliche Körper wird (nach Post. 3 und 6) auf sehr viele Weisen von den äußeren Körpern affiziert und disponiert, die äußeren Körper auf sehr viele Arten zu affizieren. Nun aber muß der menschliche Geist alles, was in dem menschlichen Körper geschieht (nach Lehrsatz 12 dieses Teils) auffassen. Also ist der menschliche Geist befähigt, recht vieles aufzufassen und um so befähigter usw. W. z. b. w.

Lehrsatz 15. Die Idee, welche das formale Sein des menschlichen Geistes ausmacht, ist nicht einfach, sondern aus sehr vielen Ideen zusammengesetzt.

Beweis. Die Idee, welche das formale Sein des menschlichen Geistes ausmacht, ist die Idee des Körpers (nach Lehrsatz 13 dieses Teils), welcher (nach Post. 1) aus sehr viel sehr zusammengesetzten Individuen besteht. Nun gibt es aber (nach Folgesatz zu Lehrsatz 8 dieses Teils) von jeglichem Individuum, welches einen Körper ausmacht, in Gott notwendig eine Idee. Also ist (nach Lehrsatz 7 dieses Teils) die Idee des menschlichen Körpers aus sehr vielen solchen Ideen der zusammensetzenden Teile zusammengesetzt. W. z. b. w.

Lehrsatz 16. Die Idee jedes Modus, wodurch der menschliche Körper von äußeren Körpern affiziert wird, muß die Natur des menschlichen Körpers und zugleich die Natur des äußeren Körpers in sich schließen.

Beweis. Denn alle Modi, wodurch ein Körper affiziert wird, erfolgen aus der Natur des affizierten und zugleich aus der Natur des affizierenden Körpers (nach Ax. 1, nach Folgesatz zu Lehnsatz 3), darum wird ihre Idee (nach Ax. 4, T. 1) die Natur beider Körper notwendig in sich schließen. Folglich wird die Idee eines jeden Modus, wodurch der menschliche Körper von einem äußeren Körper affiziert wird, die Natur des menschlichen Körpers und des äußeren Körpers in sich schließen. W. z. b. w.

Folgesatz 1. Hieraus folgt erstens, daß der menschliche Geist die Natur sehr vieler Körper zugleich mit der Natur seines Körpers auffaßt.

Folgesatz 2. Es folgt zweitens, daß die Ideen, welche wir von äußeren Körpern haben, mehr den Zustand unseres Körpers, als die Natur der äußeren Körper anzeigen, was ich im Anhange des ersten Teils an vielen Beispielen erklärt habe.

Lehrsatz 17. Wenn der menschliche Körper durch einen Modus affiziert ist, welcher die Natur eines äußeren Körpers in sich schließt, so wird der menschliche Geist diesen äußeren Körper als wirklich daseiend, oder als ihm gegenwärtig betrachten, bis der Körper von einer Bestimmung affiziert wird, welche das Dasein oder die Gegenwart dieses Körpers ausschließt.

Beweis. Dies ist offenbar, denn solange der menschliche Körper so affiziert ist, solange wird der menschliche Geist (nach Lehrsatz 12 dieses Teils) diese Affektion des Körpers betrachten, d. h. (nach dem vorigen Lehrsatz), er wird von dem wirklich vorhandenen Modus eine Idee haben, welche die Natur des äußeren Körpers in sich schließt, das heißt, eine Idee, welche das Dasein oder die Gegenwart der Natur des äußeren Körpers nicht ausschließt, sondern setzt. Also wird der Geist (nach Folgesatz 1 des vorigen Lehrsatzes) den äußeren Körper als wirklich daseiend oder als gegenwärtig betrachten, bis er von einer Bestimmung affiziert wird usw. W. z. b. w.

Folgesatz. Der Geist kann die äußeren Körper, von welchen der menschliche Körper einmal affiziert gewesen ist, wenn sie auch weder vorhanden noch gegenwärtig sind, dennoch betrachten, als wären sie gegenwärtig.

Beweis. Wenn äußere Körper die flüssigen Teile des menschlichen Körpers so bestimmen, daß sie häufig auf weichere stoßen, verändern sie (nach Post. 5) ihre Flächen. Daher kommt es (siehe Ax. 2 und Folgesatz zu Lehnsatz 3), daß sie von dort auf eine andere Art zurückprallen, als es vorher geschah, und daß sie auch nachher, wenn sie auf dieselben neuen Flächen in ihrer willkürlichen Bewegung stoßen, in derselben Weise zurückprallen, wie damals, als sie von den äußeren Körpern gegen jene Flächen getrieben wurden; und folglich, daß sie den menschlichen Körper, wenn sie so zurückprallend ihre Bewegung fortsetzen, auf dieselbe Weise affizieren. Hierüber wird der Geist (nach Lehrsatz 12 dieses Teils) wiederum denken, d. h. (nach Lehrsatz 17 dieses Teils) der Geist wird den äußeren Körper wiederum als gegenwärtig betrachten, und dies geschieht so oft, als die flüssigen Teile des menschlichen Körpers in ihrer willkürlichen Bewegung auf dieselben Flächen stoßen. Wenn deshalb auch die äußeren Körper, von welchen der menschliche Körper einmal affiziert worden ist, nicht vorhanden sind, so wird der Geist sie dennoch so oft als gegenwärtige betrachten, so oft diese Handlung des Körpers wiederholt wird. W. z. b. w.

Anmerkung. Wir sehen daher, wie es möglich ist, daß wir, wie es oft geschieht, das, was nicht ist, als gegenwärtig betrachten. Es kann sein, daß dies aus anderen Ursachen erfolgt, aber es genügt mir hier, eine aufgezeigt zu haben, durch welche ich die Sache ebenso erklären kann, als hätte ich sie aus ihrer wahren Ursache abgeleitet. Doch glaube ich nicht weit von der wahren entfernt zu sein, da alle jene Postulate, welche ich angenommen habe, schwerlich etwas enthalten, was nicht durch die Erfahrung entschieden wäre, an der wir nicht zweifeln dürfen, nachdem wir gezeigt haben, daß der menschliche Körper, wie wir ihn wahrnehmen, existiert (siehe Folgesatz nach Lehrsatz 13 dieses Teils). Außerdem sehen wir (nach dem vorigen Folgesatz und Folgesatz 2 zu Lehrsatz 16 dieses Teils) deutlich ein, welcher Unterschied zwischen der Idee z. B. von dem Peter ist, welche das geistige Wesen des Peter selbst ausmacht, und zwischen der Idee des Peter selbst, welche in einem anderen Menschen, etwa in Paul, ist. Denn jene drückt direkt das Wesen des Körpers des Peter selbst aus, und schließt das Dasein nur ein, solange der Peter da ist; diese aber zeigt mehr den Zustand des Körpers des Paul an, als die Natur des Peter, und folglich wird der Geist des Paul, solange jener Zustand des Körpers des Paul dauert, doch den Peter, wenn er auch nicht da ist, als sich gegenwärtig betrachten. Ferner, um die gewohnten Ausdrücke beizubehalten, wollen wir die Affektionen des menschlichen Körpers, deren Ideen uns die äußeren Körper als uns gegenwärtige, darstellen, Bilder der Dinge nennen, obgleich sie die Gestalten der Dinge nicht wiedergeben. Und wenn der Geist die Körper auf diese Weise betrachtet, sagen wir, er habe eine Vorstellung. Um also die Erklärung, was der Irrtum ist, zu beginnen, wünsche ich, daß man hier bemerke, daß die Vorstellungen des Geistes, an sich betrachtet, keinen Irrtum enthalten, oder daß der Geist darum, weil er vorstellt, nicht irre, sondern nur, insofern man ihn als der Idee ermangelnd betrachtet, welche das Dasein jener Dinge, die er sich als gegenwärtig vorstellt, ausschließt. Denn wenn der Geist, indem er nichtdaseiende Dinge als ihm gegenwärtige vorstellt, zugleich wüßte, daß diese Dinge wirklich nicht da wären, so würde er gewiß dieses Vorstellungsvermögen einem Vorzug, nicht aber einem Fehler seiner Natur zuschreiben, zumal wenn dieses Vorstellungsvermögen von seiner Natur allein abhinge, d. h. (nach Def. 7, T. 1) wenn dieses Vorstellungsvermögen des Geistes frei wäre.

Lehrsatz 18. Wenn der menschliche Körper einmal von zweien oder mehreren Körpern zugleich affiziert gewesen ist, so wird der Geist, wenn er sich hernach den einen davon vorstellt, sich sogleich auch der anderen erinnern.

Beweis. Der Geist stellt sich (nach dem vorigen Folgesatz) einen Körper deshalb vor, weil der menschliche Körper von den Eindrücken des äußeren Körpers auf dieselbe Weise affiziert und disponiert wird, wie er affiziert war, als einige Teile desselben von dem äußeren Körper selbst berührt wurden. Aber (nach der Voraussetzung) war der Körper damals so disponiert, daß sich der Geist zwei Körper zugleich vorstellte; folglich wird er auch jetzt sich zwei zugleich vorstellen, und der Geist wird, wenn er sich den einen vorstellt, sich zugleich auch des anderen erinnern. W. z. b. w.

Anmerkung. Hieraus sehen wir deutlich, was das *Gedächtnis* ist. Es ist nämlich nichts anderes, als eine gewisse Verkettung von Ideen, welche die Natur der außerhalb des menschlichen Körpers befindlichen Dinge in sich schließen, die in dem Geiste gemäß der Ordnung und Verkettung der Affektionen des menschlichen Körpers vorgeht. Ich sage *erstens*, es ist eine bloße Verkettung der Ideen, welche die Natur der außerhalb des menschlichen Körpers befindlichen Dinge in sich schließen, nicht aber der Ideen, welche die Natur dieser Dinge erklären. Denn es sind wirklich (nach Lehrsatz 16 dieses Teils) die Ideen der Affektionen des menschlichen Körpers, welche die Natur sowohl dieses menschlichen, als der äußeren Körper in sich schließen. Ich sage *zweitens*, daß diese Verkettung nach der Ordnung und Verkettung der Affektionen des menschlichen Körpers vorgeht, um diese von der Verkettung der Ideen zu unterscheiden, welche nach der Ordnung des Verstandes vorgeht, vermöge welcher der Geist die Dinge nach ihren ersten Ursachen auffaßt, und welche bei allen Menschen dieselbe ist. Hieraus sehen wir ferner deutlich, warum der Geist aus dem Denken eines Dinges sogleich zu dem Denken eines anderen Dinges gelangt, das keine Ähnlichkeit mit dem vorigen hat. Z. B. aus dem Denken des Wortes Apfel kommt man sogleich auf den Gedanken der Frucht, welche doch keine Ähnlichkeit noch sonst etwas mit jenem artikulierten Ton gemein hat, außer daß der Körper dieses Menschen oft von diesen beiden affiziert worden ist, das heißt, daß der Mensch oft das Wort *Apfel* hörte, während er die Frucht selbst sah, und so wird jedermann von dem Gedanken auf den anderen übergehen, je nachdem die Gewohnheit eines jeden die Vorstellungen der Dinge in seinem Körper geordnet hat. Ein Soldat z. B. wird bei dem Anblicke von Spuren eines Pferdes im Sande schnell von dem Gedanken des Pferdes auf den Gedanken des Reiters und von diesem auf den Gedanken des Krieges usw. kommen. Ein Bauer aber wird von dem Gedanken des Pferdes auf den Gedanken des Pfluges, Ackers usw. kommen, und so wird jeder, je nachdem er gewohnt ist, die Vorstellungen der Dinge auf diese oder andere Weise zu verbinden und zu verketten, von dem einen auf diesen oder jenen Gedanken kommen.

Lehrsatz 19. Der menschliche Geist erkennt den menschlichen Körper und weiß von seinem Dasein nur durch die Ideen der Affektionen, wodurch der Körper affiziert wird.

Beweis. Denn der menschliche Geist ist selbst die Idee oder die Erkenntnis des menschlichen Körpers (nach Lehrsatz 13 dieses Teils), welche (nach Lehrsatz 9 dieses Teils) zwar in Gott ist, sofern er als von einer anderen Idee eines Einzeldinges affiziert betrachtet wird, oder weil (nach Post. 4) der menschliche Körper sehr vieler Körper bedarf, von welchen er beständig gleichsam wieder erzeugt wird, und die Ordnung und Verknüpfung der Ideen (nach Lehrsatz 7 dieses Teils) dieselbe ist, wie die Ordnung und Verknüpfung der Ursachen; so wird diese Idee in Gott sein, sofern er als von den Ideen sehr vieler Einzeldinge affiziert betrachtet wird. Gott hat daher die Idee des menschlichen Körpers, oder erkennt den menschlichen Körper, insofern er von sehr vielen anderen Ideen affiziert ist, und nicht, insofern er die Natur des menschlichen Geistes ausmacht, das heißt (nach Folgesatz zu Lehrsatz 11 dieses Teils) der menschliche Geist erkennt den menschlichen Körper nicht. Aber die Ideen der Affektionen des Körpers sind in Gott, insofern er die Natur des menschlichen Geistes ausmacht, oder der menschliche Geist faßt eben diese Affektionen auf (nach Lehrsatz 12 dieses Teils) und folglich (nach Lehrsatz 16 dieses Teils) den menschlichen Körper selbst, und zwar (nach Lehrsatz 17 dieses Teils) als wirklich daseiend; nur insofern also faßt der menschliche Geist den menschlichen Körper selbst auf. W. z. b. w.

Lehrsatz 20. Es gibt in Gott auch eine Idee oder Erkenntnis des menschlichen Geistes, welche in Gott auf dieselbe Weise folgt und sich auf dieselbe Weise auf Gott bezieht, wie die Idee oder Erkenntnis des menschlichen Körpers.

Beweis. Das Denken ist ein Attribut Gottes (nach Lehrsatz 1 dieses Teils), und folglich (nach Lehrsatz 3 dieses Teils) muß es ebensowohl von ihm selbst, als von allen Affektionen desselben und folglich (nach Lehrsatz 11 dieses Teils) auch von dem menschlichen Geiste, notwendig in Gott eine Idee geben. Ferner folgt nicht, daß es diese Idee oder Erkenntnis des Geistes in Gott gibt, insofern er unendlich ist, sondern insofern er von einer anderen Idee eines Einzeldinges affiziert ist (nach Lehrsatz 9 dieses Teils). Die Ordnung und Verknüpfung der Ideen ist aber dieselbe, wie die Ordnung und Verknüpfung der Ursachen (nach Lehrsatz 7 dieses Teils). Es folgt also diese Idee oder Erkenntnis des Geistes in Gott und bezieht sich auf dieselbe Weise auf Gott, wie die Idee oder Erkenntnis des Körpers. W. z. b. w.

Lehrsatz 21. Diese Idee des Geistes ist auf dieselbe Weise mit dem Geiste vereinigt, wie der Geist selbst mit dem Körper vereinigt ist.

Beweis. Daß der Geist mit dem Körper vereinigt ist, haben wir daraus erwiesen, weil der Körper das Objekt des Geistes ist (siehe Lehrsatz 12 und 13 dieses Teils). Folglich muß aus demselben Grunde die Idee des Geistes mit ihrem Objekte, das heißt mit dem Geiste selbst auf dieselbe Weise vereinigt sein, wie der Geist selbst mit dem Körper vereinigt ist. W. z. b. w.

Anmerkung. Dieser Satz läßt sich noch viel klarer aus dem in der Anmerkung zu Lehrsatz 7 dieses Teils Gesagten begreifen. Denn dort haben wir gezeigt, daß die Idee des Körpers und der Körper, d. h. (nach Lehrsatz 13 dieses Teils) der Geist und der Körper ein und dasselbe Individuum sind, welches bald unter dem Attribute des Denkens, bald unter dem der Ausdehnung begriffen wird, daher ist die Idee des Geistes und der Geist selbst ein und dasselbe Ding, welches durch ein und dasselbe Attribut, nämlich das des Denkens, begriffen wird. Daß die Idee des Geistes und der Geist selbst in Gott vorhanden ist, folgt, sage ich, mit derselben Notwendigkeit aus demselben Vermögen des Denkens. Denn in der Tat ist die Idee des Geistes, das heißt die Idee der Idee nichts anderes, als die Form der Idee, insofern diese als ein Modus des Denkens, ohne Bezug auf das Objekt, betrachtet wird. Denn sobald jemand etwas weiß, weiß er eben dadurch auch, daß er dies weiß, und zugleich weiß er, daß er das weiß, was er weiß, und so ins Unendliche fort. Doch hiervon nachher.

Lehrsatz 22. Der menschliche Geist faßt nicht nur die Affektionen des menschlichen Körpers auf, sondern auch die Ideen dieser Affektionen.

Beweis. Die Ideen von den Ideen der Affektionen folgen auf dieselbe Weise in Gott und beziehen sich auf dieselbe Weise auf Gott, wie die Ideen der Affektionen selber. Dies wird auf dieselbe Weise bewiesen, wie Lehrsatz 20 dieses Teils. Aber die Ideen der Affektionen des Körpers sind in dem menschlichen Geiste (nach Lehrsatz 12 dieses Teils), d. h. (nach Folgesatz zu Lehrsatz 11 dieses Teils) in Gott, insofern er das Wesen des menschlichen Geistes ausmacht. Also werden die Ideen dieser Ideen in Gott sein, insofern er die Erkenntnis oder die Idee des menschlichen Geistes hat, d. h. (nach Lehrsatz 21 dieses Teils) in dem menschlichen Geiste selbst, welcher deshalb nicht nur die Affektionen des Körpers, sondern auch die Ideen derselben auffaßt. W. z. b. w.

Lehrsatz 23. Der Geist erkennt sich selbst nur, insofern er die Ideen der Affektionen des menschlichen Körpers auffaßt.

Beweis. Die Idee oder Erkenntnis des Geistes folgt (nach Lehrsatz 20 dieses Teils) in Gott auf dieselbe Weise und ist auf Gott in derselben Weise zu beziehen, wie die Idee oder Erkenntnis des Körpers. Da aber (nach Lehrsatz 19 dieses Teils) der menschliche Geist den menschlichen Körper selbst nicht erkennt, d. h. (nach Folgesatz zu Lehrsatz 11 dieses Teils) da die Erkenntnis des menschlichen Körpers nicht auf Gott zu beziehen ist, insofern er die Natur des menschlichen Geistes ausmacht; so ist also die Erkenntnis des Geistes auf Gott nicht zu beziehen, insofern er die Wesenheit des menschlichen Geistes ausmacht. Folglich (nach demselben Folgesatz zu Lehrsatz 11 dieses Teils) erkennt insofern der menschliche Geist sich nicht. Ferner schließen die Ideen der Affektionen, wodurch der Körper affiziert wird, die Natur des menschlichen Körpers selbst in sich (nach Lehrsatz 16 dieses Teils); das heißt (nach Lehrsatz 13 dieses Teils) sie stimmen mit der Natur des Geistes überein; sonach wird die Erkenntnis dieser Ideen die Erkenntnis des Geistes notwendig in sich schließen. Nun ist aber (nach dem vorigen Lehrsatz) die Erkenntnis dieser Ideen in dem menschlichen Geiste selbst; folglich erkennt sich der menschliche Geist nur insofern. W. z. b. w.

Lehrsatz 24. Der menschliche Geist schließt keine adäquate Erkenntnis der Teile in sich, aus denen der menschliche Körper besteht.

Beweis. Die Teile, aus denen der menschliche Körper besteht, gehören zu dem Wesen des Körpers selbst nur insofern sie ihre Bewegungen auf irgendeine bestimmte Weise einander mitteilen (siehe Def. nach Folgesatz zu Lehnsatz 3) und nicht insofern sie als Individuen ohne Beziehung auf den menschlichen Körper betrachtet werden können. Denn die Teile des menschlichen Körpers sind (nach Post. 1) sehr zusammengesetzte Individuen, deren Teile (nach Lehnsatz 4) mit völliger Beibehaltung seiner Natur und Form vom menschlichen Körper getrennt werden können, und die ihre Bewegungen (siehe Ax. 1 nach Lehnsatz 3) anderen Körpern auf andere Weise mitteilen können. Sonach wird (nach Lehrsatz 3 dieses Teils) die Idee oder Erkenntnis eines jeden Teiles in Gott sein, und zwar (nach Lehrsatz 9 dieses Teils) sofern er als von einer anderen Idee eines Einzeldinges affiziert betrachtet wird, welches Einzelding der Natur gemäß, früher ist als der Teil selbst (nach Lehrsatz 7 dieses Teils). Dies gilt ebenso von jeglichem Teile des Individuums selbst, das den menschlichen Körper zusammensetzt; demnach ist die Erkenntnis eines jeden Teiles, aus welchem der Körper besteht, in Gott, sofern er von sehr vielen Ideen der Dinge affiziert ist, und nicht, insofern er nur die Idee des menschlichen Körpers hat, das heißt (nach Lehrsatz 13 dieses Teils) diejenige Idee, welche die Natur des menschlichen Geistes ausmacht. Also (nach Folgesatz zu Lehrsatz 11 dieses Teils) schließt der menschliche Geist keine adäquate Erkenntnis der Teile in sich, aus welchen der menschliche Körper besteht. W. z. b. w.

Lehrsatz 25. Die Idee einer jeden Affektion des menschlichen Körpers schließt eine adäquate Erkenntnis des äußeren Körpers nicht in sich.

Beweis. Wir haben gezeigt, daß die Idee der Affektion des menschlichen Körpers insofern die Natur des äußeren Körpers in sich schließt (siehe Lehrsatz 16 dieses Teils), insofern der äußere den menschlichen Körper selbst auf gewisse Weise bestimmt. Insofern aber der äußere Körper ein Individuum ist, das sich nicht auf den menschlichen Körper bezieht, ist so seine Idee oder Erkenntnis in Gott (nach Lehrsatz 9 dieses Teils), insofern Gott als affiziert betrachtet wird von der Idee eines anderen Dinges, welches (nach Lehrsatz 7 dieses Teils) von Natur früher ist als der äußere Körper selbst. Daher ist in Gott keine adäquate Erkenntnis des äußeren Körpers, insofern er die Idee der Affektion des menschlichen Körpers hat, oder die Idee der Affektion des menschlichen Körpers schließt keine adäquate Erkenntnis des äußeren Körpers in sich. W. z. b. w.

Lehrsatz 26. Der menschliche Geist faßt einen äußeren Körper nur durch die Ideen der Affektionen seines Körpers als wirklich daseiend auf.

Beweis. Wenn der menschliche Körper von einem äußeren Körper auf keine Weise affiziert ist, so ist auch (nach Lehrsatz 7 dieses Teils) die Idee des menschlichen Körpers, d. h. (nach Lehrsatz 13 dieses Teils) auch der menschliche Geist nicht von der Idee des Daseins jenes Körpers auf irgendeine Weise affiziert, oder er faßt das Dasein dieses äußeren Körpers nicht auf irgendeine Weise auf. Insofern aber der menschliche Körper von einem äußeren Körper auf irgendeine

Weise affiziert ist, insofern faßt er (nach Lehrsatz 16 dieses Teils mit Zusatz desselben) den äußeren Körper auf. W. z. b. w.

Folgesatz. Insofern der menschliche Geist sich einen äußeren Körper vorstellt, insofern hat er keine adäquate Erkenntnis desselben.

Beweis. Wenn der menschliche Geist durch die Ideen der Affektionen seines Körpers die äußeren Körper betrachtet, sagen wir, er hat eine Vorstellung (siehe Anm. zu Lehrsatz 17 dieses Teils), und der Geist kann sich auf keine andere Weise (nach dem vorigen Lehrsatz) die äußeren Körper als wirklich daseiende vorstellen. Also hat der Geist (nach Lehrsatz 25 dieses Teils), insofern er sich die äußeren Körper vorstellt, keine adäquate Erkenntnis derselben. W. z. b. w.

Lehrsatz 27. Die Idee einer jeden Affektion des menschlichen Körpers schließt nicht eine adäquate Erkenntnis des menschlichen Körpers selbst in sich.

Beweis. Jede Idee einer jeden Affektion des menschlichen Körpers schließt insofern die Natur des menschlichen Körpers in sich, als der menschliche Körper selbst als auf gewisse Weise affiziert betrachtet wird (siehe Lehrsatz 16 dieses Teils). Insofern aber der menschliche Körper ein Individuum ist, welches auf viele andere Weisen erregt werden kann, schließt die Idee usw. Siehe den Beweis zu Lehrsatz 25 dieses Teils.

Lehrsatz 28. Die Ideen der Affektionen des menschlichen Körpers, sofern sie sich bloß auf den menschlichen Geist beziehen, sind nicht klar und bestimmt, sondern verworren.

Beweis. Denn die Ideen der Affektionen des menschlichen Körpers schließen sowohl die Natur der äußeren Körper, als die des menschlichen Körpers selbst in sich (nach Lehrsatz 16 dieses Teils), und müssen nicht bloß die Natur des menschlichen Körpers, sondern auch die seiner Teile in sich schließen. Denn die Affektionen sind Modi (nach Post. 3), wodurch die Teile des menschlichen Körpers und folglich der ganze Körper affiziert wird. Aber (nach Lehrsatz 24 und 25 dieses Teils) ist eine adäquate Erkenntnis der äußeren Körper, sowie auch der Teile, welche den menschlichen Körper ausmachen, nicht in Gott, sofern er als vom menschlichen Geiste, sondern sofern er als von anderen Ideen bestimmt betrachtet wird. Die Ideen dieser Affektionen sind also, sofern sie sich bloß auf den menschlichen Geist beziehen, wie Folgerungen ohne Prämissen, d. h. (wie an sich klar) verworrene Ideen. W. z. b. w.

Anmerkung. Daß die Idee, welche die Natur des menschlichen Geistes ausmacht, für sich selbst betrachtet, nicht klar und bestimmt ist, wird auf dieselbe Weise bewiesen, sowie auch, daß dies mit der Idee des menschlichen Geistes und mit den Ideen der Ideen der Affektionen des menschlichen Körpers ebenso steht, sofern sie sich nur auf den Geist beziehen, was ein jeder leicht einsehen kann.

Lehrsatz 29. Die Idee der Idee einer jeden Affektion des menschlichen Körpers schließt keine adäquate Erkenntnis des menschlichen Körpers in sich.

Beweis. Denn die Idee der Affektion des menschlichen Körpers schließt (nach Lehrsatz 27 dieses Teils) keine adäquate Erkenntnis des Körpers selbst in sich, oder drückt seine Natur nicht adäquat aus, d. h. (nach Lehrsatz 13 dieses Teils) stimmt nicht adäquat mit der Natur des Geistes überein. Also drückt (nach Ax. 6, T. 1) die Idee dieser Idee die Natur des menschlichen Geistes nicht adäquat aus, oder schließt keine adäquate Erkenntnis desselben in sich. W. z. b. w.

Folgesatz. Hieraus folgt, daß der menschliche Geist, so oft er die Dinge nach der gewöhnlichen Ordnung der Natur auffaßt, weder von sich selbst, noch von seinem Körper, noch von den äußeren Körpern eine adäquate, sondern nur eine verworrene und verstümmelte Erkenntnis hat. Denn der Geist erkennt sich selbst nur, sofern er die Ideen der Affektionen des Körpers auffaßt (nach Lehrsatz 23 dieses Teils). Aber seinen Körper faßt er (nach Lehrsatz 19 dieses Teils) nur durch eben die Ideen der Affektionen, durch welche er auch nur (nach Lehrsatz 26 dieses Teils) die äußeren auffaßt. Also hat er, sofern er diese hat, weder von sich selbst (nach Lehrsatz 29 dieses Teils), noch von seinem Körper (nach Lehrsatz 27 dieses Teils), noch von den äußeren Körpern (nach Lehrsatz 25 dieses Teils) eine adäquate Erkenntnis, sondern nur (nach Lehrsatz 28 dieses Teils mit der Anm.) eine verstümmelte und verworrene. W. z. b. w.

Anmerkung. Ich sage ausdrücklich, daß der Geist weder von sich selbst, noch von seinem Körper, noch von den anderen Körpern eine adäquate, sondern nur eine verworrene Erkenntnis habe, so oft er die Dinge nach der gewöhnlichen Ordnung der Natur auffaßt, d. h. so oft er von außen, wie ihm die Dinge nämlich zufällig aufstoßen, bestimmt wird, dies oder jenes zu betrachten, und nicht so oft er von innen, nämlich dadurch, daß er mehrere Dinge zugleich betrachtet, bestimmt wird, ihre Ähnlichkeiten, Verschiedenheiten und Gegensätze zu erkennen, denn so oft er auf diese oder auf andere Weise von innen dazu disponiert wird, betrachtet er die Dinge klar und deutlich, wie ich unten zeigen werde.

Lehrsatz 30. Wir können von der Dauer unseres Körpers nur eine höchst inadäquate Erkenntnis haben.

Beweis. Die Dauer unseres Körpers hängt nicht von seinem Wesen ab (nach Ar. I dieses Teils), noch auch von der absoluten Natur Gottes (nach Lehrsatz 21, T. I), sondern (nach Lehrsatz 28, T. I) wird er von solchen Ursachen zum Dasein und Wirken bestimmt, welche auch von anderen bestimmt sind, auf gewisse und bestimmte Weise da zu sein und zu wirken, und diese wieder von äußeren, und so ins Unendliche. Die Dauer unseres Körpers hängt also von der allgemeinen Ordnung der Natur und dem Zustande der Dinge ab. Auf welche Weise aber die Dinge eingerichtet sind, davon gibt es eine adäquate Erkenntnis in Gott, sofern er die Ideen von ihnen allen und nicht, sofern er nur die Idee des menschlichen Körpers hat (nach Folgesatz zu Lehrsatz 9 dieses Teils). Deshalb ist die Erkenntnis der Dauer unseres Körpers in Gott höchst inadäquat, sofern er nur als die Natur des menschlichen Geistes ausmachend betrachtet wird. D. h. (nach Folgesatz zu Lehrsatz II dieses Teils) diese Erkenntnis ist in unserem Geiste höchst inadäquat. W. z. b. w.

Lehrsatz 31. Wir können von der Dauer der Einzeldinge, welche außer uns sind, nur eine höchst inadäquate Erkenntnis haben.

Beweis. Denn jedes Einzelding, wie der menschliche Körper, muß von einem anderen Einzeldinge bestimmt sein, auf gewisse und bestimmte Weise da zu sein und zu wirken, und dieses wieder von einem anderen, und so ins Unendliche (nach Lehrsatz 28, T. I). Da wir aber aus dieser gemeinschaftlichen Eigenschaft der Einzeldinge im vorigen Lehrsatze bewiesen haben, daß wir von der Dauer unseres Körpers nur eine höchst inadäquate Erkenntnis haben, so muß eben dasselbe von der Dauer der Einzeldinge geschlossen werden, daß wir nämlich von ihr nur eine höchst inadäquate Erkenntnis haben können. W. z. b. w.

Folgesatz. Hieraus folgt, daß alle besonderen Dinge zufällig und zerstörbar sind; denn wir können von ihrer Dauer keine adäquate Erkenntnis haben (nach obigem Lehrsatz), und das ist es, was wir unter Zufälligkeit und Zerstörbarkeit der Dinge zu verstehen haben (siehe Anm. I zu Lehrsatz 33, T. I). Denn außer diesen gibt es (nach Lehrsatz 29, T. I) kein anderes Zufälliges.

Lehrsatz 32. Alle Ideen, sofern sie sich auf Gott beziehen, sind wahr.

Beweis. Denn alle Ideen, welche in Gott sind, stimmen mit ihren Gegenständen vollkommen überein (nach Folgesatz zu Lehrsatz 7 dieses Teils), und also (nach Ar. 6, T. I) sind sie alle wahr. W. z. b. w.

Lehrsatz 33. Es ist nichts Positives in den Ideen, weshalb sie falsch heißen.

Beweis. Leugnet man dies, so nehme man, wenn es möglich ist, eine positive Art des Denkens an, welche die Form des Irrtums oder der Falschheit ausmacht. Diese Art des Denkens kann nicht in Gott sein (nach dem vorigen Lehrsatz), außerhalb Gott aber kann sie auch weder sein, noch begriffen werden (nach Lehrsatz 15, T. I), also kann es nichts Positives in den Ideen geben, weshalb sie falsch heißen. W. z. b. w.

Lehrsatz 34. Jede Idee, welche in uns absolut oder adäquat und vollständig ist, ist wahr.

Beweis. Wenn wir sagen, es gibt in uns eine adäquate und vollkommene Idee, so sagen wir nichts anderes (nach Folgesatz zu Lehrsatz II dieses Teils), als daß es in Gott, sofern er die Wesenheit unseres Geistes ausmacht, eine adäquate und vollkommene Idee gebe, und folglich (nach Lehrsatz 32 dieses Teils) sagen wir nichts anderes, als daß eine solche Idee wahr sei. W. z. b. w.

Lehrsatz 35. Die Falschheit besteht in dem Mangel der Erkenntnis, welchen die inadäquaten oder verstümmelten und verworrenen Ideen in sich schließen.

Beweis. Es gibt nichts Positives in den Ideen, welches die Form der Falschheit ausmacht (nach Lehrsatz 33 dieses Teils), nun kann aber die Falschheit nicht in dem absoluten Mangel bestehen (denn nur vom Geiste, und nicht vom Körper, sagt man, daß er sich irre und täusche), noch auch in der absoluten Unwissenheit, denn nicht wissen und irren ist zweierlei, daher besteht sie in dem Mangel der Erkenntnis, welchen die inadäquate Erkenntnis der Dinge, oder die inadäquaten und verworrenen Ideen in sich schließen. W. z. b. w.

Anmerkung. In der Anmerkung zu Lehrsatz 17 dieses Teils habe ich erläutert, inwiefern der Irrtum in einem Mangel der Erkenntnis besteht; doch will ich zur triftigeren Erläuterung dieser Sache ein Beispiel geben: Die Menschen täuschen sich, wenn sie glauben, sie seien frei. Diese Meinung besteht bloß darin, daß sie sich ihrer Handlungen bewußt sind, ohne aber die Ursachen zu kennen, von welchen sie bestimmt werden; das ist also die Idee ihrer Freiheit, daß sie die Ursache ihrer Handlungen nicht erkennen, denn wenn sie sagen, die menschlichen Handlungen hängen vom Willen ab, sind das Worte, von denen sie keine Idee haben. Denn was der Wille ist, und wie er den Körper bewegt, das wissen sie alle nicht. Diejenigen, welche etwas anderes aushecken, einen Sitz und Aufenthalt der Seele fingieren, erwecken gewöhnlich Lachen oder Mißachtung. So stellen wir uns vor, wenn wir die Sonne ansehen, sie sei etwa zweihundert Fuß von uns entfernt, welcher Irrtum nicht bloß in dieser Vorstellung besteht, sondern darin, daß wir, während wir sie uns so vorstellen, ihre wahre Entfernung und die Ursache dieser Vorstellung nicht kennen; denn wenn wir auch nachher erkennen, daß sie über sechshundert Erddurchmesser von uns entfernt ist, werden wir sie uns dennoch als nahe vorstellen, denn wir stellen uns die Sonne nicht deshalb als nahe vor, weil wir ihre wahre Entfernung nicht kennen, sondern deshalb, weil die Affektion unseres Körpers das Wesen der Sonne insofern in sich enthält, als der Körper selbst von ihr affiziert wird.

Lehrsatz 36. Die inadäquaten und verworrenen Ideen erfolgen nach derselben Notwendigkeit, wie die adäquaten oder klaren und deutlichen Ideen.

Beweis. Alle Ideen sind in Gott (nach Lehrsatz 15, T. 1) und sind, insofern sie sich auf Gott beziehen, wahr (nach Lehrsatz 32 dieses Teils) und (nach Folgesatz zu Lehrsatz 7 dieses Teils) adäquat. Also sind keine von ihnen inadäquat und verworren, außer in Beziehung auf den einzelnen Geist irgendeines Menschen (siehe hierüber Lehrsatz 24 und 28 dieses Teils). Demnach erfolgen alle (nach Folgesatz zu Lehrsatz 6 dieses Teils), sowohl die adäquaten, als die inadäquaten, nach derselben Notwendigkeit. W. z. b. w.

Lehrsatz 37. Das, was allen gemeinsam ist (siehe hierüber oben, Lehrsatz 2) und was gleicherweise im Teil wie im Ganzen ist, macht nicht die Wesenheit eines Einzeldinges aus.

Beweis. Leugnet man dies, so nehme man, wenn es möglich ist an, dieses mache das Wesen irgendeines Einzeldinges, etwa das Wesen von *B* aus, also (nach Def. 2 dieses Teils) wird dieses ohne B weder sein noch begriffen werden; dies ist aber gegen die Voraussetzung, also gehört dies weder zum Wesen des *B*, noch macht es das Wesen irgendeines anderen Einzeldinges aus. W. z. b. w.

Lehrsatz 38. Das, was allen gemeinsam und was gleicherweise im Teil wie im Ganzen ist, kann nur adäquat begriffen werden.

Beweis. Angenommen, *A* sei etwas, was allen Körpern gemeinsam und was gleicherweise im Teil eines jeden Körpers wie im Ganzen ist, so sage ich, *A* kann nur adäquat begriffen werden, denn die Idee desselben wird (nach Folgesatz zu Lehrsatz 7 dieses Teils) notwendig in Gott adäquat sein, sowohl sofern er die Idee des menschlichen Körpers, als sofern er die Ideen der Affektionen desselben hat, welche (nach Lehrsatz 16, 25 und 27 dieses Teils) sowohl die Natur des menschlichen Körpers, als die der äußeren Körper teilweise in sich schließen. Das heißt (nach Lehrsatz 12 und 13 dieses Teils), diese Idee wird notwendig in Gott adäquat sein, sofern er den menschlichen Geist ausmacht, oder sofern er die Ideen hat, welche im menschlichen Geiste sind. Der Geist faßt daher (nach Folgesatz zu Lehrsatz 11 dieses Teils) *A* notwendig adäquat auf, und zwar, sofern er sowohl sich, als sofern er seinen oder jeden äußeren Körper auffaßt, und *A* kann auf keine andere Weise begriffen werden. W. z. b. w.

Folgesatz. Hieraus folgt, daß es gewisse, allen Menschen gemeinsame Ideen oder Begriffe gibt. Denn (nach Lehrsatz 2) stimmen alle Körper in einigem überein, welches, (nach dem obigen Lehrsatz) von allen adäquat oder klar und deutlich aufgefaßt werden muß.

Lehrsatz 39. Das, was dem menschlichen Körper und einigen äußeren Körpern, von welchen der menschliche Körper affiziert zu werden pflegt, und was dem Teile eines jeden von ihnen gleicherweise wie dem Ganzen gemeinsam und eigentümlich ist, davon wird es auch im Geiste eine adäquate Idee geben.

Beweis. Angenommen, *A* sei das, was dem menschlichen Körper und einigen äußeren Körpern gemeinsam und eigentümlich ist, und was gleicherweise in dem menschlichen Körper, wie in eben den äußeren Körpern, und was endlich gleicherweise in dem Teile eines jeden äußeren Körpers wie im Ganzen ist, so wird es von *A* selbst in Gott eine adäquate Idee geben (nach Folgesatz zu Lehrsatz 7 dieses Teils), sowohl sofern er die Idee des menschlichen Körpers, als sofern er die Ideen der betreffenden äußeren Körper hat. Man nehme nun an, daß der menschliche Körper von einem äußeren Körper durch das affiziert werde, was er mit ihm gemein hat, d. h., durch *A*: dann wird die Idee dieser Affektion die Eigenschaft *A* in sich schließen (nach Lehrsatz 16 dieses Teils) und folglich (nach demselben Folgesatz zu Lehrsatz 7 dieses Teils) wird die Idee dieser Affektion, sofern sie die Eigenschaft *A*, in sich schließt, in Gott adäquat sein, sofern er von der Idee des menschlichen Körpers affiziert ist, d. h. (nach Lehrsatz 13 dieses Teils), sofern er die Natur des menschlichen Geistes ausmacht und also (nach Folgesatz zu Lehrsatz 11 dieses Teils) ist diese Idee auch im menschlichen Geiste adäquat. W. z. b. w.

Folgesatz. Hieraus folgt, daß der Geist um so fähiger ist, vieles adäquat aufzufassen, je mehr sein Körper mit anderen Körpern gemein hat.

Lehrsatz 40. Alle die Ideen, welche im Geiste aus den in ihm adäquaten Ideen erfolgen, sind ebenfalls adäquat.

Beweis. Dieser ist offenbar, denn wenn wir sagen, daß in dem menschlichen Geiste eine Idee aus in ihm adäquaten Ideen folgt, sagen wir nichts anderes (nach Folgesatz zu Lehrsatz 11 dieses Teils), als daß es in dem göttlichen Verstande selbst eine Idee gibt, deren Ursache Gott ist, nicht insofern er endlich ist und auch nicht, sofern er von den Ideen sehr vieler Einzeldinge affiziert ist, sondern sofern er nur die Wesenheit des menschlichen Geistes ausmacht.

Anmerkung I. Hiermit habe ich den Grund derjenigen Begriffe auseinandergesetzt, welche *Gemeinbegriffe* genannt werden, und die die Grundlagen unseres Schließens sind. Es gibt aber von einigen Axiomen oder Begriffen noch andere Ursachen, welche nach dieser unserer Methode auseinandergesetzt zu werden verdienten, da sich aus ihnen selbst ergeben würde, welche Begriffe nützlicher sind als die anderen, und welche dagegen fast von gar keinem Nutzen sind; sodann, welche gemeinsam und welche nur denen, die von Vorurteilen frei sind, klar und deutlich, und welche endlich schlecht begründet sind. Außerdem würde sich ergeben, woher die Begriffe, welche man *die der zweiten Ordnung* nennt und folglich die Axiome, die auf ihnen beruhen, ihren Ursprung genommen haben und noch mehreres der Art, worüber ich manchmal nachgedacht habe. Doch, da ich dies einer anderen Abhandlung bestimmt habe und auch nicht durch allzu große Weitläufigkeit des Gegenstandes lästig fallen möchte, habe ich mir vorgenommen, hier darüber hinwegzugehen. Um dennoch nichts auszulassen, was zu wissen notwendig ist, will ich die Ursachen kurz hinzufügen, aus welchen die sogenannten *transzendentalen* Ausdrücke entsprungen sind, wie: das Seiende, das Ding, das Etwas. Diese Ausdrücke entstehen daher, daß der menschliche Körper als beschränkter nur eine gewisse Anzahl von Vorstellungen (was Vorstellung sei, habe ich in der Anmerkung zu Lehrsatz 17 dieses Teils erläutert) auf einmal deutlich in sich zu bilden vermag. Wird diese Anzahl überschritten, so fangen diese Vorstellungen an, sich zu verwirren, und wenn diese Zahl der Vorstellungen, welche der Körper auf einmal deutlich in sich zu bilden fähig ist, weit überschritten wird, so werden sich alle gänzlich untereinander verwirren. Da sich dies so verhält, so ergibt sich (aus Folgesatz zu Lehrsatz 17 und Lehrsatz 18 dieses Teils): daß der menschliche Geist sich so viel Körper auf einmal deutlich wird vorstellen können, als sich in seinem Körper Vorstellungen auf einmal bilden können. Wenn aber die Vorstellungen sich im Körper gänzlich verwirren, wird auch der Geist alle Körper verworren, ohne irgendeine Unterscheidung, vorstellen und wie unter einem Attribute zusammenfassen, nämlich unter dem Attribute des Seienden, des Dings usw. usw. Man kann dies auch daraus ableiten, daß die Vorstellungen nicht immer gleich stark sind, und aus anderen analogen Ursachen, die ich hier nicht auszuführen brauche; denn in bezug auf den Zweck, den wir im Auge haben, genügt es, bloß eine zu betrachten. Denn alle kommen darauf zurück, daß diese Ausdrücke im höchsten Grade verworrene Ideen bezeichnen. Aus ähnlichen Ursachen sind ferner die Begriffe entstanden, welche man *Allgemeinbegriffe* (Universalien) nennt; wie Mensch, Pferd, Hund u. dgl., weil nämlich in dem menschlichen Körper sich so viele Vorstellungen, z. B. der Menschen, auf einmal bilden, daß sie die Vorstellungskraft, wenn auch nicht gänzlich, doch so weit überragen, daß der Geist die kleinen Verschiedenheiten der einzelnen (nämlich Farbe, Größe eines jeden u. dgl.) und ihre bestimmte Zahl nicht vorstellen kann, und nur das, worin alle, insofern der Körper von ihnen affiziert wird, übereinkommen, sich deutlich vorstellt. Denn davon, nämlich hauptsächlich von jedem einzelnen ist der Körper affiziert, und das drückt er mit dem Worte Mensch aus, und legt dies dann auch unendlich vielen einzelnen bei. Dann kann er sich, wie gesagt, die bestimmte Zahl der einzelnen nicht vorstellen. Aber es ist zu bemerken, daß diese Begriffe nicht von allen auf dieselbe Weise gebildet werden, sondern bei einem jeden verschieden sind, je nach Maßgabe des Dinges, wovon der Körper öfters affiziert worden ist, und welches der Geist sich leichter vorstellt oder erinnert. Wer z.B. öfter mit Bewunderung die Haltung der Menschen betrachtet hat, versteht unter dem Worte Mensch ein Tier von aufrechter Haltung. Wer aber gewohnt ist, etwas anderes zu betrachten, wird eine andere gemeinsame Vorstellung der Menschen bilden, wie etwa, daß der Mensch ein lachendes oder ein zweifüßiges, oder ein federloses, oder ein vernünftiges Tier sei. So wird im übrigen jeder nach der Disposition seines Körpers allgemeine Vorstellungen von den Dingen bilden. Deshalb ist es kein Wunder, daß unter den Philosophen, welche die natürlichen Dinge durch die bloßen Vorstellungen der Dinge haben erklären wollen, so viele Streitigkeiten entstanden sind.

Anmerkung 2. Aus allem oben Gesagten erhellt klar, daß wir vieles auffassen und Allgemeinbegriffe bilden.

1. Aus den Einzeldingen, die durch die Sinne verstümmelt, verworren und ohne Ordnung sich dem Verstand darstellen (siehe Folgesatz zu Lehrsatz 29 dieses

Teils); deshalb pflege ich solche Auffassungen eine Erkenntnis aus unsicherer Erfahrung zu nennen.

2. Aus Zeichen, z. B. daraus, daß wir uns beim Hören oder Lesen gewisser Worte der Dinge wieder erinnern, und gewisse Ideen von ihnen bilden, ähnlich denen, durch welche wir die Dinge vorstellen (siehe Anm. zu Lehrsatz 18 dieses Teils). Diese beiden Arten, die Dinge anzusehen, werde ich in der Folge *Erkenntnis der ersten Gattung*, Meinung oder *Vorstellung* nennen.

3. Endlich daraus, daß wir Gemeinbegriffe und adäquate Ideen der Eigenschaften der Dinge haben (siehe Folgesatz zu Lehrsatz 38 und 39 mit dem Folgesatz und Lehrsatz 40 dieses Teils). Diese Art werde ich *Vernunft* und *Erkenntnis der zweiten Gattung* nennen. –

Außer diesen beiden Gattungen der Erkenntnis gibt es, wie ich im folgenden zeigen werde, noch eine andere *dritte*, welche wir *das intuitive Wissen* nennen wollen, und diese Gattung des Erkennens schreitet von der adäquaten Idee des formalen Wesens einiger Attribute Gottes bis zu der adäquaten Erkenntnis des Wesens der Dinge vor. Alles dies will ich durch ein Beispiel erläutern. Es seien z. B. drei Zahlen gegeben, um die vierte zu erhalten, welche sich zur dritten verhält, wie die zweite zur ersten. Ein Kaufmann wird sich nicht bedenken und die zweite und dritte multiplizieren, und das Produkt durch die erste dividieren, weil er nämlich das, was er von dem Lehrer ohne irgendeinen Beweis gehört, noch nicht vergessen hat, oder weil er es oft bei den einfachsten Zahlen erfahren hat, oder auch aus dem Beweise des Lehrsatzes 19 im Buche 7 des Euklid, nämlich aus der gemeinsamen Eigenschaft der Proportionen. Bei den einfachsten Zahlen aber bedarf es nichts dergleichen, z. B. bei den Zahlen l, 2, 3 sieht jeder, daß die vierte Proportionale 6 ist, und zwar viel klarer, weil wir aus dem Verhältnisse der ersten Zahl zur zweiten, das wir auf den ersten Blick wahrnehmen, die vierte selbst erschließen.

Lehrsatz 41. Die Erkenntnis der ersten Gattung ist die einzige Ursache der Falschheit, die der zweiten und dritten aber ist notwendig wahr.

Beweis. In der vorigen Anmerkung sagten wir, daß zur Erkenntnis der ersten Gattung alle diejenigen Ideen gehörten, welche inadäquat und verworren sind; folglich ist (nach Lehrsatz 35 dieses Teils) diese Erkenntnis die einzige Ursache der Falschheit. Ferner sagten wir, daß zur Erkenntnis der zweiten und dritten Gattung diejenigen gehörten, welche adäquat sind. Folglich ist sie (nach Lehrsatz 34 dieses Teils) notwendig die wahre. W. z. b. w.

Lehrsatz 42. Die Erkenntnis der zweiten und dritten, nicht die der ersten Gattung lehrt uns das Wahre vom Falschen unterscheiden.

Beweis. Dieser Lehrsatz ist an sich offenbar, denn wer zwischen dem Wahren und Falschen zu unterscheiden weiß, muß eine adäquate Idee des Wahren und Falschen haben, d. h. (nach Anm. 2 zu Lehrsatz 40 dieses Teils) das Wahre und Falsche nach der zweiten oder dritten Gattung der Erkenntnis erkennen.

Lehrsatz 43. Wer eine wahre Idee hat, weiß zugleich, daß er eine wahre Idee hat und kann nicht an der Wahrheit der Sache zweifeln.

Beweis. Die wahre Idee in uns ist die, welche in Gott, sofern er durch die Natur des menschlichen Geistes ausgedrückt wird, adäquat ist (nach Folgesatz 51 zu Lehrsatz dieses Teils). Setzen wir daher, es gebe in Gott, sofern er durch die Natur des menschlichen Geistes ausgedrückt wird, die adäquate Idee A. Von dieser Idee muß es notwendig auch in Gott eine Idee geben, welche sich auf Gott in derselben Weise bezieht, wie die Idee A (nach Lehrsatz 20 dieses Teils, dessen Beweis allgemein ist). Die Idee A wird aber als sich auf Gott beziehend angenommen, sofern er durch die Natur des menschlichen Geistes ausgedrückt wird, folglich muß auch die Idee der Idee A sich auf Gott in derselben Weise beziehen, d. h. (nach demselben Folgesatz zu Lehrsatz 11 dieses Teils) diese adäquate Idee der Idee A wird im Geiste selbst sein, welcher die adäquate Idee A hat. Sonach muß jeder, der eine adäquate Idee hat, oder (nach Lehrsatz 34 dieses Teils) der ein Ding wahr erkennt, zugleich eine adäquate Idee oder wahre Erkenntnis seiner Erkenntnis haben, d. h. (wie an sich offenbar) er muß zugleich dessen gewiß sein. W. z. b. w.

Anmerkung. In der Anmerkung zu Lehrsatz 21 dieses Teils habe ich erläutert, was die Idee einer Idee ist. Es ist aber zu bemerken, daß der vorige Lehrsatz an sich hinlänglich offenbar ist, denn jeder, der eine wahre Idee hat, weiß, daß die wahre Idee die höchste Gewißheit in sich schließt. Denn eine wahre Idee haben, heißt nichts anderes, als ein Ding vollkommen oder am besten einsehen. Niemand kann wohl hieran zweifeln, wenn er nicht glaubt, die Idee sei etwas Stummes wie ein Gemälde an der Wand, nicht aber eine Art des Denkens, nämlich das Verstehen selbst. Wer kann denn eigentlich wissen, daß er ein Ding erkennt, wenn er nicht vorher das Ding erkennt? d. h. wer kann wissen, daß er eines Dinges gewiß ist, wenn er nicht vorher des Dinges gewiß ist? Was kann es ferner Deutlicheres und Gewisseres gehen, um als Norm der Wahrheit zu dienen, als die richtige Idee? Wahrlich wie das Licht sich selbst und die

Finsternis offenbart, so ist die Wahrheit die Norm ihrer selbst wie des Falschen. Hiermit glaube ich auf die folgenden Fragen geantwortet zu haben, nämlich: wenn die wahre Idee, sofern sie nur als mit ihrem Gegenstande übereinstimmend angenommen wird, sich von der falschen unterscheidet, so hat die wahre Idee also keine Realität oder Vollkommenheit vor der falschen voraus (da sie sich ja bloß durch ein äußerliches Merkmal unterscheiden), infolgedessen hat also auch der Mensch, der wahre Begriffe hat, nichts vor dem voraus, der bloß falsche hat. Sodann, woher kommt es, daß die Menschen falsche Ideen haben? Woher kann endlich jemand gewiß wissen, daß er Ideen hat, welche mit ihren Gegenständen übereinstimmen? Auf diese Fragen, sage ich, glaube ich schon geantwortet zu haben. Denn was den Unterschied zwischen der wahren und falschen Idee betrifft, so erhellt aus Lehrsatz 35 dieses Teils, daß jene sich zu dieser verhält wie das Seiende zum Nichtseienden. Die Ursachen der Falschheit aber habe ich von Lehrsatz 19 bis 35 nebst der Anmerkung aufs deutlichste auseinandergesetzt, woraus auch erhellt, wie sich ein Mensch, der wahre Ideen hat, von einem, der nur falsche hat, unterscheide. Was endlich das letztere betrifft, nämlich, woher der Mensch wissen könne, daß er eine Idee hat, welche mit ihrem Gegenstande übereinstimmt, so habe ich soeben zur vollsten Genüge gezeigt, daß dieses allein daher kommt, weil er eine Idee hat, welche mit ihrem Gegenstande übereinstimmt, oder weil die Wahrheit die Norm ihrer selbst ist. Hierzu kommt, daß unser Geist, sofern er die Dinge wahrhaft auffaßt, ein Teil des unendlichen göttlichen Verstandes ist (nach Folgesatz zu Lehrsatz 11 dieses Teils), deshalb müssen die klaren und bestimmten Ideen des Geistes ebenso wahr sein, als die Ideen Gottes.

Lehrsatz 44. In der Natur der Vernunft liegt es nicht, die Dinge als zufällige, sondern als notwendige zu betrachten.

Beweis. Es liegt in der Natur der Vernunft, die Dinge wahrhaft aufzufassen.(nach Lehrsatz 41 dieses Teils), nämlich (nach Ax. 6, T. 1) wie sie an sich sind, d. h. (nach Lehrsatz 29, T. I) nicht als zufällige, sondern als notwendige. W. z. b. w.

Folgesatz I. Hieraus folgt, daß es von der bloßen Vorstellung abhängt, wenn wir die Dinge sowohl in Rücksicht des Vergangenen als des Zukünftigen als zufällig betrachten.

Anmerkung. Auf welche Weise dieses aber geschieht, will ich kurz erläutern. Wir haben oben gezeigt (Lehrsatz 17 dieses Teils mit dem Folgesatz), daß der

Geist die Dinge, wenn sie auch nicht da sind, sich doch immer als gegenwärtig vorstellt, wenn nicht Ursachen in den Weg treten, welche ihr gegenwärtiges Dasein ausschließen. Sodann zeigten wir (Lehrsatz 18 dieses Teils), daß, wenn der menschliche Körper einmal von zwei Körpern zugleich affiziert gewesen ist, der Geist, wenn er sich nachher den einen davon vorstellt, sich zugleich auch des anderen erinnern, das heißt, beide als ihm gegenwärtig betrachten wird, wenn keine Ursachen dazwischen treten, welche ihr gegenwärtiges Dasein ausschließen. Außerdem bezweifelt niemand, daß wir uns auch die Zeit vorstellen, und zwar deshalb, weil wir uns einige Körper langsamer oder schneller, oder eben so schnell als andere bewegt vorstellen. Nehmen wir also einen Knaben, welcher gestern morgen zum ersten Male den Peter gesehen hat, am Mittage aber den Paul und am Abend den Simeon und heute wieder am Morgen den Peter. Aus Lehrsatz 18 dieses Teils erhellt, daß er, sobald er den Morgen sieht, er sich sogleich die Sonne, dieselbe Bahn am Himmel, wie am vorigen Tage, durchlaufend, oder den ganzen Tag, und zugleich mit dem Morgen den Peter, mit dem Mittag den Paul und mit dem Abend den Simeon vorstellen wird; das heißt, er wird sich das Dasein des Paul und Simeon mit Beziehung auf die Zukunft vorstellen, und dagegen, wenn er am Abend den Simeon sieht, wird er den Paul und Peter auf die Vergangenheit beziehen, indem er sie nämlich zusammen mit der Vergangenheit vorstellt, und zwar wird dies um so beständiger geschehen, je öfter er sie in dieser Ordnung gesehen hat. Träfe es sich einmal, daß er an einem anderen Abend statt des Simeon den Jakob sähe, so würde er dann am folgenden Morgen zugleich mit dem Abend, sich bald den Simeon, bald den Jakob vorstellen, nicht aber beide zusammen, denn es wird vorausgesetzt, daß er nur einen von beiden, nicht aber beide zugleich am Abend gesehen habe; seine Vorstellung wird also schwanken, und er wird sich mit dem künftigen Abend bald diesen, bald jenen vorstellen, d. h. keinen als gewiß, sondern beide zufällig als künftig betrachten. Und dieses Schwanken der Vorstellung wird dasselbe sein, wenn es eine Vorstellung von Dingen betrifft, welche wir auf dieselbe Weise in Beziehung auf die Vergangenheit oder Gegenwart betrachten, und folglich werden wir uns sowohl auf die Gegenwart als auf die Vergangenheit oder Zukunft sich beziehende Dinge als zufällige vorstellen.

Folgesatz 2. Es liegt in der Natur der Vernunft, die Dinge unter einer gewissen Form der Ewigkeit aufzufassen.

Beweis. Denn es liegt in der Natur der Vernunft, die Dinge als notwendige und nicht als zufällige zu betrachten (nach dem vorigen Lehrsatz). Diese Notwendigkeit der Dinge faßt sie aber (nach Lehrsatz 41 dieses Teils) wahr auf, d. h. (nach Ax. 6, T. 1) wie sie an sich ist. Aber (nach Lehrsatz 16, T. 1) ist diese Notwendigkeit der Dinge die Notwendigkeit der ewigen Natur Gottes selbst, also liegt es in der Natur der Vernunft, die Dinge unter dieser Form der Ewigkeit zu betrachten. Dazu kommt, daß die Grundlagen der Vernunft Begriffe sind, welche (nach Lehrsatz 38 dieses Teils) das ausdrücken, was allen gemeinsam ist, und welche (nach Lehrsatz 37 dieses Teils) nicht das Wesen eines Einzeldinges ausdrücken, und welche deshalb ohne irgendeine Beziehung auf die Zeit unter einer gewissen Form der Ewigkeit begriffen werden müssen. W. z. b. w.

Lehrsatz 45. Jede Idee jedes wirklich daseienden Körpers oder eines Einzeldinges schließt notwendig das ewige und unendliche Wesen Gottes in sich.

Beweis. Die Idee des wirklich daseienden Einzeldinges schließt notwendig, sowohl das Wesen, als das Dasein des Dinges selbst in sich (nach Folgesatz zu Lehrsatz 8 dieses Teils); die Einzeldinge können aber (nach Lehrsatz 15, T. 1) nicht ohne Gott begriffen werden; weil sie aber (nach Lehrsatz 6 dieses Teils) Gott zur Ursache haben, sofern er unter einem Attribute betrachtet wird, dessen Modi die Dinge selbst sind, müssen notwendig ihre Ideen (nach Ax. 4, T. 1) den Begriff des Attributs derselben, das heißt (nach Def. 6, T. 1) das ewige und unendliche Wesen Gottes in sich schließen. W. z. b. w.

Anmerkung. Ich verstehe hier unter Dasein nicht Dauer, d. h. Dasein, wie es abstrakt und gleichsam als eine gewisse Form einer Quantität begriffen wird, sondern ich spreche von der eigentlichen Natur des Daseins, welches den Einzeldingen deshalb beigelegt wird, weil aus der ewigen Notwendigkeit Gottes Unendliches auf unendliche Weisen folgt (siehe Lehrsatz 16, T. 1). Ich spreche, sage ich, von dem eigentlichen Dasein der Einzeldinge, sofern sie in Gott sind, denn obwohl jedes von einem anderen Einzeldinge bestimmt wird, auf gewisse Weise da zu sein, so folgt doch die Kraft, wodurch jedes im Dasein beharrt, aus der ewigen Notwendigkeit der Natur Gottes. Siehe hierüber Folgesatz zu Lehrsatz 24, Teil 1.

Lehrsatz 46. Die Erkenntnis des ewigen und unendlichen Wesens Gottes, welche jede Idee in sich schließt, ist adäquat und vollkommen.

Beweis. Der Beweis des vorigen Lehrsatzes ist allgemein, und mag man das Ding als einen Teil oder als Ganzes betrachten, so schließt die Idee desselben, sei sie die des Ganzen oder des Teils (nach dem vorigen Lehrsatze), das ewige und unendliche Wesen Gottes in sich. Daher ist das, was die Erkenntnis des ewigen und unendlichen Wesen Gottes gibt, allen gemeinsam und gleicherweise im Teil wie im Ganzen; also wird (nach Lehrsatz 38 dieses Teils) diese Erkenntnis adäquat sein. W. z. b. w.

Lehrsatz 47. Der menschliche Geist hat eine adäquate Erkenntnis des ewigen und unendlichen Wesens Gottes.

Beweis. Der menschliche Geist hat (nach Lehrsatz 22 dieses Teils) Ideen, aus welchen er (nach Lehrsatz 23 dieses Teils) sich und seinen Körper (nach Lehrsatz 19 dieses Teils) und (nach Folgesatz 1 zu Lehrsatz 16 und nach Lehrsatz 17 dieses Teils) die äußeren Körper als wirklich daseiende auffaßt, folglich hat er (nach Lehrsatz 45 und 46 dieses Teils) eine adäquate Erkenntnis des ewigen und unendlichen Wesens Gottes. W. z. b. w.

Anmerkung. Hieraus sehen wir, daß das unendliche Wesen Gottes und seine Ewigkeit allen bekannt ist. Da aber alles in Gott ist und durch Gott begriffen wird, so folgt, daß wir aus dieser Erkenntnis das meiste, was wir adäquat erkennen, ableiten und so jene dritte Gattung der Erkenntnis bilden können, von welcher wir in der Anmerkung 2 des 40. Lehrsatzes dieses Teils gesprochen haben und von deren Vortrefflichkeit und Nützlichkeit im fünften Teile zu sprechen Gelegenheit sein wird. Daß aber die Menschen keine ebenso klare Erkenntnis von Gott, wie von den Gemeinbegriffen haben, kommt daher, weil sie sich Gott nicht wie die Körper vorstellen können, und weil sie die Benennung *Gott* mit Vorstellungen von Dingen verknüpft haben, welche sie zu sehen pflegen, was die Menschen kaum vermeiden können, weil sie beständig von äußeren Körpern affiziert werden. In der Tat bestehen auch die meisten Irrtümer bloß darin, daß wir die Benennungen nicht recht den Dingen anpassen. Denn wenn jemand sagt, daß die Linien, welche aus dem Mittelpunkte des Kreises nach seinem Umkreise führen, ungleich sind, so versteht er wenigstens so lange gewiß etwas anderes unter Kreis, als die Mathematiker. So haben die Leute, wenn sie bei dem Rechnen irren, andere Zahlen im Geiste, andere auf dem Papier. In Betracht des Geistes also irren sie gewiß nicht; sie scheinen jedoch zu irren, weil wir meinen, daß sie dieselben Zahlen im Geiste haben, welche auf dem Papier stehen. Wäre dieses nicht, würden wir nicht glauben, sie irrten sich; so wie ich nicht glaubte, der Mann irre sich, den ich neulich ausrufen hörte, sein

Hof sei auf das Huhn seines Nachbars hinaufgeflogen, weil ich seinen Sinn ganz wohl zu verstehen glaubte. Hieraus nun entstehen die meisten Streitigkeiten, weil nämlich die Leute ihren Sinn nicht recht deutlich machen, oder weil sie des anderen Sinn falsch auslegen. Denn in der Tat, während sie sich am meisten widersprechen, denken sie entweder dasselbe oder etwas anderes, so daß dasjenige, was sie bei einem anderen für Irrtum und Widersinnigkeit halten, es nicht ist.

Lehrsatz 48. Es gibt im Geiste keinen absoluten oder freien Willen, sondern der Geist wird, dies oder jenes zu wollen, von einer Ursache bestimmt, welche ebenfalls von einer anderen bestimmt ist, und diese wieder von einer anderen, und so ins Unendliche.

Beweis. Der Geist ist ein gewisser und bestimmter Modus des Denkens (nach Lehrsatz 11 dieses Teils). Sonach kann er (nach Folgesatz 2 zu Lehrsatz 17, T. 1) nicht die freie Ursache seiner Handlungen sein, oder er kann nicht eine absolute Fähigkeit zu wollen und nicht zu wollen haben; sondern muß, um dieses oder jenes zu wollen, (nach Lehrsatz 28, T. 1) von einer Ursache bestimmt werden, welche ebenfalls von einer anderen bestimmt ist, und diese wieder von einer anderen usw. W. z. b. w.

Anmerkung. Auf die gleiche Weise wird bewiesen, daß es im Geiste keine absolute Fähigkeit, zu verstehen, zu begehren, zu lieben usw. gibt. Hieraus folgt, daß diese und ähnliche Fähigkeiten entweder ganz erdichtete, oder doch nichts als metaphysische oder allgemeine Wesen sind, welche wir aus den besonderen zu bilden pflegen, daß sich also Verstand und Wille zu dieser und jener Idee, oder zu diesem und jenem Wollen ebenso verhält, wie das Steinsein zu diesem und jenem Steine, oder wie der Mensch zu dem Peter und Paul. Die Ursache aber, warum sich die Menschen für frei halten, haben wir in dem Anhange zum ersten Teile auseinandergesetzt. Ehe ich jedoch weiter gehe, ist hier noch zu bemerken, daß ich unter Wille die Fähigkeit, nicht aber die Neigung zu bejahen und zu verneinen verstehe. Ich verstehe, sage ich, hierunter die Fähigkeit, wodurch der Geist bejaht oder verneint, was wahr oder falsch ist, und nicht die Neigung, mit welcher der Geist die Dinge erstrebt oder abweist. Nachdem wir aber bewiesen haben, daß diese Fähigkeiten Allgemeinbegriffe sind, welche sich von den einzelnen, woraus wir sie bilden, nicht unterscheiden, ist nun zu untersuchen, ob das Wollen selbst noch etwas anderes ist, als die eigentlichen Ideen der Dinge. Ich sage, wir müssen untersuchen, ob es im Geiste eine andere Bejahung und Verneinung gibt, als die, welche die Idee, sofern sie Idee ist, in sich schließt (siehe hierüber den folgenden Lehrsatz, sowie auch Def. 3 dieses Teils), damit sich das Denken nicht in Bilder verwandle. Denn unter Ideen verstehe ich nicht Vorstellungen, wie sie sich auf dem Grunde des Auges, oder, wenn man lieber will, in der Mitte des Gehirns bilden, sondern Begriffe des Denkens.

Lehrsatz 49. Es gibt im Geiste kein anderes Wollen, oder keine Bejahung und Verneinung als die, welche die Idee, sofern sie Idee ist, in sich schließt.

Beweis. Es gibt im Geiste (nach dem vorigen Lehrsatze) keine absolute Fähigkeit zu wollen und nicht zu wollen, sondern nur einzelnes Wollen, nämlich diese und jene Bejahung und diese und jene Verneinung. Nehmen wir daher ein einzelnes Wollen, nämlich eine Weise des Denkens, wodurch der Geist bejaht, daß die drei Winkel eines Dreiecks gleich zwei rechten sind. Diese Bejahung schließt den Begriff oder die Idee des Dreiecks in sich, das heißt, sie kann ohne die Idee des Dreiecks nicht begriffen werden. Denn es ist einerlei, ob ich sage, *A* müsse den Begriff von *B* in sich schließen, oder *A* könne nicht ohne *B* begriffen werden. Ferner kann diese Bejahung (nach Nr. 3 dieses Teils) auch nicht ohne die Idee des Dreiecks sein. Somit kann also die Bejahung ohne die Idee des Dreiecks weder sein, noch begriffen werden. Ferner muß diese Idee des Dreiecks eben diese Bejahung in sich schließen, daß nämlich drei seiner Winkel gleich zwei rechten sind. Daher kann auch umgekehrt diese Idee des Dreiecks ohne diese Bejahung weder sein, noch begriffen werden; also gehört (nach Des. 2 dieses Teils) diese Bejahung zum Wesen der Idee des Dreiecks, und ist nichts anderes, als eben diese selbst. Was wir von diesem Wollen gesagt haben (das wir ja nur ganz nach Belieben angenommen haben), gilt auch von jeglichem Wollen, nämlich, daß es nichts ist als die Idee. W. z. b. w.

Folgesatz. Wille und Verstand sind ein und dasselbe.

Beweis. Wille und Verstand sind nichts als die einzelnen Willenstätigkeiten und Ideen (nach Lehrsatz 48 dieses Teils und der Anm.). Das einzelne Wollen aber und die Idee sind (nach dem vorigen Lehrsatz) ein und dasselbe; also sind Wille und Verstand ein und dasselbe. W. z. b. w.

Anmerkung. Hiermit haben wir die Ursache aufgehoben, die man gewöhnlich als die des Irrtums aufstellt. Wir haben aber oben gezeigt, daß die Falschheit bloß in dem Mangel besteht, welchen die verstümmelten und verworrenen Ideen in sich schließen. Daher schließt die falsche Idee, sofern sie falsch ist, keine Gewißheit in sich. Wenn wir also sagen, daß der Mensch sich bei dem Falschen beruhigt und keinen Zweifel darüber hegt, so sagen wir deshalb nicht, daß er gewiß ist, sondern nur, daß er nicht zweifelt, oder daß er sich bei dem Unrichtigen beruhigt, weil keine Ursachen vorhanden sind, welche seine Vorstellung schwankend machen (siehe hierüber Anm. zu Lehrsatz 44 dieses Teils). Nimmt man also auch an, daß ein Mensch an dem Falschen hängt, so können wir ihn doch nie dessen gewiß nennen; denn unter Gewißheit verstehen wir etwas Positives (siehe Lehrsatz 43 dieses Teils mit der Anm.), nicht aber den Mangel des Zweifels. Aber unter Mangel der Gewißheit verstehen wir Falschheit. Es ist jedoch zur näheren Erläuterung des vorigen Lehrsatzes noch einiges zu erinnern. Sodann ist noch auf die Einwürfe zu antworten, welche gegen diese unsere Lehre vorgebracht werden können, und endlich hielt ich es, um allen Zweifel zu entfernen, für der Mühe wert, einiges von dem Nutzen dieser Lehre anzuführen. „Einiges"sage ich, denn das Bedeutendste davon wird man noch besser aus dem erkennen, was ich im fünften Teile sagen werde.

Ich fange also mit dem ersten an, und erinnere die Leser, daß sie genau unterscheiden zwischen Idee oder Begriff des Geistes und zwischen den Bildern der Dinge, welche wir sinnlich vorstellen. Ferner müssen sie notwendig zwischen Ideen und den Worten, wodurch wir die Dinge bezeichnen, unterscheiden. Denn weil diese drei, nämlich Bilder (Vorstellungen), Worte und Ideen, von vielen entweder ganz miteinander vermengt, oder nicht genau, oder auch nicht vorsichtig genug unterschieden werden, so ist ihnen diese Lehre vom Willen, welche man doch durchaus wissen muß, sowohl zur Spekulation, als um sein Leben weise einzurichten, gänzlich unbekannt geblieben. Weil sie nun glauben, die Ideen beständen in Vorstellungen, welche sich durch die Begegnung mit Körpern in uns bildeten, meinen sie, daß diejenigen Ideen von Dingen, von denen wir keine ähnliche Vorstellung bilden können, keine Ideen, sondern bloße Fiktionen seien, welche wir aus freiem Ermessen des Willens fingieren; sie sehen also die Ideen wie stumme Bilder an und von diesem Vorurteile eingenommen, bemerken sie nicht, daß die Idee, insofern sie Idee ist, Bejahung oder Verneinung in sich schließt. Ferner meinen diejenigen, welche die Worte mit der Idee oder mit der Bejahung selbst, welche die Idee in sich schließt, vermengen, sie könnten etwas ihrer Wahrnehmung Widersprechendes wollen, da sie Etwas mit bloßen Worten anders, als sie es wahrnehmen, bejahen oder verneinen. Diese Vorurteile kann aber derjenige leicht ablegen, der auf die Natur des Denkens achtet, die den Begriff der Ausdehnung keineswegs in sich schließt, und der demnach klar erkennt, daß die Idee (da sie ein Modus des Denkens ist) weder in der Vorstellung eines Dinges noch in den Worten besteht. Denn das Wesen der

Worte und Vorstellungen wird von den bloßen körperlichen Bewegungen gebildet, welche den Begriff des Denkens keineswegs in sich schließen.

Diese wenigen Erinnerungen hierüber werden genügen; deshalb gehe ich nun zu den erwähnten Einwürfen über. Der erste ist, daß man es für feststehend hält, daß der Wille sich weiter erstreckt als der Verstand, folglich von ihm verschieden ist. Der Grund aber, weshalb man glaubt, daß der Wille sich weiter erstreckt als der Verstand, ist: man mache die Erfahrung, sagt man, daß man keiner größeren Fähigkeit beizustimmen oder zu bejahen und zu verneinen bedürfe, um unendlichen anderen Dingen, welche wir nicht auffassen, beizustimmen, als eben der, die wir bereits haben, wohl aber einer größeren Fähigkeit des Verstandes. Der Wille unterscheidet sich also vom Verstande dadurch, daß dieser endlich, jener aber unendlich ist. *Zweitens* kann man uns einwerfen, daß die Erfahrung nichts deutlicher zu lehren scheint, als daß wir unser Urteil zurückhalten und den Dingen nicht beistimmen können, welche wir auffassen. Dies wird auch dadurch bestätigt, daß man von niemandem sagt, er täusche sich, sofern er etwas auffaßt, sondern nur, sofern er beistimmt oder nicht beistimmt. Wer z. B. ein geflügeltes Pferd fingiert, gibt deshalb nicht zu, daß es ein geflügeltes Pferd gibt, d. h. er ist deshalb nicht getäuscht, wenn er nicht zugleich zugibt, daß es ein geflügeltes Pferd gibt. Die Erfahrung scheint also nichts deutlicher zu lehren, als daß der Wille oder die Fähigkeit, beizustimmen, frei und von der Fähigkeit des Erkennens verschieden ist. *Drittens* kann man uns einwerfen, daß *eine* Bejahung nicht mehr Realität zu enthalten scheint, als die andere, d. h. daß wir keines größeren Vermögens zu bedürfen scheinen, um zu bejahen, daß das wahr sei, was wahr ist, als dazu, um etwas, was falsch ist, als wahr zu behaupten. Wir nehmen aber wahr, daß eine Idee mehr Realität oder Vollkommenheit als die andere hat, denn je vorzüglicher einige Objekte sind als andere, um so vollkommener sind auch ihre Ideen als andere, und hieraus scheint sich auch ein Unterschied zwischen Wille und Verstand zu ergeben. *Viertens* kann man einwerfen, wenn der Mensch nicht nach der Freiheit des Willens handelt, was wird also geschehen, wenn er im Gleichgewichte ist, wie Buridans Esel? Wird er vor Hunger und Durst umkommen? Gebe ich dieses zu, so scheine ich einen Esel oder einen Menschen aus Stein, nicht aber einen wirklichen Menschen anzunehmen; leugne ich es aber, dann wird er, also sich selbst bestimmen und hat folglich die Fähigkeit, zu gehen und zu tun, was er will. Außerdem kann man vielleicht noch andere Einwürfe machen; aber, weil ich nicht verpflichtet bin, alles das zu erforschen, was ein jeder nur träumen mag, so werde ich bloß auf diese Einwürfe antworten, und zwar möglichst kurz. In bezug auf den *ersten* sage ich, daß ich zugebe, daß der Wille sich weiter erstreckt als der Verstand, wenn man unter Verstand nur die klaren und deutlichen Ideen versteht; aber ich leugne, daß der Wille sich weiter erstreckt als das Auffassen oder die Fähigkeit des Begreifens, und ich sehe wahrlich nicht, warum die Fähigkeit des Willens eher als unendlich bezeichnet werden soll, als die Fähigkeit des Wahrnehmens, denn sowie wir Unendliches (eines jedoch nach dem anderen, denn wir können Unendliches nicht zugleich bejahen) mit derselben Fähigkeit des Wollens bejahen können, so können wir auch unendliche Körper (nämlich einen nach dem anderen) mit derselben Fähigkeit des Wahrnehmens wahrnehmen oder auffassen. Sagt man aber, es gebe Unendliches, was wir nicht auffassen können, so erwidere ich, daß wir eben dieses durch kein Denken und folglich durch keine Fähigkeit des Wollens erreichen können. Sagt man aber, wenn Gott bewirken wollte, daß wir auch dies auffaßten, müßte er uns zwar eine größere Auffassungsfähigkeit, aber keine größere Fähigkeit des Wollens geben, als er gegeben hat, so ist das dasselbe, als wenn man sagte, es sei zwar nötig, wenn Gott bewirken wollte, daß wir unendliche andere Seiende verständen, daß er uns einen größeren Verstand gäbe, aber doch keine allgemeinere Idee des Seienden, als er uns gegeben hat, um eben diese unendlichen Seienden zu umfassen; denn wir haben gezeigt, daß der Wille ein allgemeines Seiendes oder eine Idee ist, wodurch wir alles einzelne wollen, d. h. was ihnen allen gemeinsam ist, ausdrücken. Da man nun diese allen Willensakten gemeinsame oder allgemeine Idee für eine Fähigkeit hält, so ist es kein Wunder, wenn man diese Fähigkeit über die Grenzen des Verstandes hinaus ins Unendliche sich erstreckend denkt. Denn das Allgemeine wird ebenso von einem, wie von mehreren und unendlichen Individuen gesagt. Auf den *zweiten* Einwurf antworte ich dadurch, daß ich nicht zugebe, daß wir die freie Macht haben, unser Urteil zurückzuhalten. Denn wenn wir sagen, daß einer sein Urteil zurückhält, sagen wir nichts anderes, als daß er sieht, daß er ein Ding nicht adäquat auffaßt. Das Zurückhalten des Urteils ist also in der Tat ein Auffassen und nicht ein freier Wille. Um dieses deutlicher einzusehen, nehmen wir z. B. einen Knaben, der sich ein Pferd vorstellt und außerdem nichts anderes auffaßt. Da diese Vorstellung das Dasein des Pferdes in sich schließt (nach Folgesatz zu Lehrsatz 17 dieses Teils), und der Knabe nichts auffaßt, was das Dasein des Pferdes aufhebt, so wird er notwendig das Pferd als gegenwärtig betrachten, und an seinem Dasein nicht zweifeln können, obgleich er dessen nicht gewiß ist. Dies erfahren wir täglich in den Träumen, und ich glaube nicht, daß jemand meinen wird, er habe, während er träumt, die freie Macht, sein Urteil über das, was er träumt, zurückzuhalten, und zu bewirken, daß er das, was er zu sehen träumt, nicht träume; dennoch trifft es sich, daß wir auch im Traume unser Urteil zurückhalten, nämlich, wenn wir träumen, daß wir träumen. Ferner gebe ich zu, daß niemand sich täuscht, sofern er auffaßt, d. h. ich gebe zu, daß die Vorstellungen des Geistes, an sich betrachtet, keinen Irrtum in sich schließen (siehe Anm. zu Lehrsatz 17 dieses Teils), aber ich leugne, daß der Mensch nichts bejaht, sofern er auffaßt. Denn was ist ein geflügeltes Pferd auffassen anderes, als bejahen, daß ein Pferd Flügel habe? Denn wenn der Geist außer dem geflügelten Pferde nichts anderes auffaßte, so würde er dies als ihm gegenwärtig betrachten, und keine Ursache haben, an seinem Dasein zu zweifeln, auch keine Fähigkeit, nicht beizustimmen, wenn nicht die Vorstellung des geflügelten Pferdes mit einer Idee verbunden ist, welche das Dasein eben dieses Pferdes aufhebt; oder auch, weil er auffaßt, daß die Idee des geflügelten Pferdes, welche er hat, inadäquat ist; dann wird er notwendig das Dasein dieses Pferdes verneinen, oder notwendig daran zweifeln. Hiermit glaube ich auch auf den *dritten* Einwurf geantwortet zu haben, nämlich, daß der Wille etwas allgemeines sei, was allen Ideen beigelegt wird, und daß er nur dasjenige bezeichnet, was allen Ideen gemeinsam ist, nämlich die Bejahung, deren adäquates Wesen deshalb, insofern sie so abstrakt gefaßt wird, in jeder Idee sein muß, und auf diese Weise in allen nur dieselbe; aber nicht, sofern sie als das Wesen der Idee ausmachend betrachtet wird; denn insofern unterscheiden sich die einzelnen Bejahungen ebenso voneinander, wie die Ideen selbst. Z. B. die Bejahung, welche die Idee des Kreises in sich schließt, unterscheidet sich von der, welche die Idee des Dreiecks in sich schließt, ebenso wie die Idee des Kreises von der Idee des Dreiecks. Ferner verneine ich durchaus, daß wir einer ebenso großen Denkkraft bedürfen, um zu bejahen, daß das wahr sei, was wahr ist, als um etwas, was falsch ist, als wahr zu behaupten. Denn diese beiden Bejahungen verhalten sich zueinander, wenn man auf den Geist sieht, wie das Seiende zum Nichtseienden; denn in den Ideen ist nichts Positives, was die Form der Falschheit bildet (siehe Lehrsatz 35 dieses Teils mit der Anm. und Anm. zu Lehrsatz 46 dieses Teils). Es ist hier also besonders darauf aufmerksam zu machen, wie leicht man sich täuscht, wenn man das Allgemeine mit dem Einzelnen, und das Seiende und Abstrakte der Vernunft mit dem Realen vermengt. Was endlich den *vierten* Einwurf betrifft, so sage ich, daß ich völlig zugebe, daß der in einem solchen Gleichgewichte befindliche Mensch (der nämlich nichts anderes als Durst und Hunger und solche Speise und solchen

Trank wahrnimmt, welche gleichweit von ihm entfernt sind) vor Hunger und Durst umkommen wird. Fragt man mich, ob ein solcher Mensch nicht eher für einen Esel als für einen Menschen anzuschlagen sei, antworte ich, daß ich es nicht weiß, wie ich auch nicht weiß, wie hoch der anzuschlagen ist, der sich erhängt, und wie hoch Kinder, Narren, Wahnsinnige u. dgl. m. anzuschlagen sind.

Es ist nun noch anzugeben, wieviel die Erkenntnis dieser Lehre für das Leben nützt, was wir aus Folgendem leicht ersehen werden. Nämlich 1. insofern sie uns lehrt, daß wir nach dem bloßen Befehle Gottes handeln und der göttlichen Natur teilhaftig sind, und zwar um so mehr, je vollkommener unsere Handlungen sind und je mehr wir Gott erkennen. Diese Lehre hat also abgesehen davon, daß sie die Seele auf alle Weise beruhigt, noch den Vorzug, daß sie uns lehrt, worin unser höchstes Glück oder unsere Seligkeit besteht, nämlich in der alleinigen Erkenntnis Gottes, welche uns dahin führt, daß wir nur das tun, was Liebe und Frömmigkeit heischen. Hieraus sehen wir klar, wie weit diejenigen von der wahren Schätzung der Tugend entfernt sind, die für die Tugend und die rechtschaffenen Handlungen wie für den größten Dienst von Gott mit den höchsten Belohnungen ausgestattet zu werden hoffen, als ob die Tugend selbst und der Dienst Gottes nicht das Glück selbst und die höchste Freiheit wäre.

2. Insofern sie uns lehrt, wie wir uns bei Schicksalen, oder bei dem, was nicht in unserer Macht steht, d. h. bei Dingen, welche nicht aus unserer Natur folgen, verhalten müssen, nämlich die gute und die böse Seite des Schicksals mit Gleichmut erwarten und tragen, weil alles nach dem ewigen Beschlüsse Gottes mit derselben Notwendigkeit erfolgt, wie aus dem Wesen des Dreiecks folgt, daß seine drei Winkel gleich zwei rechten sind. 3. Fördert diese Lehre das soziale Leben, sofern sie uns lehrt, niemanden zu hassen, zu verachten, zu verspotten, niemand zu zürnen, niemand zu beneiden. Außerdem, sofern sie lehrt, daß jeder mit dem Seinigen zufrieden, auch dem Nächsten hilfreich sein soll, nicht aus weibischem Mitleide, Parteilichkeit, noch aus Aberglauben, sondern bloß gemäß der Leitung der Vernunft, wie nämlich Zeit und Umstände es erfordern, und wie ich im dritten Teile zeigen werbe. 4. Endlich fördert diese Lehre auch nicht wenig die Gemeinschaft, sofern sie lehrt, auf welche Weise die Bürger zu regieren und zu leiten sind, daß sie nämlich nicht knechtisch, sondern frei, ein jeder das Beste tun. Hiermit habe ich das beendigt, was ich in dieser Anmerkung abhandeln wollte, und so schließe ich diesen unseren zweiten Teil, womit ich glaube, die Natur des menschlichen Geistes und seine Eigenschaften ausführlich genug und,

soweit es die Schwierigkeit der Sache gestattet, klar auseinandergesetzt und derartiges dargelegt zu haben, woraus viel Treffliches, höchst Nützliches und zu wissen Notwendiges geschlossen werden kann, wie sich zum Teil aus dem Folgenden ergeben wird.

Dritter Teil / Von dem Ursprunge und der Natur der Affekte

Die meisten, die über die Affekte und die Lebensweise der Menschen geschrieben haben, scheinen nicht von natürlichen Dingen, welche die gemeinsamen Gesetze der Natur befolgen, zu reden, sondern von Dingen, welche außerhalb der Natur liegen. Ja, sie scheinen den Menschen in der Natur wie einen Staat im Staate zu fassen. Denn sie glauben, daß der Mensch die Ordnung der Natur mehr störe als befolge; daß er eine absolute Macht in bezug auf seine Handlungen habe und von niemand als von sich selber bestimmt werde. Die Ursache des menschlichen Vermögens und der Unbeständigkeit legen sie nicht dem gemeinsamen Vermögen der Natur, sondern ich weiß nicht welchem Gebrechen der menschlichen Natur, bei, welches sie darum beweinen, verlachen, verachten, oder, was am häufigsten geschieht, verwünschen, und wer das Unvermögen des menschlichen Geistes recht beredt oder scharf durchzuhecheln weiß, wird wie für göttlich gehalten. Es gab jedoch auch ausgezeichnete Männer (deren Anstrengung und Fleiß wir vieles schuldig zu sein bekennen), die von der richtigen Lebensweise viel Herrliches geschrieben und den Menschen einsichtsvolle Anweisungen gegeben haben. Die Natur und die Kräfte der Affekte aber, und was andererseits der Geist sie zu mäßigen vermöge, das hat, so viel ich weiß, niemand bestimmt. Ich weiß zwar, daß der hochberühmte Descartes, obwohl auch er annahm, daß der Geist eine absolute Macht in Beziehung auf seine Handlungen habe, dennoch die menschlichen Affekte aus ihren ersten Gründen zu erklären und zugleich den Weg anzugeben versucht hat, auf dem der Geist eine absolute Herrschaft über die Affekte erlangen könnte; aber, nach meiner Ansicht wenigstens, hat er nichts als den Scharfsinn seines großen Geistes gezeigt, wie ich seines Ortes beweisen werde. Für jetzt will ich zu denen zurückkehren, welche die Affekte und Handlungen der Menschen lieber verabscheuen oder verlachen als verstehen wollen. Diesen wird es ohne Zweifel wunderbar scheinen, daß ich die Gebrechen und Torheiten der Menschen auf geometrische Weise zu behandeln unternehme und das in bestimmter Ordnung dartun will, wovon sie immerfort schreien, daß es der

Vernunft widerstreite, eitel, albern und schrecklich sei. Aber mein Grund ist dieser: Es geschieht nichts in der Natur, was man ihr als Gebrechen anrechnen könnte, denn die Natur und ihre Kraft und ihr Tätigkeitsvermögen sind immer und überall eine und dasselbe, d. h. die Gesetze und Regeln der Natur, nach welchen alles geschieht und aus den einen Formen in die anderen verwandelt wird, sind überall und immer dieselben, und sonach muß auch eine und dieselbe Weise sein, die Natur irgendwelcher Dinge zu verstehen, nämlich durch die allgemeinen Gesetze und Regeln der Natur. Daher erfolgen die Affekte des Hasses, Zornes, Neides usw., an sich betrachtet, aus derselben Notwendigkeit und Kraft der Natur, wie das übrige einzelne, und hiernach erkennen sie bestimmte Ursachen an, durch welche sie verstanden werden, und haben bestimmte Eigenschaften, die unseres Verständnisses ebenso würdig sind, wie die Eigenschaften eines jeden anderen Dinges, an dessen bloßer Betrachtung wir uns freuen. Ich werde also die Natur und die Kräfte der Affekte und die Macht des Geistes in bezug auf dieselben nach derselben Methode behandeln, welche ich im vorigen über Gott und den Geist angewendet habe, und die menschlichen Handlungen und Bestrebungen ebenso betrachten, als wenn es sich um Linien, Flächen oder Körper handelte.

Definitionen

1. *Adäquate Ursache* nenne ich diejenige, deren Wirkung klar und deutlich durch sie aufgefaßt werden kann. *Inadäquate* aber, oder *Teilursache*, nenne ich diejenige, deren Wirkung durch sie allein nicht verstanden werden kann.

2. Ich sage, daß wir dann *tätig* sind, wenn etwas in uns oder außer uns geschieht, dessen adäquate Ursache wir sind, d. h. (nach der vorigen Def.) wenn aus unserer Natur etwas in uns oder außer uns folgt, was durch diese allein klar und deutlich verstanden werden kann. Dagegen sage ich, daß wir leiden, wenn etwas in uns geschieht oder aus unserer Natur etwas folgt, wovon wir nur eine Teilursache sind.

3. Unter *Affekten* verstehe ich die Affektionen des Körpers, wodurch das Tätigkeitsvermögen des Körpers vermehrt oder vermindert, erweitert oder eingeschränkt wird, und zugleich die Ideen dieser Affektionen.

Wenn wir also die adäquate Ursache einer dieser Affektionen sein können, dann verstehe ich unter Affekt Tätigkeit, im anderen Falle Leidenschaft.

1. Der menschliche Körper kann auf viele Weisen affiziert werden, wodurch sein Tätigkeitsvermögen vermehrt oder vermindert wird; und auch auf andere Weisen, welche sein Tätigkeitsvermögen weder größer noch geringer machen. Dieses Postulat oder Axiom stützt sich auf Postulat 1 und Lehnsatz 5 und 7. (Siehe diese nach Lehrsatz 13, T. 2.)
2. Der menschliche Körper kann viele Veränderungen erleiden und nichtsdestoweniger die Eindrücke oder Spuren der Objekte (siehe hierüber Post. 5, T. 2), und folglich auch dieselben Vorstellungen von den Dingen, beibehalten (siehe deren Definition in der Anmerkung zu Lehrsatz 17, T. 2).

Lehrsatz 1. Unser Geist tut manches, manches aber leidet er, nämlich, insofern er inadäquate Ideen hat, insofern tut er manches notwendig, und insofern er inadäquate Ideen hat, sofern leidet er notwendig manches.

Beweis. In jedem menschlichen Geiste sind einige Ideen adäquat, andere aber verstümmelt und verworren (nach Anm. 2 zu Lehrsatz 40, T. 2); die Ideen aber, welche in jemandes Geiste adäquat sind, sind in Gott adäquat, sofern er das Wesen eben dieses Geistes ausmacht (nach Folgesatz zu Lehrsatz II, T. 2), und diejenigen sodann, welche im Geiste inadäquat sind, sind ebenfalls in Gott (nach demselben Folgesatz) adäquat, nicht sofern er bloß das Wesen dieses Geistes, sondern auch sofern er die Geister anderer Dinge zugleich in sich enthält. Ferner muß aus jeder gegebenen Idee notwendig eine Wirkung folgen (nach Lehrsatz 36, T. I), von welcher Wirkung Gott die adäquate Ursache ist (siehe Def. I dieses Teils), nicht sofern er unendlich ist, sondern sofern er als von jener gegebenen Idee affiziert betrachtet wird (siehe Lehrsatz 9, T. 2). Nun ist aber eben dieser Geist die adäquate Ursache der Wirkung, deren Ursache Gott ist, sofern er von einer Idee affiziert ist, welche in jemandes Geiste adäquat ist (nach Folgesatz zu Lehrsatz II, T. 2). Also tut unser Geist (nach Def. 2 dieses Teils) manches notwendig, insofern er adäquate Ideen hat. Dies war das erste. Was sodann notwendig aus einer Idee folgt, welche in Gott adäquat ist, nicht sofern er nur eines Menschen Geist, sondern sofern er die Geister anderer Dinge zugleich mit dem Geiste eben dieses Menschen in sich faßt, hiervon ist (nach demselben Folgesatz zu Lehrsatz II, T. 2) der Geist jenes Menschen nicht die adäquate, sondern die Teilursache, und folglich (nach Def. 2 dieses Teils) leidet der Geist notwendig manches, sofern er inadäquate Ideen hat. Dies war das zweite. Also tut unser Geeist usw. W. z. b. w.

Folgesatz. Hieraus folgt, daß der Geist um so mehreren Leidenschaften unterworfen ist, je mehr inadäquate Ideen er hat, und daß er dagegen um so mehr tut, je mehr adäquate er hat.

Lehrsatz 2. Der Körper kann den Geist nicht zum Denken, noch der Geist den Körper zur Bewegung oder Ruhe, noch zu etwas anderem (wenn es ein solches gibt) bestimmen.

Beweis. Alle Daseinsweisen des Denkens haben Gott, sofern er ein denkendes Ding ist, zur Ursache, nicht aber sofern er durch ein anderes Attribut ausgedrückt wird (nach Lehrsatz 6, T. 2). Das also, was den Geist zum Denken bestimmt, ist eine Daseinsweise des Denkens und nicht der Ausdehnung, d. h. (nach Def. 1, T. 2) es ist kein Körper. Dies war das erste. Ferner: die Bewegung und Ruhe des Körpers muß durch einen anderen Körper entstehen, welcher auch zur Bewegung oder Ruhe durch einen anderen bestimmt worden ist, und absolut alles, was in einem Körper entsteht, mußte durch Gott entstehen, sofern er als durch eine Daseinsweise der Ausdehnung und nicht als durch eine Daseinsweise des Denkens affiziert betrachtet wird (nach demselben Lehrsatz 6, T. 2), d. h. es kann nicht aus dem Geist entstehen, der (nach Lehrsatz 11, T. 2) eine Daseinsweise des Denkens ist. Dies was das zweite. Also kann weder der Körper den Geist usw. W. z. b. w.

Anmerkung. Dies läßt sich noch deutlicher verstehen aus dem, was in der Anmerkung zu Lehrsatz 7, Teil 2 gesagt wurde, daß nämlich der Geist und der Körper ein und dasselbe Ding sind, welches bald unter dem Attribute des Denkens, bald unter dem der Ausdehnung begriffen wird. Daher kommt es, daß die Ordnung oder Verkettung der Dinge dieselbe ist, mag die Natur unter diesem oder jenem Attribute begriffen werden; folglich, daß die Ordnung der Tätigkeiten und Leidenschaften unseres Körpers von Natur der Ordnung der Tätigkeiten und Leidenschaften des Geistes gleich ist, was auch aus der Weise sich ergibt, wie wir Lehrsatz 12, Teil 2 den Beweis geführt. Aber, obgleich dies sich so verhält, daß kein Zweifelsgrund mehr ist, so glaube ich doch kaum, daß die Leute zu bewegen sind, dieses mit unbefangenem Geiste zu erwägen, wenn ich es nicht durch die Erfahrung werde bestätigt haben; so fest sind sie davon überzeugt, daß der Körper auf den bloßen Wink des Geistes bald sich bewege, bald ruhe und das meiste tue, was aber von dem Willen des Geistes und der Geschicklichkeit, es auszudenken, abhängt. Denn niemand hat bis jetzt bestimmt, was der Körper vermag, d. h. niemanden hat bis jetzt die Erfahrung gelehrt, was der Körper nach den bloßen Gesetzen der Natur, sofern diese bloß als körperliche betrachtet wird, tun kann, und was er nicht kann, wenn er nicht von dem Geiste bestimmt wird. Denn niemand kennt bis jetzt den Bau des Körpers so genau, daß er alle seine Funktionen erklären könnte, nicht zu gedenken, daß man bei den Tieren vieles bemerkt, was die menschliche Sinnesschärfe weit übertrifft, und daß die Nachtwandler im Schlafe sehr vieles tun, was sie wachend nicht wagen würden; dies zeigt zur Genüge, daß der Körper selbst nach den bloßen Gesetzen seiner Natur vieles vermag, worüber sein Geist sich wundert. Zudem weiß niemand, auf welche Weise oder durch welche Mittel der Geist den Körper bewegt, noch wie viele Grade der Bewegung er dem Körper verleihen kann, und wie groß die Schnelligkeit ist, mit der er ihn zu bewegen vermag. Hieraus folgt, daß die Menschen, wenn sie behaupten, daß diese oder jene Handlung des Körpers aus dem Geiste entspringe, der die Herrschaft über den Körper habe, nicht wissen, was sie sagen, und bloß mit allerlei hochtönenden Worten gestehen, daß sie die wahre Ursache dieser Handlung nicht kennen, ohne sich doch darüber zu wundern. Sie werden aber erwidern, ob sie nun wüßten oder nicht wüßten, durch welche Mittel der Geist den Körper bewegt, so machten sie doch die Erfahrung, daß, wenn der menschliche Geist nicht zum Denken fähig ist, der Körper ungeschickt sei; sie machten ferner die Erfahrung, daß es in der bloßen Gewalt des Geistes stehe zu sprechen oder schweigen, und vieles andere, wovon sie daher glauben, daß es von dem Beschlusse des Geistes abhängt. Was aber das erste betrifft, so frage ich sie selber, ob die Erfahrung nicht ebenfalls lehrt, daß, wenn im Gegenteil der Körper ungeschickt ist, der Geist zugleich zum Denken unvermögend sei? Denn wenn der Körper im Schlafe ruht, bleibt der Geist mit ihm in Schlaf versenkt und hat nicht, wie beim Wachen, die Macht, sich etwas auszudenken. Ferner haben wohl alle erfahren, daß der Geist nicht immer gleich befähigt ist, an dasselbe Objekt zu denken, sondern daß, so wie der Körper befähigter ist, daß bald die Vorstellung dieses, bald die jenes Objektes in ihm auftaucht, so auch der Geist befähigter ist, bald dieses, bald jenes Objekt zu betrachten. Aber, wird man sagen, aus den bloßen Gesetzen der Natur, sofern sie nur als körperliche betrachtet wird, können unmöglich die Ursachen der Gebäude, der Gemälde und derartiger Dinge, welche bloß durch die menschliche Kunst zustande kommen, abgeleitet werden, und der menschliche Körper, wenn er nicht vom Geiste bestimmt und geführt würde, wäre nicht imstande, einen Tempel zu bauen. Ich habe aber schon gezeigt, daß sie durchaus Nichtwissen, was der Körper vermag, oder was aus der bloßen Betrachtung seiner Natur abgeleitet werden kann, und daß sie selbst erfahren, daß sehr vieles gemäß den bloßen Gesetzen seiner Natur geschieht, was sie nie anders, als unter der Leitung des Geistes für möglich gehalten hätten, wie das, was die Nachtwandler im Schlafe tun, und worüber sie selbst sich, wenn sie wachen, wundern. Hierzu kommt der Bau des menschlichen Körpers selbst, welcher an Künstlichkeit alles weit übertrifft, was menschliche Kunst gebaut hat, ohne hier nochmals auszuführen, was oben gezeigt ist, daß aus der unter jeglichem Attribute betrachteten Natur Unendliches folgt. Was ferner das zweite betrifft, so stände es wahrlich weit besser um die menschlichen Angelegenheiten, wenn es ebensosehr in der Gewalt des Menschen stände, zu schweigen als zu sprechen. Die Erfahrung lehrt aber mehr als genug, daß die Menschen nichts weniger in ihrer Gewalt haben als die Zunge, und nichts weniger vermögen als ihre Triebe zu mäßigen. Daher kommt es, daß die meisten glauben, daß wir nur das frei tun, was wir nicht sehr stark begehren, weil das Verlangen nach diesen Dingen leicht durch das Andenken an ein anderes Ding, dessen wir häufig gedenken, verwischt werden kann, dasjenige aber keineswegs, was wir mit großem Affekt erstreben, der durch das Andenken an ein anderes Ding nicht beruhigt werden kann. Aber hätten wir nicht erfahren, daß wir vieles tun, was wir nachher bereuen, und daß wir oft, wenn wir nämlich von entgegengesetzten Affekten bestürmt werden, das Bessere sehen und doch dem Schlechteren folgen, so wäre kein Grund, der uns zu glauben hinderte, daß wir in allem frei handeln. So glaubt der Säugling, er begehre die Milch freiwillig, der erzürnte Knabe, er wolle die Rache, und der Furchtsame, er wolle die Flucht. Auch glaubt der Trunkene, er spreche aus freiem Entschlusse des Geistes dasjenige, was er nachher nüchtern verschwiegen haben möchte; so meint der Irre, die Plaudertasche, das Kind und die meisten dieses Schlages, sie redeten aus freiem Entschlusse des Geistes, da sie doch den Trieb zum Reden, den sie haben, nicht zähmen können, so daß die Erfahrung selbst uns ebenso klar als die Vernunft lehrt, daß die Menschen bloß deshalb sich für frei halten, weil sie sich ihrer Handlungen bewußt, der Ursachen aber, von denen sie bestimmt werden, unkundig sind, und überdies, weil die Beschlüsse des Geistes nichts sind, als die Arten des Verlangens selbst, die daher nach der verschiedenen Disposition des Körpers verschieden sind. Denn jeder richtet alles nach seinem Affekte ein. Wer also von entgegengesetzten Affekten bestürmt wird, weiß nicht, was er will, wer aber von keinem, wird durch einen kleinen Bewegungsgrund bald hierhin, bald dorthin geschleudert. Dies alles zeigt uns gewiß klar, daß sowohl der Beschluß des Geistes, als sein Verlangen, so wie die Bestimmung des Körpers, von Natur zugleich, oder vielmehr ein und dasselbe Ding ist, welches wir, unter dem Attribute des Denkens betrachtet und durch dieses ausgedrückt, Beschluß nennen, dagegen, unter dem Attribute der Ausdehnung betrachtet und aus den Gesetzen der Bewegung und Ruhe abgeleitet, Bestimmung heißen. Dies wird aus dem Folgenden noch deutlicher erhellen; denn es ist etwas anderes, was ich hier besonders beachtet haben möchte, nämlich, daß wir nur gemäß dem Beschlusse des Geistes etwas tun können, wenn wir uns dessen erinnern; wir können z. B. kein Wort aussprechen, ohne uns dessen zu erinnern; ferner steht es nicht in der freien Macht des Geistes, sich eines Dinges zu erinnern oder es zu vergessen. Daher glaubt man, es stehe nur in der Gewalt des Geistes, ein Ding, dessen wir uns erinnern, nach freiem Entschlüsse des Geistes verschweigen oder sagen zu können. Wenn wir aber träumen, daß wir sprechen, glauben wir auf Grund eines freien Entschlusses des Geistes zu sprechen, und dennoch sprechen wir nicht, oder wenn wir sprechen, so geschieht es auf Grund einer willkürlichen Bewegung des Körpers. Uns träumt ferner, daß wir manches den Menschen verhehlen, und zwar nach demselben Beschlusse des Geistes, nach welchem wir wachend verschweigen, was wir wissen. Uns träumt endlich, daß wir manches nach dem Beschlusse des Geistes tun, was wir wachend nicht wagen, und deshalb möchte ich wohl wissen, ob es im Geiste zwei Gattungen von Beschlüssen gebe, nämlich phantastische und freie? Wenn wir nicht so weit im Unsinn gehen wollen, muß man notwendig zugeben, daß dieser Beschluß des Geistes, den man für frei hält, sich von der Vorstellung selbst oder Erinnerung nicht unterscheidet und nichts anderes ist als jene Bejahung, welche die Idee, sofern sie Idee ist, notwendig in sich schließt(siehe Lehrsatz 49, T. 2). Folglich entstehen diese Beschlüsse des Geistes nach derselben Notwendigkeit im Geiste wie die Ideen der wirklich daseienden Dinge. Wer also glaubt, daß er aus freiem Beschlusse des Geistes spreche oder schweige, oder sonst etwas tue, träumt mit offenen Augen.

Lehrsatz 3. Die Handlungen des Geistes entspringen nur aus adäquaten Ideen, die Leidenschaften aber hängen nur von inadäquaten ab. *Beweis.* Das erste, was das Wesen des Geistes ausmacht, ist nichts anderes, als die Idee des wirklich daseienden Körpers (nach Lehrsatz 11 und 13, T. 2), welche (nach Lehrsatz 15, T. 2) aus vielen anderen zusammengesetzt ist, von denen einige (nach Folgesatz zu Lehrsatz 38, T. 2) adäquat, andere aber inadäquat sind (nach Folgesatz zu Lehrsatz 29, T. 2). Was also aus der Natur des Geistes folgt, und wovon der Geist die nächste Ursache ist, durch welchen es verstanden werden muß, das muß notwendig aus einer adäquaten oder inadäquaten Idee folgen. Sofern aber der Geist (nach Lehrsatz 1 dieses Teils) inadäquate Ideen hat, sofern leidet er notwendig. Demnach folgen die Handlungen des Geistes nur aus adäquaten Ideen, und der Geist leidet allein deshalb, weil er inadäquate Ideen hat. W. z. b. w.

Anmerkung. Wir sehen also, daß die Leidenschaften nur insofern dem Geiste angehören, als er etwas hat, was eine Negation in sich schließt, oder sofern er als ein Teil der Natur betrachtet wird, welche für sich ohne andere nicht klar und bestimmt aufgefaßt werden kann. So könnte ich denn zeigen, daß sich die Leidenschaften auf dieselbe Weise auf die Einzeldinge wie auf den Geist beziehen und auf keine andere Weise aufgefaßt werden können; mein Vorsatz ist aber, nur von dem menschlichen Geiste zu handeln.

Lehrsatz 4. Jedes Ding kann nur von einer äußeren Ursache zerstört werden.

Beweis. Dieser Lehrsatz erhellt aus sich; denn die Definition jedes Dinges bejaht das Wesen des Dinges selbst, verneint es aber nicht, oder setzt das Wesen des Dinges, hebt es aber nicht auf. Wenn wir also nur auf das Ding selbst, nicht aber auf die äußeren Ursachen achten, werden wir nichts in demselben finden können, was es zerstören könnte. W. z. b. w.

Lehrsatz 5. Dinge sind insofern entgegengesetzter Natur, d. h. können insofern nicht in demselben Subjekte sein, sofern das eine das andere zerstören kann.

Beweis. Denn wenn sie unter sich übereinstimmen, oder in demselben Subjekte zugleich sein könnten, so könnte es ja in demselben Subjekte etwas geben, was es zerstören könnte. Dies ist (nach dem vorigen Lehrsatz) widersinnig, also sind Dinge usw. W. z. b. w.

Lehrsatz 6. Jedes Ding strebt, so viel an ihm liegt, in seinem Sein zu beharren.

Beweis. Denn die Einzeldinge sind Daseinsweisen, durch welche die Attribute Gottes auf gewisse und bestimmte Weise ausgedrückt werden (nach Folgesatz zu Lehrsatz 25, T. 1), d. h. (nach Lehrsatz 34, T. 1) Dinge, welche Gottes Vermögen, wodurch Gott ist und handelt, auf gewisse und bestimmte Weise ausdrücken. Kein Ding hat etwas in sich, wodurch es zerstört werden könnte, oder was sein Dasein aufhöbe (nach Lehrsatz 4 dieses Teils), sondern es widersetzt sich vielmehr alle dem, was sein Dasein aufheben kann (nach dem vorigen Lehrsatz), also strebt es, so viel es kann und an ihm liegt, in seinem Sein zu beharren. W. z. b. w.

Lehrsatz 7. Das Bestreben, wonach jedes Ding in seinem Sein zu beharren strebt, ist nichts als das wirkliche Wesen des Dinges selbst.

Beweis. Aus dem gegebenen Wesen eines jeden Dinges folgt manches notwendig (nach Lehrsatz 36, T. 1), und die Dinge können nichts anderes als das, was aus ihrer bestimmten Natur notwendig erfolgt (nach Lehrsatz 29, T. 1), darum ist das Vermögen oder Bestreben jedes Dinges, wodurch es entweder allein, oder mit anderen etwas tut, oder zu tun strebt, d. h. (nach Lehrsatz 6 dieses Teils) das Vermögen oder Bestreben, wodurch es in seinem Sein zu beharren strebt, nichts als das gegebene oder wirkliche Wesen des Dinges selbst. W. z. b. w.

Lehrsatz 8. Das Bestreben, wonach jedes Ding in seinem Sein zu beharren strebt, schließt keine bestimmte, sondern eine unbestimmte Zeit in sich.

Beweis. Denn wenn es eine begrenzte Zeit in sich schlösse, welche die Dauer eines Dinges bestimmte, so würde aus dem bloßen Vermögen selbst, wodurch das Ding da ist, folgen, daß das Ding nach jener Zeit nicht dasein könnte, sondern zerstört werden müßte. Nun ist dies (nach Lehrsatz 4 dieses Teils) widersinnig, also schließt das Bestreben, wonach das Ding da ist, keine bestimmte Zeit in sich, sondern vielmehr, weil es (nach Lehrsatz 4 dieses Teils), wenn von keiner äußeren Ursache zerstört, mit demselben Vermögen, womit es jetzt da ist, da zu sein immer fortfährt, schließt also dieses Streben eine bestimmte Zeit in sich. W. z. b. w.

Lehrsatz 9. Der Geist strebt sowohl, sofern er klare und deutliche, als sofern er verworrene Ideen hat, in seinem Sein in unbestimmter Dauer zu beharren, und ist sich dieses seines Strebens bewußt.

Beweis. Das Wesen des Geistes besteht aus adäquaten und inadäquaten Ideen (wie wir Lehrsatz 3 dieses Teils gezeigt haben), folglich strebt er (nach Lehrsatz 7 dieses Teils) sowohl insofern er die einen, als insofern er die anderen hat, in seinem Sein zu beharren, und zwar (nach Lehrsatz 8 dieses Teils) in unbestimmter Dauer. Da aber der Geist (nach Lehrsatz 28, (?). 2) durch die Ideen der Affektionen des Körpers notwendig sich seiner bewußt ist, so ist also (nach Lehrsatz 7 dieses Teils) der Geist sich seines Strebens bewußt. W. z. b. w.

Anmerkung. Dieses Streben, auf den Geist allein bezogen, heißt Wille, aber auf Geist und Körper zusammen bezogen, nennt man es ein *Verlangen*, welches also nichts anderes ist, als das Wesen des Menschen selbst, aus dessen Natur das, was zu seiner Erhaltung dient, notwendig folgt, und folglich ist der Mensch dieses zu tun bestimmt. Auch ist zwischen Verlangen und Begierde kein Unterschied, nur daß Begierde sich meist auf die Menschen bezieht, sofern sie sich ihres

Verlangens bewußt sind. Man kann sie daher so definieren: *Begierde ist Verlangen mit dem Bewußtsein desselben.* Aus diesem allen geht hervor, daß wir nichts erstreben, wollen, verlangen, noch begehren, weil wir es für gut halten; sondern umgekehrt, daß wir deshalb etwas für gut halten, weil wir es erstreben, wollen, verlangen und begehren.

Lehrsatz 10. Es kann in unserem Geiste keine Idee geben, welche das Dasein unseres Körpers ausschließt, vielmehr ist eine solche ihm entgegengesetzt.

Beweis. Es kann nichts in unserem Körper geben, was ihn zerstören kann (nach Lehrsatz 5 dieses Teils), folglich kann es auch keine Idee davon in Gott geben, sofern er die Idee unseres Körpers hat (nach Folgesatz zu Lehrsatz 9, T. 2), d.h. (nach Folgesatz zu Lehrsatz 11 und 13, T. 2) es kann in unserem Geiste keine Idee davon geben, sondern vielmehr, da (nach Lehrsatz 11 und 13, T. 2) das erste, was das Wesen des Geistes ausmacht, die Idee eines wirklich daseienden Körpers ist, so ist es das erste und hauptsächlichste Streben unseres Geistes (nach Lehrsatz 7 dieses T.), das Dasein unseres Körpers zu bejahen, und folglich ist eine Idee, welche das Dasein unseres Körpers verneint, unserem Geiste entgegengesetzt. W. z. b. w.

Lehrsatz 11. Alles, was die Tätigkeit unseres Körpers vermehrt oder vermindert, erweitert oder beschränkt, dessen Idee vermehrt oder vermindert, erweitert oder beschränkt das Denkvermögen unseres Geistes.

Beweis. Dieser Satz erhellt aus Lehrsatz 7, Teil 2, oder auch aus Lehrsatz 14, Teil 2.

Anmerkung Wir sehen daher, daß der Geist große Veränderungen erleiden und bald zu größerer, bald zu geringerer Vollkommenheit übergehen kann, und diese Leidenschaften erklären uns die Affekte der Lust und Unlust. Unter Lust verstehe ich also im folgenden die *Leidenschaft, wodurch der Geist zu größerer Vollkommenheit übergeht,* unter *Unlust aber die Leidenschaft, wodurch er zu geringerer Vollkommenheit übergeht.* Bezieht sich ferner der Affekt der Lust zugleich auf Geist und Körper, nenne ich sie Wollust oder Wohlbehagen, den Affekt der Unlust aber Schmerz oder Mißbehagen. Jedoch ist zu bemerken, daß Wollust und Schmerz sich dann auf den Menschen beziehen, wenn ein Teil desselben mehr als die übrigen affiziert ist, Wohlbehagen aber und Mißbehagen, wenn alle gleichmäßig affiziert sind. Was sodann Begierde ist, habe ich in der Anmerkung zu Lehrsatz 9 dieses Teils erklärt und außer diesen dreien erkenne ich keinen anderen Grundaffekt an. Im folgenden werde ich zeigen, daß die anderen aus diesen dreien entstehen. Ehe ich jedoch weiter gehe, will ich hier den Lehrsatz 10 dieses Teils weitläufiger erläutern, damit man deutlicher einsieht, auf welche Weise eine Idee einer Idee entgegengesetzt ist. In der Anmerkung zu Lehrsatz 17, Teil 2 haben wir gezeigt, daß die Idee, welche das Wesen des Geistes ausmacht, das Dasein des Körpers so lange in sich schließt, als der Körper selbst da ist. Ferner folgt aus dem, was wir in dem Folgesatz zu Lehrsatz 8, Teil 2 und in der Anmerkung dazu gezeigt haben, daß das gegenwärtige Dasein unseres Geistes bloß davon abhängt, daß der Geist das wirkliche Dasein des Körpers in sich schließt. Endlich haben wir gezeigt, daß das Vermögen des Geistes, wodurch er sich die Dinge vorstellt und sich ihrer erinnert, auch davon abhängt (siehe Lehrsatz 17 und 18, T. 2 mit der Anmerkung), daß er das wirkliche Dasein des Körpers in sich schließt. Hieraus folgt, daß das gegenwärtige Dasein des Geistes und sein Vorstellungsvermögen aufgehoben wird, sobald der Geist das gegenwärtige Dasein des Körpers zu bejahen aufhört. Der Geist selbst kann aber ebensowenig die Ursache sein, weshalb der Geist dieses Dasein des Körpers zu bejahen aufhört (nach Lehrsatz 2 dieses Teils) als das, daß der Körper zu sein aufhört. Denn (nach Lehrsatz 6, T. 2) ist die Ursache, weshalb der Geist das Dasein des Körpers bejaht, nicht, weil der Körper angefangen hat, da zu sein. Deshalb hört er auch aus demselben Grunde nicht auf, das Dasein des Körpers selbst zu bejahen, weil der Körper zu sein aufhört, sondern (nach Lehrsatz 17, T. 2) entspringt dies aus einer anderen Idee, welche das gegenwärtige Dasein unseres Körpers und folglich unseres Geistes ausschließt, und welche daher der Idee, welche das Wesen unseres Geistes ausmacht, entgegengesetzt ist.

Lehrsatz 12. Der Geist sucht, soviel er vermag, sich das vorzustellen, was das Tätigkeitsvermögen des Körpers vermehrt oder erweitert.

Beweis. So lange der menschliche Körper auf eine Weise affiziert ist, welche die Natur eines äußeren Körpers in sich schließt, so lange wird der menschliche Geist denselben Körper als gegenwärtig betrachten (nach Lehrsatz 17, T. 2), und folglich betrachtet (nach Lehrsatz 7, T. 2) der menschliche Geist einen äußeren Körper so lange als gegenwärtig, das heißt (nach Anmerkung eben dieses Lehrsatzes 17) er stellt sich ihn vor, so lange der menschliche Körper auf eine Weise affiziert ist, welche die Natur eben dieses äußeren Körpers in sich schließt. So lange also der Geist sich das vorstellt, was das Tätigkeitsvermögen unseres Körpers vermehrt oder erweitert, so lange ist der Körper durch Modi affiziert, welche sein Tätigkeitsvermögen vermehren oder erweitern (siehe Post. 1 dieses

Teils), und folglich wird (nach Lehrsatz 11 dieses Teils) so lange das Vermögen des Geistes vermehrt oder erweitert, und es sucht daher (nach Lehrsatz 6 oder 9, T. 3) der Geist, so viel er vermag, sich dieses vorzustellen. W. z. b. w.

Lehrsatz 13. Wenn der Geist sich das vorstellt, was das Tätigkeitsvermögen des Körpers vermindert oder einschränkt, sucht er, so viel er vermag, sich derjenigen Dinge zu erinnern, welche das Dasein jener ausschließen.

Beweis. So lange sich der Geist etwas derartiges vorstellt, so lange wird das Vermögen des Geistes und Körpers vermindert oder eingeschränkt (wie wir im vorigen Lehrsatze bewiesen haben), und doch wird er sich dieses so lange vorstellen, bis der Geist sich etwas anderes vorstellt, was das gegenwärtige Dasein desselben ausschließt (nach Lehrsatz 17, T. 2), d. h. (wie wir eben gezeigt haben) das Vermögen des Geistes und Körpers wird so lange vermindert oder eingeschränkt, bis der Geist sich etwas anderes vorstellt, was das Dasein desselben ausschließt, und welches der Geist also (nach Lehrsatz 9 dieses Teils) so viel er vermag, sich vorzustellen, oder ins Gedächtnis zu rufen suchen wird. W. z. b. w.

Folgesatz. Hieraus folgt, daß der Geist abgeneigt ist, sich das vorzustellen, was sein Vermögen und das des Körpers vermindert oder einschränkt.

Anmerkung. Hieraus erkennen wir klar, was Liebe und was Haß ist; *Liebe* ist nämlich nichts als Lust, verbunden mit der Idee einer äußeren Ursache; und Haß nichts als *Unlust, verbunden mit der Idee einer äußeren Ursache.* Wir sehen ja auch, daß der Liebende notwendig den Gegenstand, den er liebt, gegenwärtig zu haben und zu erhalten sucht, während dagegen der Hassende den Gegenstand, der ihm verhaßt ist, zu entfernen und zu zerstören sucht. Doch von diesem allem in der Folge weitläufiger.

Lehrsatz 14. Wenn der Geist einmal von zwei Affekten zugleich affiziert worden ist, wird er, wenn er nachher von einem derselben erregt wird, auch von dem anderen erregt werden.

Beweis. Wenn der menschliche Körper einmal von zwei Körpern zugleich erregt worden ist, wird der Geist, wenn er sich hernach einen derselben vorstellt, sich sogleich auch des anderen erinnern (nach Lehrsatz 18, T. 2). Aber die Vorstellungen des Geistes zeigen mehr die Affekte unseres Körpers als die Natur der äußeren Dinge an (nach Folgesatz 2 zu Lehrsatz 16, T. 2), wenn also der Körper und folglich der Geist (siehe Def. 3 dieses Teils) einmal von zwei Affekten zugleich erregt worden ist, wird er, wenn er nachher von einem derselben erregt wird, auch von dem anderen erregt werden. W. z. b. w.

Lehrsatz 15. Jedes Ding kann zufällig Ursache der Lust, Unlust oder Begierde sein.

Beweis. Angenommen, der Geist würde von zwei Affekten zugleich erregt, wovon der eine sein Tätigkeitsvermögen weder vermehrt noch vermindert, und der andere es vermehrt oder vermindert (siehe Post. 1 dieses Teils), so erhellt aus dem vorigen Lehrsatze, daß, wenn der Geist hernach von dem ersten als seiner wahren Ursache, welche (nach der Voraussetzung) an sich sein Denkvermögen weder vermehrt noch vermindert, affiziert wird, er auch sogleich von dem anderen, welcher sein Denkvermögen vermehrt oder vermindert, das heißt (nach der Anm. zu Lehrsatz 11 dieses Teils) von Lust oder Unlust erregt werden wird, und sonach ist jenes Ding nicht an sich, sondern zufällig Ursache der Lust oder Unlust. Auf dieselbe Weise kann nun leicht dargetan werden, daß jenes Ding zufällig die Ursache der Begierde sein kann. W. z. b. w.

Folgesatz. Bloß deshalb, weil wir ein Ding mit dem Affekt von Lust oder Unlust betrachtet haben, wovon es selbst nicht wirkende Ursache ist, können wir es lieben oder hassen.

Beweis. Denn bloß daher kommt es (nach Lehrsatz 14 dieses Teils), daß der Geist, wenn er sich nachher dieses Ding vorstellt, durch den Affekt der Lust oder Unlust erregt wird, das heißt (nach Anm. zu Lehrsatz 11 dieses Teils), daß das Vermögen des Geistes und Körpers vermehrt oder vermindert wird usw., und folglich (nach Lehrsatz 12 dieses Teils), daß der Geist geneigt ist, es sich vorzustellen oder (nach Folgesatz zu Lehrsatz 13 dieses Teils) abgeneigt ist, das heißt (nach Anm. zu Lehrsatz 13 dieses Teils), daß er es liebt oder haßt. W. z. b. w.

Anmerkung. Hieraus erkennen wir, wie es kommen kann, daß wir etwas ohne irgendeine andere uns bekannte Ursache lieben oder hassen, als bloß aus Sympathie (wie man sagt) und Antipathie. Hierher sind auch diejenigen Objekte zu beziehen, die uns bloß deshalb mit Lust oder Unlust erregen, weil sie mit den Objekten einige Ähnlichkeit haben, die uns mit eben diesen Affekten erregen, wie ich im folgenden Lehrsatze zeigen werde. Ich weiß zwar, daß die Schriftsteller, welche diese Wörter Sympathie und Antipathie zuerst eingeführt haben, damit gewisse verborgene Eigenschaften der Dinge haben bezeichnen wollen, aber ich glaube nichtsdestoweniger, daß wir auch bekannte oder offenbare Eigenschaften darunter verstehen dürfen.

Lehrsatz 16. Wir werden ein Ding bloß deshalb, weil wir uns vorstellen, daß es etwas Ähnliches mit einem Objekte hat, welches den Geist mit Lust oder Unlust zu affizieren pflegt, lieben oder hassen, wenn auch das, worin das Ding dem Objekte ähnlich ist, nicht die bewirkende Ursache dieser Affekte ist.

Beweis. Das, was dem Objekte ähnlich ist, haben wir in dem Objekte selbst (nach der Voraussetzung) mit dem Affekte der Lust oder Unlust betrachtet. Wenn also (nach Lehrsatz 14 dieses Teils) der Geist von der Vorstellung desselben affiziert wird, wird er auch zugleich von diesem oder jenem Affekte erregt werden und folglich wird dieses Ding, bei dem wir eben dasselbe wahrnehmen (nach Lehrsatz 15 dieses Teils) zufällig Ursache der Lust oder Unlust sein. Also (nach dem vorigen Folgesatz) werden wir es lieben oder hassen, wenn auch das, worin es dem Objekte ähnlich ist, nicht die wirkende Ursache dieser Affekte ist.

Lehrsatz 17. Wenn wir uns ein Ding, welches uns mit dem Affekte der Unlust zu erregen pflegt, in einigem mit einem anderen gewissermaßen ähnlich vorstellen, welches uns mit einem ebenso großen Affekte der Lust zu erregen pflegt, so werden wir es hassen und zugleich lieben.

Beweis. Denn dieses Ding ist (nach der Voraussetzung) an sich Ursache der Unlust und (nach Anm. zu Lehrsatz 13 dieses Teils) sofern wir es uns mit diesem Affekt vorstellen, werden wir es hassen, sofern wir uns außerdem vorstellen, daß es etwas Ähnliches hat mit einem anderen, welches uns mit einem ebenso großen Affekt von Lust zu erregen pflegt, werden wir es mit einer ebenso großen Empfindung der Lust lieben (nach dem vorigen Lehrsatz), und folglich werden wir es hassen und zugleich lieben. W. z. b. w.

Anmerkung: Diese *Stimmung des Geistes, welche nämlich aus zwei entgegengesetzten Affekten* entsteht, heißt *Schwanken der Seele,* welches sich zum Affekt verhält, wie das Zweifeln zur Vorstellung (siehe Anm. zu Lehrsatz 24, T. 2); das Schwanken der Seele und das Zweifeln unterscheiden sich voneinander nur dem Mehr oder Weniger nach. Es ist aber zu bemerken, daß ich in dem vorigen Lehrsatze dieses Schwanken der Seele aus Ursachen abgeleitet habe, welche an sich die Ursache des einen Affektes und zufällig die Ursache des anderen Affektes sind; ich habe dies deshalb getan, weil es so leichter aus dem vorigen abgeleitet werden konnte, aber nicht, weil ich leugnen wollte, daß das

Schwanken der Seele meist durch ein Objekt entsteht, welches die wirkende Ursache beider Affekte ist. Denn der menschliche Körper besteht (nach Post. 1, T. 2) aus sehr vielen Individuen verschiedener Natur, und kann folglich (nach Ax. 1 hinter Lehnsatz 3, nach Lehrsatz 13, T. 2) von einem und demselben Körper auf sehr viele und verschiedene Weisen affiziert werden, und umgekehrt, weil ein und dasselbe Ding auf vielfache Weisen affiziert werden kann, wird es auch auf viele und verschiedene Weisen einen und denselben Teil des Körpers affizieren können. Hieraus können wir leicht erkennen, daß ein und derselbe Gegenstand die Ursache vieler entgegengesetzter Affekte sein kann.

Lehrsatz 18. Der Mensch wird von der Vorstellung eines vergangenen oder künftigen Dinges mit demselben Affekt der Lust und Unlust affiziert, wie von der Vorstellung eines gegenwärtigen Dinges. *Beweis.* Solange der Mensch von der Vorstellung eines Dinges affiziert wird, wird er das Ding, wenn es auch nicht vorhanden ist, als gegenwärtig betrachten (nach Lehrsatz 17, T. 2 mit dem Folgesatz) und stellt es sich nur als vergangen oder zukünftig vor, wenn seine Vorstellung mit der Vorstellung der Vergangenheit oder Zukunft verbunden ist (siehe Anm. zu Lehrsatz 44, T. 2). Daher ist die Vorstellung eines Dinges, bloß an sich betrachtet, dieselbe, sie mag auf Zukunft, Vergangenheit oder Gegenwart bezogen werden, d. h. (nach Folgesatz 2 zu Lehrsatz 16, T. 2) der Zustand oder Affekt des Körpers ist derselbe, es mag eine Vorstellung eines vergangenen, zukünftigen oder gegenwärtigen Dinges sein, und folglich ist der Affekt der Lust und Unlust derselbe, die Vorstellung mag die eines vergangenen, zukünftigen oder gegenwärtigen Dinges sein. W. z. b. w.

Anmerkung 1. Ich nenne hier ein Ding insofern vergangen oder zukünftig, als wir von demselben erregt gewesen sind oder zukünftig affiziert werden. Z. B. sofern wir es gesehen haben oder sehen werden, sofern es uns erquickt hat oder erquicken wird, uns geschadet hat, oder schaden wird usw. Denn insofern wir es uns so vorstellen, bejahen wir sein Dasein, d. h. der Körper wird von keinem Affekt erregt, welcher das Dasein des Dinges ausschließt, also war (nach Lehrsatz 17, T. 2) der Körper von der Vorstellung des Dinges auf dieselbe Weise affiziert, wie wenn das Ding selbst gegenwärtig wäre. Weil aber meist diejenigen, welche viel Erfahrung haben, schwanken, solange sie ein Ding als künftig oder vergangen betrachten und über den Ausgang der Sache meist in Zweifel sind (siehe Anm. zu Lehrsatz 44, T. 2), so sind die Affekte, welche aus solchen Vorstellungen der Dinge entstehen, nicht so beständig, sondern werden meist von den Vorstellungen anderer Dinge getrübt, bis die Menschen über den Ausgang der Sache Gewißheit haben.

Anmerkung 2. Aus dem eben Gesagten erkennen wir, was Hoffnung, Furcht, Zuversicht, Verzweiflung, Freude und Gewissensbiß ist. *Hoffnung ist unbeständige Lust, entsprungen aus der Vorstellung eines künftigen oder vergangenen Dinges, über dessen Ausgang wir zweifelhaft sind. Furcht* hingegen ist *unbeständige Lust, ebenfalls entsprungen aus der Vorstellung eines zweifelhaften Dinges;* wenn dann der Zweifel in diesen Affekten aufgehoben wird, wird aus der Hoffnung *Zuversicht* und aus der Furcht *Verzweiflung,* nämlich Lust *oder Unlust, die aus der Vorstellung eines Dinges entspringen, welches wir gefürchtet oder gehofft haben. Freude* sodann ist Lust, *die aus der Vorstellung eines Dinges entsprungen ist, über dessen Ausgang wir zweifelhaft waren. Gewissensbiß* endlich ist *der Freude entgegengesetzte Unlust.*

Lehrsatz 19. Wer sich vorstellt, daß das, was er liebt, zerstört werde, wird Unlust, stellt er sich aber vor, daß es erhalten wird, wird er Lust empfinden.

Beweis. Der Geist sucht sich, soviel er vermag, das vorzustellen, was das Tätigkeitsvermögen des Körpers vermehrt oder erweitert (nach Lehrsatz 12 dieses Teils), d. h. (nach Anm. zu Lehrsatz 13 dieses Teils) das, was er liebt. Die Vorstellung wird von dem erweitert, was das Dasein des Dinges setzt, und dagegen von dem beschränkt, was das Dasein des Dinges ausschließt (nach Lehrsatz 17, T. 2); demnach fördern die Vorstellungen der Dinge, welche das Dasein des geliebten Gegenstandes setzen, das Bestreben des Geistes, wodurch er den geliebten Gegenstand sich vorzustellen strebt, d. h. (nach Anm. zu Lehrsatz 11 dieses Teils) sie affizieren den Geist mit Lust, und was dagegen das Dasein des geliebten Gegenstandes ausschließt, beschränkt eben dieses Bestreben des Geistes, d. h. (nach derselben Anmerkung) affiziert den Geist mit Unlust. Wer sich daher vorstellt, daß das, was er liebt, zerstört wird, wird Unlust empfinden usw. W. z. b. w.

Lehrsatz 20. Wer sich vorstellt, daß das, was er haßt, zerstört wird, wird Lust empfinden.

Beweis. Der Geist sucht (nach Lehrsatz 13 dieses Teils) sich dasjenige vorzustellen, was das Dasein der Dinge ausschließt, durch welche das Tätigkeitsvermögen des Körpers vermindert oder eingeschränkt wird, d. h. (nach der Anmerkung desselben Lehrsatzes), er sucht sich dasjenige vorzustellen, was das Dasein der Dinge ausschließt, welche er haßt, und darum fördert die

Vorstellung des Dinges, welche das Dasein desjenigen, was der Geist haßt, ausschließt, dieses Bestreben des Geistes, d. h. (nach Anm. zu Lehrsatz 11 dieses Teils) affiziert den Geist mit Lust. Wer sich daher vorstellt, daß das, was er haßt, zerstört wird, wird Lust empfinden. W. z. b. w.

Lehrsatz 21. Wer sich vorstellt, daß das, was er liebt, mit Lust oder Unlust affiziert wird, wird auch mit Lust oder Unlust affiziert werden; und jeder dieser Affekte wird im Liebenden größer oder geringer sein, je nachdem einer davon in dem geliebten Gegenstande größer oder geringer ist.

Beweis. Die Vorstellungen der Dinge (wie wir Lehrsatz 19 dieses Teils gezeigt haben), die das Dasein des geliebten Gegenstandes setzen, fördern das Bestreben des Geistes, wonach er sich den geliebten Gegenstand selbst vorzustellen sucht. Aber die Lust setzt das Dasein des lustempfindenden Gegenstandes und um so mehr, je größer der Affekt der Lust ist; denn er ist (nach Anm. zu Lehrsatz 11 dieses Teils) der Übergang zu größerer Vollkommenheit. Also fördert die Vorstellung der Lust des geliebten Gegenstandes bei dem Liebenden das Bestreben des Geistes selbst, d. h. (nach Anm. zu Lehrsatz 11 dieses Teils) affiziert den Liebenden mit Lust und mit um so größerer, je größer dieser Affekt bei dem geliebten Gegenstande ist. Dies war das erste. Denn sofern ein Ding mit Unlust affiziert wird, sofern wird es zerstört, und das um so mehr, mit je größerer Unlust es affiziert wird (nach derselben Anm. zu Lehrsatz 11 dieses Teils) und folglich (nach Lehrsatz 19 dieses Teils) wer sich vorstellt, daß das, was er liebt, mit Unlust affiziert wird, wird auch mit Unlust affiziert werden, und mit um so größerer, je größer dieser Affekt in dem geliebten Gegenstande gewesen ist. W. z. b. w.

Lehrsatz 22. Wenn wir uns vorstellen, daß jemand ein Ding, das wir lieben, mit Lust affiziert, werden wir mit Liebe zu ihm affiziert werden. Wenn wir uns dagegen vorstellen, daß er es mit Unlust affiziert, werden wir hingegen auch mit Haß gegen ihn affiziert werden.

Beweis. Wer einen Gegenstand, den wir lieben, mit Lust oder Unlust affiziert, der affiziert auch uns mit Lust oder Unlust, wenn wir uns nämlich vorstellen, daß der geliebte Gegenstand mit jener Lust oder Unlust affiziert ist (nach dem vorigen Lehrsatze). Es wird aber angenommen, daß es diese Lust oder Unlust in uns gibt, verbunden mit der Idee einer äußeren Ursache, somit (nach Anm. zu Lehrsatz 13 dieses Teils) wenn wir uns vorstellen, daß jemand den Gegenstand, den wir lieben, mit Lust oder Unlust affiziert, werden wir gegen ihn mit Liebe oder Haß affiziert werden. W. z. b. w.

Anmerkung. Der Lehrsatz 21 zeigt uns, was *Mitleid* heißt, das wir als *Unlust, entsprungen aus dem Unglück eines anderen,* definieren können; wie aber die Lust zu nennen sei, die aus dem Glück eines anderen entspringt, weiß ich nicht. Ferner wollen wir die *Liebe zu dem, der einem andern Gutes getan, Zugeneigtheit,* und dagegen den *Haß gegen den, der einem anderen Böses getan, Entrüstung* nennen. Endlich ist zu bemerken, daß wir nicht nur ein Ding bemitleiden, das wir geliebt haben (wie wir Lehrsatz 21 gezeigt), sondern auch ein solches, für das wir vorher gar keinen Affekt hatten, wenn wir es nur für unseresgleichen halten (wie ich unten zeigen werde), und daß wir also auch gegen denjenigen wohlwollend sind, der jemandem unsersgleichen Gutes tat, und dagegen gegen den entrüstet, der jemandem unsersgleichen Böses zugefügt hat.

Lehrsatz 23. Wer sich vorstellt, daß das, was er haßt, mit Unlust affiziert ist, wird Lust empfinden; wenn er sich dagegen vorstellt, daß es mit Lust affiziert wird, wird er Unlust empfinden, und jeder dieser Affekte wird um so größer oder geringer sein, je nachdem sein Gegenteil in dem gehaßten Dinge größer oder geringer ist.

Beweis. Sofern der gehaßte Gegenstand mit Unlust affiziert wird, sofern wird er zerstört und um so mehr, von je größerer Unlust er affiziert wird (nach Anm. zu Lehrsatz 11 dieses Teils). Wer sich daher vorstellt (nach Lehrsatz 20 dieses Teils), daß das, was er haßt, mit Unlust affiziert wird, wird dagegen mit Lust affiziert werden, und mit um so größerer, mit je größerer Unlust affiziert er sich den verhaßten Gegenstand vorstellt; dies war das erste. Ferner setzt Lust das Dasein des lustempfindenden Gegenstandes (nach derselben Anm. zu Lehrsatz 11 dieses Teils) und um so mehr, desto größer man sich die Lust denkt. Wenn jemand den, den er haßt, sich mit Lust affiziert vorstellt, so wird diese Vorstellung (nach Lehrsatz 13 dieses Teils) sein Streben beschränken, d.h. (nach Anm. zu Lehrsatz 11 dieses Teils) der, welcher haßt, wird von Unlust affiziert werden usw. W. z. b. w.

Anmerkung. Diese Lust kann kaum eine reine sein und ohne einen Zwiespalt des Gemütes bestehen. Denn (wie ich bald in Lehrsatz 27 dieses Teils zeigen werde) sofern sich einer vorstellt, daß jemand seinesgleichen von dem Affekt der Unlust affiziert ist, muß er insofern Unlust empfinden und umgekehrt, wenn er sich vorstellt, daß er von Lust affiziert ist. Aber hier haben wir nur den Haß im Auge.

Lehrsatz 24. Wenn wir uns vorstellen, daß jemand ein Ding, das wir hassen, mit Lust affiziert, werden wir auch gegen ihn von Haß affiziert werden, wenn wir uns dagegen vorstellen, daß er dasselbe Ding mit Unlust affiziere, werden wir von Liebe zu ihm affiziert werden.

Beweis. Dieser Lehrsatz wird ebenso bewiesen wie Lehrsatz 22 dieses Teils. Man vergleiche diesen.

Anmerkung. Diese und ähnliche Regungen des Hasses gehören zum Neid. Der *Neid* ist also nichts anderes als der *Haß* selbst, sofern dieser als den Menschen so disponierend betrachtet wird, daß er sich über das Unglück des anderen freut und sich dagegen über sein Glück betrübt.

Lehrsatz 25. Wir streben, alles das von uns und dem geliebten Gegenstande zu bejahen, wovon wir uns vorstellen, daß es uns oder den geliebten Gegenstand mit Lust affiziert, dagegen alles das zu verneinen, wovon wir uns vorstellen, daß es uns oder den geliebten Gegenstand mit Unlust affiziert.

Beweis. Was wir uns als den geliebten Gegenstand mit Lust oder Unlust affizierend vorstellen, das affiziert uns mit Lust oder Unlust (nach Lehrsatz 21 dieses Teils). Der Geist strebt aber (nach Lehrsatz 12 dieses Teils) so viel er vermag, sich das vorzustellen, was uns mit Lust affiziert, d.h. (nach Lehrsatz 17, T. 2 und Folgesatz) als gegenwärtig zu betrachten, und dagegen (nach Lehrsatz 13 dieses Teils) das Dasein dessen auszuschließen, was uns mit Unlust affiziert. Also streben wir, alles das von uns und dem geliebten Gegenstande zu bejahen, wovon wir uns vorstellen, daß es uns oder den geliebten Gegenstand mit Lust affiziert und umgekehrt. W. z. b. w.

Lehrsatz 26. Wir streben, alles das von dem Gegenstande, den wir hassen, zu bejahen, wovon wir uns vorstellen, daß es ihn mit Unlust affiziert, und dagegen das zu verneinen, wovon wir uns vorstellen, daß es ihn mit Lust affiziert.

Beweis. Dieser Lehrsatz folgt aus Lehrsatz 23, wie der vorherige aus Lehrsatz 21 dieses Teils.

Anmerkung. Hieraus ersehen wir, daß es leicht kommen kann, daß der Mensch von sich und dem geliebten Gegenstande eine größere Meinung hat, als recht ist, und dagegen von dem Gegenstande, den er haßt, eine geringere, als recht ist. Diese Vorstellung auf den Menschen selbst bezogen, der eine größere Meinung als recht ist, von sich hat, heißt Hochmut und ist eine Art Wahnsinn, weil nämlich der Mensch mit offenen Augen träumt, er vermöge alles, was er bloß mit der Vorstellung erreicht, und was er deshalb als real betrachtet und sich daran erfreut, solange er sich das nicht vorstellen kann, was das Dasein von jenem ausschließt, und sein Tätigkeitsvermögen beschränkt. Hochmut ist also eine Lust, die daraus entspringt, daß der Mensch eine größere Meinung von sich hat, als recht ist. Die Lust ferner, welche daraus entspringt, daß der Mensch von einem anderen eine größere Meinung hat, als recht ist, heißt *Überschätzung*, und diejenige heißt *Geringschätzung*, welche daraus entspringt, daß er von einem anderen eine geringere Meinung hat, als recht ist.

Lehrsatz 27. Dadurch, daß wir uns etwas unsersgleichen, zu welchem wir keinen Affekt hatten, von dem Affekt affiziert vorstellen, werden wir eben dadurch von einem ähnlichen Affekt erfüllt.

Beweis. Die Vorstellungen der Dinge sind Affektionen des menschlichen Körpers, deren Ideen uns die äußeren Körper gleichsam als gegenwärtig darstellen (nach der Anm. zu Lehrsatz 17, T. 2), d. h. (nach Lehrsatz 16, T. 2) deren Ideen die Natur unseres Körpers und zugleich die gegenwärtige Natur des äußeren Körpers in sich schließen. Wenn also die Natur des äußeren Körpers der Natur unseres Körpers gleich ist, dann wird die Idee des äußeren Körpers, den wir uns vorstellen, eine Affektion unseres Körpers in sich schließen, die derjenigen des äußeren Körpers gleich ist. Folglich, wenn wir uns vorstellen, daß einer unseresgleichen von einem Affekte erregt ist, so wird diese Vorstellung eine Affektion unseres Körpers ausdrücken, die diesem Affekt ähnlich ist, und also dadurch, daß wir uns vorstellen, daß jemand unseresgleichen von einem Affekt erregt wird, werden wir von einem ihm ähnlichen Affekt erregt. Denn wenn wir etwas unseresgleichen hassen, werden wir insofern (nach Lehrsatz 23 dieses Teils) von einem, jenem entgegengesetzten Affekt erregt werden, nicht aber von einem ähnlichen. W. z. b. w.

Anmerkung. Diese Nachahmung der Affekte heißt, wenn sie sich auf die Unlust bezieht, *Mitleid* (siehe hierüber Anm. zu Lehrsatz 22 dieses Teils), aber auf die Begierde bezogen, *Nacheiferung*, welche also nichts anderes ist, als Begierde nach einem Dinge, die dadurch in uns erzeugt wird, daß wir uns vorstellen, daß andere unseresgleichen dieselbe Begierde haben.

Folgesatz 1. Wenn wir uns vorstellen, daß jemand, zu welchem wir keinen Affekt gehabt haben, etwas unseresgleichen mit Lust affiziert, werden wir von Liebe zu ihm affiziert werden. Wenn wir uns dagegen vorstellen, daß er es mit Unlust affiziert, werden wir dagegen von Haß gegen ihn erregt werden.

Beweis. Dieser Lehrsatz wird ebenso aus dem vorigen bewiesen, wie Lehrsatz 22 dieses Teils aus Lehrsatz 21.

Folgesatz 2. Ein Ding, das wir bemitleiden, können wir deshalb nicht hassen, weil sein Leiden uns mit Unlust erregt.

Beweis. Denn wenn wir es deshalb hassen könnten, dann würden wir uns (nach Lehrsatz 23 dieses Teils) über seine Unlust freuen, was gegen die Voraussetzung ist.

Folgesatz 3. Ein Ding, das wir bemitleiden, werden wir, so viel wir können, von seinem Leiden zu befreien streben.

Beweis. Das, was das Ding, welches wir bemitleiden, mit Unlust affiziert, affiziert auch uns mit gleicher Unlust (nach dem vorigen Lehrsatz) und folglich werden wir suchen, uns alles dessen zu erinnern, was das Dasein dieses letzteren Dinges aufhebt, oder was das Ding zerstört (nach Lehrsatz 13 dieses Teils), d. h. (nach Anm. zu Lehrsatz 9 dieses Teils) wir werden danach gelüsten, oder dazu bestimmt werden, es zu zerstören, und folglich werden wir danach streben, das Ding, welches wir bemitleiden, von seinem Leiden zu befreien. W. z. b. w.

Anmerkung. Dieser Wille oder dieses Verlangen, wohl zu tun, das daraus entspringt, daß wir ein Ding bemitleiden, dem wir eine Wohltat erweisen wollen, heißt *Wohlwollen,* welches also nichts anderes ist, als *eine aus Mitleid entsprungene Begierde.* Was übrigens die Liebe und den Haß gegen den betrifft, der einem Dinge, das wir uns als unseresgleichen vorstellen, Gutes oder Böses erzeugt hat, siehe Anmerkung zu Lehrsatz 22 dieses Teils.

Lehrsatz 28. Alles das, wovon wir uns vorstellen, daß es zur Lust führt, streben wir, in die Wirklichkeit überzuführen. Alles aber, wovon wir uns vorstellen, daß es derselben widerstrebt oder zur Unlust führt, suchen wir wegzuschaffen oder zu vernichten.

Beweis. Wir suchen, so viel wir vermögen, das uns vorzustellen, wovon wir uns vorstellen, daß es zur Lust führe (nach Lehrsatz 12 dieses Teils), d. h. (nach Lehrsatz 17, T. 2) wir suchen es so viel als möglich als gegenwärtig oder als wirklich daseiend zu betrachten. Aber das Bestreben des Geistes oder das Denkvermögen ist von Natur gleich und zusammen mit dem Bestreben des Körpers oder dem Tätigkeitsvermögen (wie aus Folgesatz zu Lehrsatz 7 und Folgesatz zu Lehrsatz 11, T. 2 deutlich folgt). Wir streben also absolut, oder (was nach Anm. zu Lehrsatz 9 dieses Teils dasselbe ist) wir begehren und bezwecken, daß dieses da sei. Dies war das erste. Ferner, wenn wir uns vorstellen, daß das, was wir für die Ursache der Unlust halten, d. h. (nach Anm. zu Lehrsatz 13 dies. Teils) daß das, was wir hassen, vernichtet wird, werden wir Lust empfinden (nach Lehrsatz 20 dieses Teils), und folglich werden wir (nach dem ersten Teil dieses Beweises) suchen, es zu vernichten oder wegzuschaffen (nach Lehrsatz 13 dieses Teils), um es nicht als gegenwärtig zu betrachten. Dies war das zweite. Wir suchen also alles das, wovon wir uns vorstellen, daß es zur Lust usw. W. z. b. w.

Lehrsatz 29. Wir werden auch alles das zu tun streben, wovon wir uns vorstellen, daß dieMenschen es mit Lust ansehen, und dagegen das zu tun vermeiden, wovon wir uns vorstellen, daß die Menschen es vermeiden.

Beweis. Wenn wir uns vorstellen, daß die Menschen etwas lieben oder hassen, werden wir dasselbe auch lieben oder hassen (nach Lehrsatz 27 dieses Teils), d. h. (nach Anm. zu Lehrsatz 13 dieses Teils) eben dadurch werden wir Lust oder Unlust über die Gegenwart dieses Dinges empfinden, und folglich (nach dem vorigen Lehrsatz) werden wir alles das zu tun streben, wovon wir uns vorstellen, daß die Menschen es lieben oder mit Lust ansehen usw. W. z. b. w.

Anmerkung. Dieses Bestreben, etwas zu tun, sowie auch zu unterlassen, bloß aus dem Grunde, damit wir den Menschen gefallen, heißt *Ehrgeiz*, besonders wenn wir so übermäßig der großen Menge zu gefallen streben, daß wir zu unserem oder auch eines anderen Schaden etwas tun oder unterlassen; sonst nennt man es gewöhnlich *Menschenfreundlichkeit*. Die Lust, womit wir uns die Tat eines anderen vorstellen, durch welche er uns zu ergötzen suchte, nenne ich *Lob*; die Unlust aber, wonach wir im Gegenteile seine Tat mißbilligen, nenne ich *Tadel*.

Lehrsatz 30. Wenn jemand etwas getan hat, wovon er sich vorstellt, daß es die anderen mit Lust affiziert, wird er von Lust affiziert werden, verbunden mit der Idee seiner selbst, als der Ursache, oder er wird sich selbst mit Lust betrachten; wenn er dagegen etwas getan hat, wovon er sich vorstellt, daß es die anderen mit Unlust affiziert, wird er dagegen sich selbst mit Unlust betrachten.

Beweis. Wer sich vorstellt, daß er die anderen mit Lust oder Unlust affiziert, wird eben dadurch (nach Lehrsatz 27 dieses Teils) von Lust oder Unlust affiziert werden. Da aber der Mensch (nach Lehrsatz 19 und 23, T. 2) durch die Affektionen, wodurch er zum Handeln bestimmt wird, sich seiner bewußt ist, so wird also der, welcher etwas getan hat, wovon er sich selber vorstellt, daß es die anderen mit Lust affiziert, von Lust affiziert werden, mit dem Bewußtsein seiner selbst als der Ursache, oder er wird sich selbst mit Lust betrachten und umgekehrt. W. z. b. w.

Anmerkung. Da die Liebe (nach Anm. zu Lehrsatz 13 dieses Teils) Lust ist, verbunden mit der Idee einer äußeren Ursache, und der Haß Unlust, ebenfalls verbunden mit der Idee einer äußeren Ursache, so wird also diese Lust und Unlust eine Art der Liebe des Hasses sein. Weil aber Liebe und Haß sich auf äußere Gegenstände beziehen, so werden wir diese Affekte mit anderen Namen bezeichnen, nämlich Lust, verbunden mit der Idee einer äußeren Ursache, werden wir Ruhm nennen, und die diesem entgegengesetzte Unlust, Schimpf, wenn nämlich Lust oder Unlust daraus entsteht, daß der Mensch glaubt, er werde gelobt oder getadelt. Sonst nenne ich Lust, verbunden mit der Idee einer äußeren Ursache, *Zufriedenheit mit sich selber,* die aber ihr entgegengesetzte Unlust, *Reue.* Wenn ferner (nach Folgesatz zu Lehrsatz 17, T. 2) die Lust, womit jemand die anderen zu affizieren sich vorstellt, möglicherweise allein in seiner Vorstellung sein kann, und (nach Lehrsatz 25 dieses Teils) jeder alles das von sich vorzustellen strebt, wovon er sich vorstellt, daß es ihn mit Lust affiziert, so ist es demnach leicht möglich, daß der Berühmte hochmütig ist und sich vorstellt, daß er allen angenehm sei, wahrend er allen lästig ist.

Lehrsatz 31. Wenn wir uns vorstellen, daß einer etwas liebt, begehrt oder haßt, was wir selber lieben oder hassen, so werden wir eben dadurch das Ding beständiger lieben oder hassen usw. Wenn wir uns aber vorstellen, daß er das, was wir lieben, verschmäht, oder umgekehrt, dann werden wir ein Schwanken der Seele erleiden.

Beweis. Schon dadurch, daß wir uns vorstellen, daß einer etwas liebt, werden wir eben dadurch dasselbe lieben (nach Lehrsatz 27 dieses Teils). Wir setzen aber voraus, daß wir dasselbe ohnedies lieben; es tritt also eine neue Ursache zur Liebe hinzu, wodurch sie genährt wird, und sonach werden wir das, was wir lieben, eben dadurch um so beständiger lieben. Ferner, schon dadurch, daß wir uns vorstellen, daß einer etwas verschmäht, werden wir es verschmähen (nach demselben Lehrsatz). Wenn wir aber annehmen, daß wir zu derselben Zeit eben dies lieben, werden wir also zu derselben Zeit dasselbe lieben und verschmähen, oder (siehe Anm. zu Lehrsatz 17 dieses Teils) wir werden ein Schwanken der Seele erleiden, W. z. b. w.

Folgesatz. Hieraus und aus Lehrsatz 28 dieses Teils folgt, daß jeder, soweit er vermag, dahin strebt, daß jeder, was er selbst liebt, auch liebt und das haßt, was er selbst haßt. Daher sagt der Dichter:

„Hoffen zugleich und fürchten zugleich muß jeder, der liebet";
„Eisern ist, wer das Herz liebt, das ein andere" verließ."

Anmerkung. Dieses Bestreben zu bewirken, daß alle mit in dem, was wir lieben und hassen, beistimmen, ist eigentlich Ehrgeiz (siehe Anm. zu Lehrsatz 29 dieses Teils). Und so sehen wir, daß jeder von Natur begehrt, daß die Übrigen nach seinem Sinne leben. Wenn dieses alle gleicherweise begehren, sind sie sich gleicherweise im Wege, und während sie alle von allen gelobt oder geliebt sein wollen, sind sie einander verhaßt.

Lehrsatz 32. Wenn wir uns vorstellen, daß jemand sich eines Dinges erfreut, das nur einer allein besitzen kann, werden wir zu bewirken suchen, daß er das Ding nicht besitzt.

Beweis. Schon dadurch, daß wir uns vorstellen, daß jemand sich eines Dinges erfreut, werden wir (nach Lehrsatz 17 dieses Teils nebst Folgesatz 1) dieses Ding lieben und danach begehren, uns dessen zu erfreuen. Aber (nach der Voraussetzung) stellen wir uns als ein Hindernis dieser Lust vor, daß jener sich eben dieses Dinges erfreut; also (nach Lehrsatz 28 dieses Teils) werden wir zu bewirken suchen, daß er es nicht besitze. W. z. b. w.

Anmerkung. Wir sehen also, daß es mit der Natur der Menschen meist so beschaffen ist, daß man die, denen es schlecht geht, bemitleidet, und die, denen es wohl geht, beneidet, und zwar (nach dem vorigen Lehrsatz) mit um so größerem Hasse, je mehr man das Ding liebt, in dessen Besitz man sich einen anderen vorstellt. Wir sehen ferner, daß aus derselben Eigenschaft der menschlichen Natur, aus welcher folgt, daß die Menschen mitleidig sind, auch folgt, daß sie neidisch und ehrsüchtig sind. Wenn wir endlich die Erfahrung selbst zu Rate ziehen wollen, werden wir erfahren, daß sie selbst alles dieses lehrt, besonders wenn wir auf die früheren Jahre unseres Lebens achten. Denn wir machen die Erfahrung, daß die Kinder, weil ihr Körper beständig wie im Gleichgewichte ist, schon deshalb weinen oder lachen, weil sie andere lachen oder weinen sehen, ferner wollen sie, was sie andere tun sehen, sogleich nachahmen, und begehren schließlich alles für sich, wodurch sie sich vorstellen, daß andere sich dessen erfreuen, weil nämlich die Vorstellungen der Dinge, wie wir gesagt haben, die Affektionen des menschlichen Körpers selbst sind, oder Modi, wodurch der menschliche Körper von äußeren Ursachen affiziert und disponiert wird, dieses oder jenes zu tun.

Lehrsatz 33. Wenn wir etwas unseresgleichen lieben, suchen wir, so viel wir können, zu bewirken, daß es uns wieder liebt.

Beweis. Ein Ding, das wir lieben, suchen wir vorzugsweise, soviel wir können, uns vorzustellen (nach Lehrsatz 12 dieses Teils). Wenn also das Ding unseresgleichen ist, werden wir es vorzugsweise mit Lust zu affizieren (nach Lehrsatz 29 dieses Teils) oder, soviel als möglich, zu bewirken suchen, daß der geliebte Gegenstand mit Lust affiziert werde, verbunden mit der Idee von uns, d. h. (nach Anm. zu Lehrsatz 13 dieses Teils) daß es uns wieder liebt. W. z. b. w.

Lehrsatz 34. Je größer wir uns den Affekt vorstellen, den der geliebte Gegenstand gegen uns hat, desto rühmlicher werden wir uns erscheinen.

Beweis. Wir streben, soviel wir können, danach, daß der geliebte Gegenstand uns wieder liebe (nach dem vorigen Lehrsatz), d. h. (nach Anm. zu Lehrsatz 13 dieses Teils), daß der geliebte Gegenstand mit Lust affiziert wird, verbunden mit der Idee von uns. Je größer wir uns also die Lust vorstellen, womit der geliebte Gegenstand um unsertwillen affiziert ist, desto mehr wird dieses Bestreben befördert, d. h. (nach Lehrsatz 11 dieses Teils nebst Anm.) mit desto größerer Lust werden wir affiziert. Wenn wir aber darüber Lust empfinden, weil wir einen anderen unseresgleichen mit Lust affiziert haben, dann betrachten wir uns selbst mit Lust (nach Lehrsatz 30 dieses Teils). Je größer wir uns also den Affekt vorstellen, mit dem der geliebte Gegenstand gegen uns affiziert ist, mit desto größerer Lust werden wir uns selbst betrachten oder (nach Anm. zu Lehrsatz 30 dieses Teils), desto rühmlicher werden wir uns erscheinen. W. z. b. w.

Lehrsatz 35. Wenn sich jemand vorstellt, daß der geliebte Gegenstand durch ein gleiches oder engeres Band der Freundschaft sich mit einem anderen verbinde, als das war, wodurch er allein dasselbe im Besitz hatte, so wird er mit Haß gegen den geliebten Gegenstand affiziert werden und jenen anderen beneiden.

Beweis. Man erscheint sich um so rühmlicher, je größer man sich die Liebe vorstellt, womit der geliebte Gegenstand gegen jemanden affiziert ist (nach dem vorigen Lehrsatz), d. h. (nach Anm. zu Lehrsatz 30 dieses Teils), man hat um so mehr Lust, und folglich (nach Lehrsatz 28 dieses Teils) wird man so viel als möglich sich vorzustellen suchen, daß der geliebte Gegenstand auf das engste mit ihm verbunden ist. Dieses Bestreben oder dieses Verlangen wird gehegt, wenn man einen anderen dasselbe begehrend sich vorstellt (nach Lehrsatz 31 dieses Teils). Es wird aber angenommen, daß dieses Bestreben oder dieses Verlangen eingeschränkt wird von der Vorstellung des geliebten Gegenstandes selbst, verbunden mit der Vorstellung dessen, mit dem der geliebte Gegenstand sich verbindet. Also würde man (nach Anm. zu Lehrsatz 11 dieses Teils) eben dadurch mit Unlust affiziert werden, verbunden mit der Idee des geliebten Gegenstandes, als der Ursache, und zugleich mit der Vorstellung des anderen, d. h. (nach der Anm. zu Lehrsatz 13 dieses Teils) man wird mit Haß gegen den geliebten Gegenstand affiziert werden und zugleich gegen jenen anderen (nach Folgesatz zu Lehrsatz 15 dieses Teils), den er deshalb (nach Lehrsatz 13 dieses Teils), weil er sich des geliebten Gegenstandes erfreut, beneiden wird. W. z. b. w.

Anmerkung. Dieser mit Neid verbundene Haß gegen den geliebten Gegenstand heißt Eifersucht, welche also nichts anderes ist, als das Schwanken der Seele, entsprungen aus Haß und Liebe zugleich, verbunden mit der Idee eines anderen, den man beneidet. Sodann wird dieser Haß gegen den geliebten Gegenstand größer sein, nach Maßgabe der Lust, womit der Eifersüchtige durch die gegenseitige Liebe des geliebten Gegenstandes affiziert zu werden pflegte, und auch nach Maßgabe des Affektes, mit dem er gegen den affiziert war, mit welchem der geliebte Gegenstand sich seiner Vorstellung nach vereinigt. Denn wenn er ihn haßte, wird er eben dadurch den geliebten Gegenstand (nach Lehrsatz 24 dieses Teils) hassen, weil er sich vorstellt, daß er das, was er selber haßt, mit Lust affiziert, und auch (nach Folgesatz zu Lehrsatz 15 dieses Teils) deshalb, weil er gezwungen wird, die Vorstellung des geliebten Gegenstandes mit der Vorstellung dessen, den er haßt, zu verbinden. Dieses findet meist bei der Frauenliebe statt; denn wer sich vorstellt, daß ein Weib, das er liebt, sich einem anderen preisgibt, wird nicht bloß deshalb Unlust haben, weil sein Verlangen gehemmt wird, sondern er verabscheut es auch, weil er die Vorstellung des geliebten Gegenstandes mit den Schamteilen und den Entleerungen eines anderen zu verbinden gezwungen ist. Hierzu kommt endlich, daß der Eifersüchtige nicht mit derselben Miene, die ihm der geliebte Gegenstand zu zeigen pflegte, von diesem aufgenommen wird, und auch darum hat der Liebende Unlust, wie ich gleich zeigen werde.

Lehrsatz 36. Wer sich des Gegenstandes erinnert, woran er sich einmal erfreute, wünscht denselben unter gleichen Umständen zu besitzen, als da er zum ersten Male sich dessen erfreute.

Beweis. Alles, was der Mensch zugleich mit dem Gegenstande sah, der ihn erfreut hat, wird (nach Lehrsatz 15 dieses Teils) zufällig Ursache der Lust sein, und folglich (nach Lehrsatz 28 dieses Teils) wird er alles dieses zugleich mit dem Gegenstande, der ihn erfreute, zu besitzen wünschen, oder er wird den Gegenstand unter allen den Umständen zu besitzen wünschen, als da er zum ersten Male sich daran erfreute. W. z. b. w.

Folgesatz. Wenn daher der Liebende die Erfahrung macht, daß einer der Umstände fehlt, wird er Unlust empfinden.

Beweis. Denn sofern er die Erfahrung macht, daß ein Umstand fehlt, stellt er sich etwas vor, was das Dasein dieses Gegenstandes ausschließt. Da er aber jenen Gegenstand oder jenen Umstand (nach dem vorigen Lehrsatz) wünscht, wird er Unlust empfinden aus Liebe (nach Lehrsatz 19 dieses Teils), sofern er sich vorstellt, daß er fehlt. W. z. b. w.

Anmerkung. Diese Unlust, sofern sie sich auf die Abwesenheit dessen bezieht, was wir lieben, heißt Sehnsucht.

Lehrsatz 37. Die Begierde, welche aus Unlust oder Lust, aus Haß oder Liebe entsteht, ist um so größer, je größer der Affekt ist.

Beweis. Unlust vermindert oder beschränkt (nach Anm. zu Lehrsatz II dieses Teils) das Tätigkeitsvermögen des Menschen, d. h. (nach Lehrsatz 7 dieses Teils) vermindert oder beschränkt das Streben, wonach der Mensch in seinem Sinn zu beharren strebt, und ist folglich (nach Lehrsatz 5 dieses Teils) diesem Streben entgegengesetzt. Alles, was der von Unlust affizierte Mensch anstrebt, ist, die Unlust zu entfernen; aber (nach der Def. der Unlust) je größer die Unlust ist, einem um desto größeren Teil des menschlichen Tätigkeitsvermögens steht sie notwendig entgegen; also je größer die Unlust ist, mit desto größerem Tätigkeitsvermögen wird der Mensch dagegen streben, die Unlust zu entfernen, d. h. (nach Anm. zu Lehrsatz 9 dieses Teils) mit desto größerer Begierde oder Verlangen wird er die Unlust zu entfernen suchen. Da ferner Lust auch (nach Anm. zu Lehrsatz 11 dieses Teils) das Tätigkeitsvermögen des Menschen vermehrt oder erweitert, so wird leicht auf dieselbe Weise bewiesen, daß der mit Lust affizierte Mensch nichts anderes wünscht, als dieses sich zu erhalten, und zwar mit um so größerer Begierde, je größer die Lust ist. Endlich, da Haß und

Liebe an sich die Affekte der Unlust oder Lust sind, folgt auf dieselbe Weise, daß das Bestreben, Verlangen oder die Begierde, die aus Haß oder Liebe entstehen, nach Maßgabe des Hasses und der Liebe größer sein werden. W. z. b. w.

Lehrsatz 38. Wenn jemand einen geliebten Gegenstand zu hassen begonnen hat, so daß die Liebe völlig vertilgt wird, wird er ihn bei gleicher Ursache mehr hassen, als wenn er ihn nie geliebt hätte, und um so mehr, je größer die Liebe vorher gewesen.

Beweis. Denn, wenn jemand den Gegenstand, den er liebt, zu hassen beginnt, so werden mehr Triebe bei ihm eingeschränkt, als wenn er ihn nie geliebt hätte. Denn Liebe ist Lust (nach Anm. zu Lehrsatz 13 dieses Teils), welche der Mensch so viel als möglich zu erhalten sucht (nach Lehrsatz 28 dieses Teils), und zwar (nach derselben Anm. zu Lehrsatz 13 dieses Teils) dadurch, daß er den geliebten Gegenstand als gegenwärtig betrachtet und ihn (nach Lehrsatz 21 dieses Teils) so viel als möglich mit Lust affiziert. Dieses Bestreben ist (nach dem vorigen Lehrsatz) um so größer, je größer die Liebe ist, sowie auch das Bestreben, zu bewirken, daß der geliebte Gegenstand ihn wieder liebt (siehe Lehrsatz 22 dieses Teils). Diese Bestrebungen werden aber durch den Haß gegen den geliebten Gegenstand eingeschränkt (nach Folgesatz zu Lehrsatz 13 und nach Lehrsatz 23 dieses Teils), also auch aus dieser Ursache wird (nach Anm. zu Lehrsatz 11 dieses Teils) der Liebende mit Unlust affiziert und mit desto größerer, je größer die Liebe war, d. h. außer der Unlust, welche die Ursache des Hasses war, entsteht eine andere daraus, daß er den Gegenstand geliebt hat. Folglich wird er mit einem größeren Unlustaffekt den geliebten Gegenstand betrachten, d. h. (nach Anm. zu Lehrsatz 13 dieses Teils) er wird ihn mehr hassen, als wenn er ihn nicht geliebt hätte, und um so mehr, je größer die Liebe gewesen war. W. z. b. w.

Lehrsatz 39. Wer jemanden haßt, wird ihm Übles zuzufügen suchen, wenn er nicht fürchtet, daß für ihn selbst ein größeres Übel daraus entsteht und umgekehrt, wer jemanden liebt, wird ihm nach derselben Regel wohlzutun suchen.

Beweis. Jemanden hassen, ist (nach Anm. zu Lehrsatz 13 dieses Teils) jemanden sich als Ursache der Unlust vorstellen, und folglich wird (nach Lehrsatz 28 dieses Teils) derjenige, der jemanden haßt, diesen zu entfernen oder zu vernichten streben. Wenn er aber dadurch für sich etwas Unangenehmeres oder (was dasselbe ist) ein größeres Übel befürchtet und glaubt, er könne dieses dadurch vermeiden, daß er dem Gehaßten das zugedachte Übel nicht zufügt, wird er (nach demselben Lehrsatz 28 dieses Teils) es aufzugeben suchen, ihm das Übel zuzufügen; und zwar (nach Lehrsatz 37 dieses Teils) ist dieses Bestreben stärker, als das war, welches ihn trieb, ihm das Übel zuzufügen und wird deshalb obsiegen, wie wir annahmen. Der Beweis des zweiten Teils ist ebenso. Also wer jemanden haßt usw. W. z. b. w.

Anmerkung. Ich verstehe hier unter gut jede Gattung der Lust und ferner alles, was dazu führt, und hauptsächlich diejenige, die alle Sehnsucht, welche sie auch sei, befriedigt; unter übel aber jede Gattung der Unlust und hauptsächlich diejenige, welche die Sehnsucht unbefriedigt läßt. Denn oben (in der Anm. zu Lehrsatz 9 dieses Teils) haben wir gezeigt, daß wir nichts begehren, weil wir es für gut halten, sondern im Gegenteil das gut nennen, was wir begehren, und folglich nennen wir das übel, wovor wir Abscheu haben. Daher beurteilt oder schätzt jeder nach seinem Affekt, was gut, übel, besser, schlimmer, und was endlich das Beste und das Schlimmste ist. So hält der Habsüchtige einen Haufen Gold für das Beste, dessen Mangel aber für das Schlimmste. Der Ehrsüchtige aber begehrt nichts so sehr als den Ruhm, und fürchtet dagegen nichts so sehr als die Schande. Dem Neidischen ferner ist nichts angenehmer als das Unglück eines anderen, und nichts unangenehmer als fremdes Glück; und so urteilt jeder nach seinem Affekt, daß ein Ding gut oder übel, nützlich oder unnütz ist. Übrigens heißt dieser Affekt, wodurch der Mensch so disponiert ist, daß er das, was er eigentlich will, nicht will, oder daß er das, was er nicht will, will, Angst, die also nichts anderes ist als Furcht, *sofern der Mensch von ihr disponiert wird, das von ihm für zukünftig gehaltene Übel durch ein kleineres zu vermeiden* (siehe Lehrsatz 28 dieses Teils). Wenn aber das Übel, das er besorgt, Schande ist, nennt man die Angst vor Schande Scheu. Wenn schließlich das Verlangen, ein zukünftiges Übel zu vermeiden, durch die Angst vor einem anderen Übel eingeschränkt wird, so daß man nicht weiß, was man lieber will, so heißt die Furcht Bestürzung, vornehmlich wenn beide Übel, die man befürchtet, zu den größten gehören.

Lehrsatz 40. Wer sich vorstellt, daß er von jemanden gehaßt wird und ihm keine Ursache zum Hasse gegeben zu haben glaubt, wird ihn wieder hassen.

Beweis. Wer sich einen mit Haß Affizierten vorstellt, wird eben dadurch auch mit Haß affiziert werden (nach Lehrsatz 27 dieses Teils), d. h. (nach Anm. zu Lehrsatz 13 dieses Teils) mit Unlust, verbunden mit der Idee einer äußeren Ursache. Aber er selbst stellt sich (nach der Voraussetzung) als die Ursache dieser Unlust nur den vor, der ihn haßt; also wird er dadurch, daß er sich, als von jemanden gehaßt, vorstellt, mit Unlust affiziert werden, verbunden mit der

Idee dessen, der ihn haßt, oder (nach derselben Anm.) er wird ihn hassen. W. z. b. w.

Anmerkung. Wenn er sich vorstellte, daß er eine gerechte Ursache zum Hasse gegeben habe, dann würde (nach Lehrsatz 30 dieses Teils und Anm.) er mit Scham affiziert werden. Dies ist aber (nach Lehrsatz 25 dieses Teils) selten der Fall. Außerdem kann diese Gegenseitigkeit des Hasses auch daraus entstehen, daß Haß auf das Bestreben folgt, demjenigen Übles zuzufügen, den man haßt (nach Lehrsatz 39 dieses Teils). Wer sich also vorstellt, daß er von jemanden gehaßt wird, wird ihn sich als Ursache eines Übels oder der Unlust vorstellen und wird also mit Unlust oder mit Furcht affiziert werden, verbunden mit der Idee dessen, der ihn haßt, als Ursache, d.h. auch er wird mit Haß affiziert werden, wie oben.

Folgesatz 1. Wer sich vorstellt, daß der, den er liebt, mit Haß gegen ihn affiziert ist, wird von Haß und Liebe zugleich bestürmt werden, denn sofern er sich vorstellt, daß er von ihm gehaßt wird, wird er (nach obigem Lehrsatz) bestimmt, ihn wieder zu hassen. Aber (nach der Voraussetzung) liebt er ihn dessen ungeachtet; er wird also zugleich von Haß und Liebe bestürmt werden.

Folgesatz 2. Wenn sich jemand vorstellt, daß ihm von jemand, gegen den er vorher keinen Affekt hatte, aus Haß ein Übel zugefügt sei, so wird er alsbald ihm dasselbe Übel wieder zuzufügen suchen.

Beweis. Wer sich vorstellt, daß jemand mit Haß gegen ihn affiziert sei, wird ihn (nach dem vorigen Lehrsatz) wieder hassen und (nach Lehrsatz 26 dieses Teils) alles dessen sich zu erinnern suchen, was ihn mit Unlust affizieren kann, und (nach Lehrsatz 39 dieses Teils) ihm dies zuzufügen streben. Aber (nach der Voraussetzung) das erste, was er sich von dieser Art vorstellt, ist das ihm zugefügte Übel; also wird er sogleich suchen, ihm dasselbe zuzufügen. W. z. b. w.

Anmerkung. Das Bestreben, dem Übles zuzufügen, den wir hassen, heißt Zorn; das Bestreben aber, ein uns zugefügtes Übel wieder zu vergelten, heißt Rache. **Lehrsatz 41**. Wenn sich jemand vorstellt, daß er von jemand geliebt wird und keine Ursache dazu gegeben zu haben glaubt (dies ist möglich nach Folgesatz zu Lehrsatz 15 und nach Lehrsatz 16 dieses Teils), so wird er ihn wieder lieben.

Beweis. Dieser Lehrsatz wird auf dieselbe Weise bewiesen, wie der vorige. (Siehe auch die Anm. dazu.)

Anmerkung. Wenn er gerechte Ursache zur Liebe gegeben zu haben glaubt, wird er sich rühmlich erscheinen (nach Lehrsatz 30 dieses Teils mit der Anm.). Dies ist (nach Lehrsatz 25 dieses Teils) häufiger der Fall, während, wie wir sagten, das Gegenteil dann stattfindet, wenn sich jemand vorstellt, daß er von jemanden gehaßt wird. (Siehe Anm. zum vorigen Lehrsatz.) Ferner heißt diese gegenseitige Liebe und folglich (nach Lehrsatz 39 dieses Teils) das Bestreben, demjenigen wohlzutun, der uns liebt und der uns (nach demselben Lehrsatze 39 dieses Teils) wohlzutun sucht: Dank oder Dankbarkeit, und sonach erhellt, daß die Menschen weit mehr zur Rache als zur Entgeltung einer Wohltat bereit sind.

Folgesatz. Wer sich vorstellt, daß er von dem, den er haßt, geliebt wird, wird von Haß und Liebe zugleich bestürmt. – Dies wird auf dieselbe Weise bewiesen wie der erste Folgesatz des vorigen Lehrsatzes.

Anmerkung. Wenn der Haß überwiegt, so wird er demjenigen Übles zuzufügen suchen, von dem er geliebt wird; dieser Affekt heißt Grausamkeit, vornehmlich, wenn man glaubt, daß der Liebende keine allgemeine Ursache zum Hasse gegeben hat.

Lehrsatz 42. Wer aus Liebe oder aus Hoffnung auf Ruhm jemandem eine Wohltat erzeugt hat, wird Unlust empfinden, wenn er sieht, daß die Wohltat mit undankbarer Seele angenommen wird.

Beweis. Wer jemanden seinesgleichen liebt, strebt soviel als möglich zu bewirken, daß er von demselben wieder geliebt wird (nach Lehrsatz 33 dieses Teils). Wer daher aus Liebe jemandem eine Wohltat erwies, tut dieses von dem Wunsche beseelt, wieder geliebt zu werden, d. h. (nach Lehrsatz 34 dieses Teils) aus Hoffnung auf Ruhm oder (nach der Anm. zu Lehrsatz 30 dieses Teils) auf Lust. Also wird er (nach Lehrsatz 12 dieses Teils) streben, sich diese Ursache des Ruhms soviel als möglich vorzustellen, oder als wirklich daseiend zu betrachten. Aber (nach der Voraussetzung) stellt ei sich etwas anderes vor, was das Dasein dieser Ursache ausschließt, also hat er (nach Lehrsatz 19 dieses Teils) eben darüber Unlust. W. z. b. w.

Lehrsatz 43. Haß wird durch gegenseitigen Haß gesteigert, kann dagegen durch Liebe getilgt werden.

Beweis. Stellt sich jemand vor, daß der, den er haßt, mit Haß gegen ihn affiziert ist, so entsteht eben dadurch (nach Lehrsatz 40 dieses Teils) neuer Haß, während (nach der Voraussetzung) der erstere noch dauert. Wenn er sich denselben dagegen als mit Liebe zu ihm affiziert vorstellt, betrachtet er, sofern er sich dies vorstellt, sich selbst mit Lust (nach Lehrsatz 30 dieses Teils), und wird in dieser Hinsicht (nach Lehrsatz 29 dieses Teils) ihm zu gefallen streben, d. h. (nach Lehrsatz 41 dieses Teils) er strebt, insofern ihn nicht zu hassen und mit keiner Unlust zu affizieren. Dieses Bestreben wird (nach Lehrsatz 37 dieses Teils) größer oder geringer sein, je nach Maßgabe des Affektes, aus dem es entsteht. Und folglich, wenn es größer ist als das, welches aus dem Hasse entsteht und wonach es den gehaßten Gegenstand (nach Lehrsatz 26 dieses Teils) mit Unlust zu affizieren strebt, wird es obsiegen und den Haß aus der Seele tilgen. W. z. b. w.

Lehrsatz 44. Der Haß, der von Liebe gänzlich besiegt wird, geht in Liebe über, und die Liebe ist infolgedessen größer, als wenn der Haß nicht vorangegangen wäre.

Beweis. Dieser erfolgt auf dieselbe Art, wie der des Lehrsatzes 38 dieses Teils. Denn wer den Gegenstand, den er haßte oder den er mit Unlust zu betrachten gewohnt war, zu lieben anfängt, hat schon dadurch Lust, daß er liebt und zu dieser Lust, welche die Liebe in sich schließt (siehe die Def. derselben in der Anm. zu Lehrsatz 13 dieses Teils), kommt noch diejenige hinzu, die daraus entsteht, daß das Bestreben, die Unlust, die der Haß in sich schließt, zu entfernen (wie ich Lehrsatz 37 dieses Teils gezeigt habe) durchaus unterstützen wird, verbunden mit der Idee dessen, den man haßte, als der Ursache.

Anmerkung. Obgleich sich die Sache so verhält, so wird doch niemand einen Gegenstand zu hassen oder mit Unlust affiziert zu werden streben, um dieser größeren Lust zu genießen, d. h. niemand wird in der Hoffnung des Schadenersatzes Schaden zu leiden wünschen, noch sich sehnen, krank zu sein, in der Hoffnung der Genesung. Denn jeder wird immer danach streben, sein Sein zu erhalten und die Unlust, soviel er vermag, zu entfernen. Könnte es anders begriffen werden, daß der Mensch wünschen könnte, jemanden zu hassen, um ihn hernach mit größerer Liebe zu umfassen, dann wird er sich immer sehnen, ihn zu hassen; denn je größer der Haß gewesen, desto größer wird die Liebe sein, und folglich wird er sich stets sehnen, daß der Haß immer mehr und mehr wachse, und aus demselben Grunde wird der Mensch streben, immer mehr und mehr krank zu werden, um durch Wiederherstellung der Gesundheit nachher eine desto größere Lust zu genießen, und folglich wird er immer krank zu sein streben, was (nach Lehrsatz 6 dieses Teils) widersinnig ist.

Lehrsatz 45. Wenn sich jemand vorstellt, daß einer seinesgleichen gegen einen Gegenstand seinesgleichen mit Haß erfüllt ist, so wird er ihn hassen.

Beweis. Denn der geliebte Gegenstand haßt den hassenden wiederum (nach Lehrsatz 40 dieses Teils). Der Liebende also, der sich vorstellt, daß einer den geliebten Gegenstand haßt, stellt sich eben deshalb vor, daß der geliebte Gegenstand mit Haß, das heißt (nach der Anm. zu Lehrsatz 13 dieses Teils) mit Unlust affiziert sei, und hat folglich Unlust (nach Lehrsatz 21 dieses Teils), und zwar verbunden mit der Idee dessen, der den geliebten Gegenstand haßt, als der Ursache, das heißt (nach Anm. zu Lehrsatz 13 dieses Teils) er wird diesen hassen. W. z. b. w.

Lehrsatz 46. Wenn jemand von einem aus anderem Stande oder Volke, die von dem seinigen verschieden sind, mit Lust oder Unlust affiziert wird, verbunden mit der Idee desselben unter dem allgemeinen Namen des Standes oder Volkes als der Ursache, so wird er nicht nur diesen, sondern alle von demselben Stande oder Volke lieben oder hassen.

Beweis. Der Beweis hiervon erhellt aus Lehrsatz l6 dieses Teils.

Lehrsatz 47. Die Lust, welche daraus entsteht, daß wir uns vorstellen, daß ein uns verhaßter Gegenstand zerstört oder von einem anderen Übel affiziert werde, entsteht nicht ohne einige Unlust der Seele.

Beweis. Dieser erhellt aus Lehrsatz 27 dieses Teils. Denn insofern wir uns etwas Unseresgleichen als von Unlust affiziert vorstellen, insofern haben wir Unlust.

Anmerkung. Dieser Lehrsatz kann auch aus dem Folgesatz zu Lehrsatz 17, Teil 2 bewiesen werden. Denn so oft wir uns eines Dinges erinnern, obgleich es nicht wirklich da ist, betrachten wir es bloß als gegenwärtig, und der Körper wird auf dieselbe Weise affiziert. Insofern daher das Andenken an einen Gegenstand lebendig ist, insofern wird der Mensch bestimmt, ihn mit Unlust zu betrachten. Diese Bestimmung wird zwar, während noch die Vorstellung des Dinges bleibt, durch das Andenken an jene Dinge eingeschränkt, die das Dasein von diesem ausschließen, aber nicht aufgehoben. Und folglich hat der Mensch nur insofern Lust, als diese Bestimmung eingeschränkt wird; und daher kommt es, daß diese Lust, welche aus dem Übel des verhaßten Gegenstandes entsteht, sich so oft wiederholt, so oft wir uns des Gegenstandes erinnern; denn, wie gesagt, wenn die Vorstellung dieses Gegenstandes angeregt wird, bestimmt sie, weil sie das Dasein des Gegenstandes selbst in sich schließt, den Menschen, den Gegenstand mit derselben Unlust zu betrachten, mit der er ihn zu betrachten pflegte, als er da war. Weil er aber mit der Vorstellung dieses Gegenstandes andere Vorstellungen verknüpft, welche das Dasein desselben ausschließen, so wird diese Bestimmung zu Unlust alsbald eingeschränkt, und der Mensch hat von neuem Lust, und dies so oft, als diese Wiederholung erfolgt. Und dies ist die Ursache, daß die Menschen Lust empfinden, so oft sie sich eines nun vergangenen Übels erinnern, und daß es sie freut, von den Gefahren zu erzählen, von denen sie befreit sind. Denn, wenn sie sich eine Gefahr vorstellen, betrachten sie sie gleichsam als noch zukünftig und werden so bestimmt, sie zu fürchten. Diese Bestimmung wird von neuem eingeschränkt durch die Idee der Befreiung, welche sie mit der Idee dieser Gefahr verbunden haben, als sie von ihr befreit wurden, und diese macht sie von neuem sicher, und so empfinden sie von neuem Lust.

Lehrsatz 48. Liebe und Haß z. B. gegen den Peter wird aufgehoben, wenn die Unlust, welche dieser, und die Lust, welche jene in sich schließt, mit der Idee einer anderen Ursache verknüpft wird, und insofern wird Liebe und Haß vermindert, als wir uns vorstellen, daß nicht der Peter allein die Ursache des einen oder anderen gewesen ist.

Beweis. Dieser erhellt aus der bloßen Definition der Liebe und des Hasses (siehe diese in der Anm. zu Lehrsatz 13 dieses Teils); denn nur deshalb heißt die Lust Liebe und die Unlust Haß gegen den Peter, weil der Peter als die Ursache dieses oder jenes Affekts betrachtet wird. Wenn also dies ganz oder zum Teil aufgehoben ist, wird auch der Affekt gegen den Peter ganz oder zum Teil aufhören. W. z. b. w.

Lehrsatz 49. Liebe und Haß gegen einen Gegenstand, den wir uns als frei vorstellen, müssen bei gleicher Ursache größer sein als gegen einen notwendigen.

Beweis. Ein Gegenstand, den wir uns als frei vorstellen, muß (nach Def. 7, T. 1) durch sich ohne andere aufgefaßt werden. Wenn wir ihn uns also als Ursache der Lust oder Unlust vorstellen, so werden wir ihn eben deshalb (nach Anm. zu Lehrsatz 13 dieses Teils) lieben oder hassen, und zwar (nach dem vorigen Lehrsatz) mit der größten Liebe oder dem größten Hasse, der aus einem gegebenen Affekt entstehen kann. Wenn wir uns aber den Gegenstand, der die Ursache dieses Affekts ist, als notwendig vorstellen, dann werden wir uns (nach derselben Def. 7, T. 1) vorstellen, daß er nicht allein, sondern im Verein mit anderen die Ursache dieses Affekts ist, und also (nach dem vorigen Lehrsatz) wird Liebe und Haß gegen denselben kleiner sein. W. z. b. w.

Anmerkung. Hieraus folgt, daß die Menschen, weil sie sich für frei halten, größere Liebe oder größeren Haß gegeneinander hegen als gegen andere Dinge. Hierzu kommt die Nachahmung der Affekte, worüber man Lehrsatz 27, 34, 40 und 43 dieses Teils nachsehen möge.

Lehrsatz 50. Jedes Ding kann zufällig Ursache der Hoffnung oder Furcht sein.

Beweis. Dieser Lehrsatz wird auf dieselbe Weise bewiesen, wie Lehrsatz 15 dieses Teils. Man vergleiche diesen nebst der Anmerkung zu Lehrsatz 18 dieses Teils.

Anmerkung. Die Dinge, welche zufällig Ursachen der Hoffnung oder Furcht sind, werden gute oder üble Vorzeichen genannt, sofern sodann eben diese Vorzeichen Ursache der Hoffnung oder Furcht sind, insofern sind sie (nach der Def. der Hoffnung und Furcht, siehe diese in der Anm. 2 zu Lehrsatz 18 dieses Teils) Ursache der Lust oder Unlust, und folglich (nach Folgesatz zu Lehrsatz 15 dieses Teils) lieben oder hassen wir sie sofern und streben, sie (nach Lehrsatz 28 dieses Teils) als Mittel zu dem, was wir hoffen, zu erhalten, oder als Hindernisse oder Ursachen der Furcht zu entfernen. Außerdem folgt aus Lehrsatz 25 dieses Teils, daß wir von Natur so beschaffen sind, daß wir das, was wir hoffen, für leicht, aber das, was wir fürchten, für schwer erachten, und davon mehr oder weniger als gebührlich halten. Hieraus ist nun all der Aberglaube entstanden, von welchem die Menschen überall bestürmt werden. Übrigens halte ich hier es nicht für nötig, das Schwanken der Seele, das aus Furcht und Hoffnung entsteht, darzutun; denn es folgt ja aus der bloßen Definition dieser Affekte, daß es keine Hoffnung ohne Furcht und keine Furcht ohne Hoffnung gibt (wie wir seines Orts ausführlicher erläutern werden); und außerdem lieben oder hassen wir etwas, insofern wir es hoffen oder fürchten, und sonach wird jeder, was wir über Liebe und Haß gesagt haben, leicht auf die Hoffnung und Furcht anwenden können.

Lehrsatz 51. Verschiedene Menschen können von einem und demselben Objekte verschiedenartig affiziert werden, und ein und derselbe Mensch kann von einem und demselben Objekte zu verschiedenen Zeiten verschiedenartig affiziert werden.

Beweis. Der menschliche Körper wird (nach Post. 3, T. 2) von den äußeren Körpern auf sehr viel Weisen affiziert. Es können daher zu derselben Zeit zwei Menschen verschiedenartig affiziert sein und folglich (nach Ax. 1, das nach

Lehnsatz 3 hinter Lehrsatz 13, T. 2 folgt) können sie von einem und demselben Objekte verschiedenartig affiziert werden. Ferner kann (nach demselben Post.) der menschliche Körper bald auf diese, bald auf jene Weise affiziert sein, und folglich (nach demselben Ar.) von einem und demselben Objekte zu verschiedenen Zeiten verschiedenartig affiziert werden. W. z. b. w.

Anmerkung. Wir ersehen hieraus, wie es geschehen kann, daß der eine das haßt, was der andere liebt, und daß der eine nicht fürchtet, was der andere fürchtet; und daß ein und derselbe Mensch bald liebt, was er vorher gehaßt hat, und bald wagt, was er vorher gefürchtet usw. usw. Weil ferner jeder nach seinem Affekt beurteilt, was gut, was übel, was besser und was schlimmer sei (siehe Anm. d. Lehrsatzes 39 dieses Teils), so folgt, daß die Menschen ebensosehr in ihrem Urteile, wie in ihren Affekten verschieden sein können.Daher kommt es, daß, wenn wir die einen mit den anderen vergleichen, sie nur nach der Verschiedenheit der Affekte von uns unterschieden werden, und daß wir die einen unerschrocken, andere furchtsam und wieder andere noch anders nennen. Ich z. B. werde denjenigen unerschrocken nennen, der ein Übel gering schätzt, das ich zu fürchten pflege, und wenn ich außerdem darauf achte, daß seine Begierde, dem Übles zuzufügen, den er haßt, und dem wohlzutun, den er liebt, durch die Besorgnis vor Übel nicht eingeschränkt wird, vor dem ich zurückzuschrecken pflege, werde ich ihn kühn nennen. Ferner wird mir derjenige furchtsam erscheinen, der ein Übel fürchtet, das ich gering zu schätzen pflege, und wenn ich noch darauf achte, daß seine Begierde durch die Besorgnis vor einem Übel eingeschränkt wird, das mich nicht zu schrecken vermag, werde ich ihn kleinmütig nennen; und so wird jeder urteilen. Aus dieser Natur des Menschen also und dieser Unbeständigkeit des Urteils, sowohl daß der Mensch häufig nur nach seinem Affekt über die Dinge urteilt, als auch, daß die Dinge häufig nur in seiner Vorstellung sind, von denen er glaubt, daß sie Lust oder Unlust bewirken, und die er daher (nach Lehrsatz 28 dieses Teils) zur Verwirklichung zu bringen oder zu entfernen sucht – um hier anderes zu übergehen, was wir Teil 2 über die Ungewißheit der Dinge dargetan – begreifen wir leicht, daß der Mensch oft die Ursache seiner Unlust wie seiner Lust sein kann, oder daß er sowohl mit Unlust als mit Lust affiziert wird, verbunden mit der Idee seiner selbst als der Ursache. Und so sehen wir leicht ein, was Reue und was Zufriedenheit mit sich selber ist. *Reue* ist nämlich *Unlust, verbunden mit der Idee seiner selbst*; und *Zufriedenheit mit sich selbst ist Lust, verbunden mit der*

Idee seiner selbst als der Ursache, und diese Affekte sind sehr heftig, weil die Menschen sich für frei halten (siehe Lehrsatz 49 dieses Teils).

Lehrsatz 52. Ein Objekt, das wir früher zugleich mit anderen gesehen haben, oder von dem wir uns vorstellen, daß es nichts hat, als was mehreren gemeinsam ist, werden wir nicht so lange betrachten, wie eines, von dem wir uns vorstellen, daß es etwas Besonderes hat.

Beweis. Sobald wir uns ein Objekt, das wir mit anderen Objekten gesehen haben, vorstellen, erinnern wir uns sogleich der anderen (nach Lehrsatz 18, T. 2 und dessen Anm.), und so geraten wir sogleich aus der Betrachtung des einen auf die Betrachtung des anderen. Ebenso geht es mit einem Objekt, von dem wir uns vorstellen, daß es nichts hat, als was mehreren gemeinsam ist; denn eben dadurch setzen wir voraus, daß wir an ihm nichts betrachten, als was wir vorher bei anderen Objekten gesehen haben. Wenn wir aber voraussetzen, daß wir uns an einem Objekte etwas Besonderes, was wir vorher nie gesehen hatten, vorstellen, so sagen wir nichts anderes, als daß der Geist, während er jenes Objekt betrachtet, nichts anderes in sich hat, auf dessen Betrachtung er aus der Betrachtung dieses verfallen kann, und folglich wird er nur dieses allein zu betrachten bestimmt. Ein Objekt also usw. W. z. b. w.

Anmerkung. Diese Affektion des Geistes oder Vorstellung eines Einzeldinges heißt, sofern sie bloß im Geiste bleibt, *Bewunderung*; wird sie von einem Objekte, das wir befürchten, affiziert, nennt man sie *Bestürzung*, weil die Verwunderung über das Übel den Menschen so in der Schwebe, in der bloßen Betrachtung seiner selbst festhält, daß er an etwas anderes, wodurch er dieses Übel vermeiden könnte, nicht zu denken vermag. Wenn aber das, was wir bewundern, die Weisheit, der Fleiß eines Menschen, oder etwas Derartiges ist, weil wir eben darin diesen Menschen uns weit übertreffen sehen, dann heißt die Bewunderung *Hochachtung*, andererseits *Abscheu*, wenn wir uns über den Zorn, Neid usw. eines Menschen wundern. Ferner: wenn wir die Weisheit, den Fleiß usw. eines Menschen, den wir lieben, bewundern, so wird die Liebe eben dadurch (nach Lehrsatz 12 dieses Teils) größer sein, und diese mit Bewunderung oder Hochachtung verbundene Liebe nennen wir *Verehrung*. Und auf diese Weise können wir auch *Haß*, Hoffnung, Zuversicht und andere Affekte uns mit der Bewunderung verbunden denken und sonach mehr Affekte ableiten, als man mit den gebräuchlichen Wörtern zu bezeichnen pflegt. Hieraus erhellt, daß die Namen der Affekte mehr nach ihrer gewöhnlichen Anwendung als nach der genauen Erkenntnis derselben erfunden sind.

Der Bewunderung steht entgegen die *Verachtung*, deren Ursache doch meist darin liegt, daß, wenn wir jemanden ein Ding bewundern, lieben, fürchten usw. sehen, oder, wenn ein Ding auf den ersten Anblick Dingen ähnlich scheint, die wir bewundern, lieben, fürchten usw., wir (nach Lehrsatz 15 nebst Folgesatz und Lehrsatz 27 dieses Teils) bestimmt werden, dies Ding zu bewundern, zu lieben, zu fürchten usw. Wenn wir aber durch die Gegenwart des Dinges selbst oder durch eine genauere Betrachtung ihm alles das absprechen müssen, was die Ursache der Bewunderung, Liebe, Furcht usw. sein kann, dann bleibt der Geist durch die eigentliche Gegenwart des Dinges mehr bestimmt, das zu denken, was nicht in dem Objekte ist, als was in ihm ist, da er doch durch die Gegenwart des Dinges hauptsächlich das zu denken pflegt, was in dem Objekte ist. Wie sodann Verehrung aus der Bewunderung des Dinges, das wir lieben, so entsteht *Verhöhnung* aus der Verachtung des Dinges, das wir hassen oder fürchten, und *Geringschätzung* aus der Verachtung der Dummheit, wie Hochachtung aus der Bewunderung der Weisheit. Endlich können wir die Liebe, die Hoffnung, den Ruhm und andere Affekte als verbunden mit der Verachtung denken und daraus außerdem andere Affekte ableiten, die wir ebenfalls durch kein besonderes Wort von den übrigen zu unterscheiden pflegen.

Lehrsatz 53. Wenn der Geist sich selbst und sein Tätigkeitsvermögen betrachtet, empfindet er Lust, und um so mehr, je deutlicher er sich und sein Tätigkeitsvermögen sich vorstellt.

Beweis. Der Mensch kennt sich selbst nur durch die Affektionen seines Körpers und deren Ideen (nach Lehrsatz 19 und 23, T. 2). Wenn es also geschieht, daß der Geist sich selbst betrachten kann, wird vorausgesetzt, daß er eben dadurch zu größerer Vollkommenheit übergeht, d. h. (nach Anm. zu Lehrsatz 11 dieses Teils) mit Lust affiziert wird, und mit um so größerer, je deutlicher er sich und sein Tätigkeitsvermögen sich vorstellen kann. W. z. b. w.

Folgesatz. Diese Lust wird immer mehr genährt, je mehr der Mensch sich von anderen gelobt vorstellt. Denn je mehr er sich von anderen gelobt vorstellt, um so größer stellt er sich die Lust vor, mit der er andere affiziert, und zwar verbunden mit der Idee von sich selbst (nach Anm. zu Lehrsatz 29 dieses Teils), und also wird er (nach Lehrsatz 27 dieses Teils) selbst mit größerer Lust affiziert, verbunden mit der Idee seiner selbst. W. z. b. w.

Lehrsatz 54. Der Geist strebt sich nur das vorzustellen, was sein *Tätigkeitsvermögen* setzt.

Beweis. Das Streben oder das Vermögen des Geistes ist das Wesen des Geistes selbst (nach Lehrsatz 7 dieses Teils). Das Wesen des Geistes (wie an sich klar) bejaht aber nur das, was der Geist ist und vermag, nicht aber das, was er nicht ist und nicht vermag. Folglich strebt er sich nur das vorzustellen, was sein Tätigkeitsvermögen bejaht oder setzt. W. z. b. w.

Lehrsatz 55. Wenn der Geist sich sein Unvermögen vorstellt, hat er eben dadurch Unlust.

Beweis. Das Wesen des Geistes bejaht nur das, was der Geist ist und vermag, oder es liegt in der Natur des Geistes, sich nur das vorzustellen, was sein Tätigkeitsvermögen setzt (nach dem vorigen Lehrsatz). Wenn wir also sagen, daß der Geist, während er sich selbst betrachtet, sich sein Unvermögen vorstellt, so sagen wir nur, daß, während der Geist sich etwas vorzustellen strebt, was sein Tätigkeitsvermögen setzt, dieses sein Bestreben eingeschränkt wird, oder (nach Anm. zu Lehrsatz n dieses Teils), daß er Unlust hat. W. z. b. w.

Folgesatz. Diese Unlust wird immer mehr genährt, wenn er sich vorstellt, daß er von anderen getadelt wird. Dies wird auf dieselbe Weise bewiesen, wie der Folgesatz zu Lehrsatz 53 dieses Teils.

Anmerkung. Diese Unlust, verbunden mit der Idee unserer Schwäche, heißt *Niedergeschlagenheit,* die Lust aber, die aus der Betrachtung unserer selbst entsteht, nennen wir Selbstliebe oder Selbstzufriedenheit. Und da dieses so oft wiederholt wird, als der Mensch seine Tugenden oder sein Tätigkeitsvermögen betrachtet, so will jeder gerne seine Handlungen erzählen und seine Geistes- und Körperkräfte zur Schau stellen, und hierdurch sind die Menschen einander lästig. Hieraus folgt wiederum, daß die Menschen von Natur neidisch sind (siehe Anm. zu Lehrsatz 24 und Anm. zu Lehrsatz 32 dieses Teils), oder sich über die Schwäche bei ihresgleichen freuen, dagegen über ihre Tugend Unlust empfinden. Denn so oft jeder sich seine Taten vorstellt, so oft wird er (nach Lehrsatz 53 dieses Teils) mit Lust affiziert, die um so größer ist, je mehr er sich vorstellt, daß seine Taten Vollkommenheit ausdrücken, und je deutlicher er sich vorstellt, d. h. (nach dem, was in der Anm. 1 zu Lehrsatz 40, T. 2 gesagt ist) je mehr er sie voneinander unterscheiden und als Einzeldinge betrachten kann. Deshalb wird jeder bei der Betrachtung seiner selbst sich dann am meisten freuen, wenn er etwas an sich betrachtet, was er den übrigen abspricht. Wenn er aber das, was er von sich bejaht, als zur allgemeinen Idee des Menschen oder des lebenden Wesens gehörig ansieht, wird er keine große Freude haben, dagegen

Unlust, wenn er sich vorstellt, daß seine Taten mit denen anderer verglichen schwächer sind. Diese Unlust wird er (nach Lehrsatz 28 dieses Teils) zu entfernen suchen, und zwar dadurch, daß er die Taten seiner Nebenmenschen falsch auslegt oder die Seinigen so viel als möglich ausschmückt. Es ergibt sich demnach, daß die Menschen von Natur zu Haß und Neid geneigt sind. Hierzu kommt dann noch die Erziehung; denn die Eltern pflegen die Kinder nur durch den Stachel der Ehre und des Neides zur Tugend zu reizen. Vielleicht bleibt aber noch der Einwurf übrig, daß wir nicht selten die Tugenden der Menschen bewundern und hochachten. Um also diesen zu beseitigen, will ich noch diesen Folgesatz hinzufügen.

Folgesatz. Jeder beneidet seinesgleichen um seine Tugend.

Beweis. Der Neid ist der Haß selbst (siehe Anm. zu Lehrsatz 24 dieses Teils), oder (nach Anm. zu Lehrsatz 13 dieses Teils) Unlust, d.h. (nach Anm. zu Lehrsatz 11 dieses Teils) eine Affektion, wodurch das Vermögen oder Streben der Tätigkeit des Menschen eingeschränkt wird. Der Mensch wünscht und strebt aber (nach Anm. zu Lehrsatz 9 dieses Teils) nur das zu tun, was aus seiner gegebenen Natur folgen kann. Also wünscht der Mensch kein Tätigkeitsvermögen oder (was dasselbe ist) keine Tugend sich beigelegt zu sehen, die der Natur eines anderen eigentümlich und der seinigen fremd ist. Folglich kann seine Begierde nicht eingeschränkt werden, d.h. (nach Anm. zu Lehrsatz 11 dieses Teils) er selber dadurch nicht Unlust empfinden, daß er eine Tugend bei einem ihm Ungleichen betrachtet, und folglich wird er diesen nicht beneiden können, wohl aber seinesgleichen, bei dem eine der seinigen gleiche Natur anzunehmen ist. W. z. b. w.

Anmerkung. Wenn wir daher oben in der Anmerkung zu Lehrsatz 52 dieses Teils sagten, daß wir einen Menschen deshalb hochachten, weil wir seine Weisheit, Tapferkeit usw. bewundern, so kommt dies daher (wie aus dem Lehrsatz selbst erhellt), weil wir uns diese Tugenden als ihm besonders innewohnend, und nicht als auch unserer Natur gemeinsam, vorstellen, und folglich werden wir ihn ebensowenig darum beneiden als die Bäume um ihre Höhe und den Löwen um seine Stärke usw.

Lehrsatz 56. Es gibt so viele Arten der Lust, der Unlust und Begierde, und folglich jedes Affekts, der aus diesen zusammengesetzt ist, sowie auch des Schwankens der Seele, oder was daraus abgeleitet wird, nämlich der Liebe, des

Hasses, der Hoffnung, der Furcht usw., als es Arten der Objekte gibt, von welchen wir affiziert werden.

Beweis. Lust und Unlust, und folglich die Affekte, die hieraus zusammengesetzt oder abgeleitet werden, sind Leidenschaften (nach Anm. zu Lehrsatz 11 dieses Teils). Wir leiden aber (nach Lehrsatz 1 dieses Teils) notwendig, sofern wir inadäquate Ideen haben, und nur insofern leiden wir (nach Lehrsatz 3 dieses Teils), insofern wir diese haben, d.h. (siehe Anm. 1 zu Lehrsatz 40, T. 2) wir leiden nur insofern notwendig, als wir Vorstellungen haben, oder (siehe Lehrsatz 17, T. 2 mit der Anm.) sofern wir von einem Affekt erregt weiden, welcher die Natur unseres Körpers und die Natur eines äußeren Körpers in sich schließt. Die Natur jeder Leidenschaft muß daher notwendig so erklärt werden, daß die Natur des Objektes, von dem wir affiziert werden, darin ausgedrückt ist. Die Lust, welche aus einem Objekte, z.B. A, entsteht, schließt die Natur des Objektes *A* selbst in sich, und die Lust, welche aus dem Objekte *B* entsteht, schließt die Natur des Objektes B selbst in sich. Und folglich sind die beiden Affekte der Lust von Natur verschieden, weil sie aus Ursachen verschiedener Natur entstehen. So ist auch der Affekt der Unlust, der aus einem Objekte entsteht, von Natur verschieden, von der Unlust, die aus einer anderen Ursache entsteht. Dies gilt auch von der Liebe, dem Hasse, der Hoffnung, der Furcht, dem Schwanken der Seele usw. Also gibt es notwendig so viele Arten der Lust, der Unlust, der Liebe, des Hasses usw., als es Arten der Objekte gibt, von denen wir affiziert werden. Die Begierde ist aber die Wesenheit oder die Natur eines jeden, insofern sie begriffen wird, als durch irgendeinen gegebenen Zustand derselben bestimmt, etwas zu tun (siehe Anm. zu Lehrsatz 9 dieses Teils). Je nachdem also jeder durch äußere Ursachen von dieser oder jener Form der Lust, der Unlust, der Liebe, des Hasses usw. affiziert wird, d.h. je nachdem seine Natur auf diese oder jene Weise in eine Verfassung gebracht wird, muß seine Begierde notwendig bald diese, bald jene, und die Natur der einen von der Natur einer anderen Begierde nur insofern verschieden sein, als die Affekte, aus denen jede entsteht, sich voneinander unterscheiden. Es gibt daher so viele Arten der Begierde, als es Arten der Lust, der Unlust, der Liebe usw. gibt, und folglich (nach dem bereits Bewiesenen) als es Arten der Objekte gibt, von denen wir affiziert werden. W. z. b. w.

Anmerkung. Unter den Arten der Affekte, deren (nach unserem Lehrsatz) sehr viele sein müssen, sind die bedeutendsten: *Schwelgerei, Völlerei, Wollust, Geiz und Ehrsucht,* welche nur Begriffe der Liebe oder Begierden sind, welche die

Natur dieser beiden Affekte durch die Objekte erklären, auf die sie sich beziehen. Denn wir verstehen unter Schwelgerei, Völlerei, Wollust, Geiz und Ehrsucht nichts anderes, als die unmäßige Liebe oder Begierde zum Schmausen, Zechen, Begatten, zu Reichtum und Ruhm. Außerdem haben diese Affekte, sofern wir sie nur durch das Objekt, worauf sie sich beziehen, von anderen unterscheiden, keine ihnen entgegensetzte. Denn die *Mäßigkeit*, welche man der Schwelgerei, die *Nüchternheit*, welche man der Völlerei, die *Keuschheit*, welche man der Wollust entgegenzusetzen pflegt, sind keine Affekte oder Leidenschaften, sondern sie zeigen die Macht der Seele an, die diese Affekte zügelt. Ich kann aber hier weder die übrigen Arten der Affekte durchgehen (weil deren so viele sind, als Arten der Objekte), noch würde es notwendig sein, wenn ich es könnte. Denn in Beziehung auf das, was wir bezwecken, nämlich auf die Bestimmung der Kraft der Affekte und der Macht des Geistes über dieselben, genügt es uns, die allgemeine Definition jedes Affekts zu haben. Ich sage, es genügt uns, die gemeinsamen Eigenschaften der Affekte und des Geistes zu erkennen, um bestimmen zu können, wie und wie groß die Macht des Geistes in bezug auf die Mäßigung und Einschränkung der Affekte ist. Obgleich daher eine große Verschiedenheit zwischen dem einen und anderen Affekt, der Liebe, dem Hasse oder der Begierde, ist, z.B. zwischen der Liebe gegen Kinder und zwischen der Liebe gegen die Gattin; so haben wir doch hier nicht nötig, diese Verschiedenheiten kennen zu lernen und die Natur und den Ursprung der Affekte weiter zu untersuchen.

Lehrsatz 57. Jeder Affekt eines jeden Individuums ist nur um so viel von dem Affekt eines anderen verschieden, als sich das Wesen des einen von dem Wesen des anderen unterscheidet.

Beweis. Dieser Lehrsatz erhellt aus Axiom 1, nach Lehrsatz 3, Anmerkung zu Lehrsatz 13, Teil 2. Wir wollen ihn aber auch aus den Definitionen der drei ursprünglichen Affekte beweisen.

Alle Affekte beziehen sich auf Begierde, Lust oder Unlust, wie die gegebenen Definitionen derselben beweisen. Die Begierde ist aber eben die Natur oder das Wesen eines jeden (siehe die Def. derselben in der Anm. zu Lehrsatz 9 dieses Teils). Also ist die Begierde eines jeden Individuums nur um so viel von der eines anderen verschieden, als sich die Natur oder das Wesen des einen von dem Wesen des anderen unterscheidet. Sodann sind Lust und Unlust Leidenschaften, wodurch das Vermögen oder Bestreben eines jeden, in seinem Sein zu beharren, vermehrt oder vermindert, erweitert oder eingeschränkt wird (nach Lehrsatz 11 dieses Teils und der Anm. dazu). Unter Bestreben, in seinem Sein zu beharren, sofern es sich auf Geist und Körper zugleich bezieht, verstehen wir aber das Verlangen oder die Begierde (siehe Anm. zu Lehrsatz 9 dieses Teils). Demnach ist Lust und Unlust das Verlangen oder die Begierde, sofern sie von äußeren Ursachen vermehrt oder vermindert, erweitert oder eingeschränkt wird, d. h. (nach derselben Anm.) es ist eines jeden Natur selber. Und folglich ist die Lust oder Unlust eines jeden auch nur insoweit von der Lust oder Unlust des anderen verschieden, als sich die Natur oder das Wesen des einen von dem Wesen des anderen unterscheidet, und also ist jeder Affekt eines jeden Individuums nur um so viel von dem Affekte eines anderen verschieden usw. W. z. b. w.

Anmerkung. Hieraus folgt, daß die Affekte der Tiere, die man vernunftlos nennt (denn wir können durchaus nicht bezweifeln, daß das Tier Empfindung hat, nachdem wir den Ursprung des Geistes erkannt haben), sich von den Affekten der Menschen nur insofern unterscheiden, als sich ihre Natur von der menschlichen Natur unterscheidet. Das Pferd und der Mensch werden von der Zeugungslust getrieben, aber jenes von einer pferdsmäßigen, dieser von einer menschlichen Lust. So müssen auch die Lüste und Verlangen der Insekten, der Fische und Vögel voneinander verschieden sein. Obgleich daher jedes Individuum mit seiner Natur, aus der es besteht, zufrieden lebt und sich derselben erfreut, so ist doch dies Leben, mit dem jedes zufrieden ist, und seine Freude nichts anderes als die Idee oder die Seele dieses Individuums, und folglich ist von Natur die Freude des einen nur insofern von der Freude des anderen verschieden, als sich das Wesen des einen von dem Wesen des anderen unterscheidet. Endlich folgt aus dem obigen Lehrsatze, daß auch ein bedeutender Unterschied ist zwischen der Freude, von welcher z. B. der Betrunkene hingerissen wird, und der Freude, welche sich der Philosoph aneignet, was ich hier im Vorbeigehen bemerken wollte. – Dies von den Affekten, die sich auf den Menschen beziehen, sofern er leidet; es ist nun noch einiges von denen hinzuzufügen, die sich auf den Menschen beziehen, insofern er tätig ist.

Lehrsatz 58. Außer der Lust und Begierde, welche Leidenschaften sind, gibt es andere Affekte der Lust und Begierde, die sich auf uns beziehen, sofern wir tätig sind.

Beweis. Wenn der Geist sich selber und sein Tätigkeitsvermögen begreift, empfindet er Lust (nach Lehrsatz 53 dieses Teils). Der Geist betrachtet aber notwendig sich selbst, wenn er eine wahre oder adäquate Idee begreift (nach Lehrsatz 43, T. 2). Der Geist begreift aber einige adäquate Ideen (nach Anm. 2 zu

Lehrsatz 40, T. 2), also hat er insofern auch Lust, als er adäquate Ideen begreift, das heißt (nach Lehrsatz 1 dieses Teils), sofern er tätig ist. Ferner strebt der Geist sowohl insofern er klare und deutliche, als insofern er verworrene Ideen hat, in seinem Sein zu beharren (nach Lehrsatz 9 dieses Teils). Unter Streben verstehen wir aber die Begierde (nach Anm. dazu); also bezieht sich die Begierde auch auf uns, insofern wir erkennen, oder (nach Lehrsatz 1 dieses Teils) insofern wir tätig sind. W. z. b. w.

Lehrsatz 59 Unter allen Affekten, die sich auf den Geist, sofern er tätig ist, beziehen, gibt es keine andern als solche, die sich auf Luft oder Begierde beziehen.

Beweis. Alle Affekte beziehen sich auf Begierde, Lust oder Unlust, wie die gegebenen Definitionen derselben beweisen. Unter Unlust aber verstehen wir, daß das Denkvermögen des Geistes vermindert oder eingeschränkt wird (nach Lehrsatz 2 dieses Teils und Anm.). Und folglich wird, sofern der Geist Unlust empfindet, sein Vermögen der Erkenntnis, d. h. sein Tätigkeitsvermögen (nach Lehrsatz 1 dieses Teils), vermindert oder eingeschränkt, und folglich können sich keine Affekte der Unlust auf den Geist beziehen, insofern er tätig ist, sondern nur die Affekte der Lust und Begierde, welche (nach dem vorigen Lehrsatze) auch insofern sich auf den Geist beziehen. W. z. b. w.

Anmerkung. Alle Taten, die aus Affekten erfolgen, die sich auf den Geist als erkennenden beziehen, rechne ich zur *Tatkraft*, die ich in Seelenstärke und Edelsinn teile. Unter *Seelenstärke* verstehe ich die Begierde, zufolge deren jeder strebt, sein Sein nach *dem bloßen Gebote der Vernunft zu erhalten.* Unter *Edelsinn* aber verstehe ich *die Begierde, deren zufolge jeder strebt,* nach *dem bloßen Gebote der Vernunft die übrigen Menschen zu unterstützen und sich durch Freundschaft zu verbinden.* Die Taten also, die nur den Nutzen des Handelnden bezwecken, rechne ich zur Seelenstärke, und die, welche auch den Nutzen eines anderen bezwecken, zum Edelsinn. Mäßigkeit also, Nüchternheit und Geistesgegenwart in Gefahren usw. sind Arten der Seelenstärke; aber Bescheidenheit, Milde usw. sind Arten des Edelsinns. Und hiermit glaube ich die hauptsächlichsten Affekte und das Schwanken der Seele, welches aus der *Zusammensetzung der drei ursprünglichen Affekte, nämlich der Begierde, Lust und Unlust entsteht,* entwickelt und in den ersten Gründen aufgezeigt zu haben. Hieraus erhellt, daß wir von äußeren Ursachen auf vielfache Arten hin- und herbewegt und wie die Wellen des Meeres von entgegengesetzten Winden umhergeworfen werden, unkundig des Ausgangs und unseres Schicksals. Ich habe aber gesagt, daß ich nur die hauptsächlichsten, nicht alle Erregungen der Seele, die es geben kann, aufgezeigt habe. Denn auf dieselbe Weise wie oben können wir, weiter gehend, leicht aufzeigen, daß die Liebe mit der Reue, der Geringschätzung, dem Schamgefühl usw. verbunden ist. Ja, es wird sich, wie ich glaube, einem jeden aus dem bereits Gesagten deutlich ergeben, daß die Affekte auf so viele Arten miteinander verbunden werden, und daraus so viele Verschiedenheiten entstehen können, daß sie mit keiner Zahl auszudrücken sind. Für meinen Zweck genügt es aber, nur die hauptsächlichsten aufgezählt zu haben; denn die übrigen, die ich übergangen, wären mehr der Kuriosität als des Nutzens wegen zu erwähnen. Doch ist von der Liebe noch dies zu bemerken, daß es sich nämlich sehr häufig zuträgt, wenn wir den Gegenstand, den wir begehrten, genießen, daß der Körper durch diesen Genuß in einen neuen Zustand gerät, von welchem er anders bestimmt wird und andere Vorstellungen der Dinge in ihm aufgeregt werden, und der Geist alsbald sich etwas anderes vorzustellen und etwas anderes zu wünschen beginnt; z. B. wenn wir uns etwas vorstellen, was uns durch seinen Geschmack zu erfreuen pflegt, wünschen wir es zu genießen, nämlich zu essen; während wir es aber so genießen, wird der Magen angefüllt, und der Körper in eine andere Verfassung gebracht. Wenn also, während der Körper bereits in anderer Verfassung ist, die Vorstellung dieser Speise, weil sie gegenwärtig ist, gehegt wird, und folglich auch das Bestreben oder die Begierde, sie zu essen, so wird jener neue Zustand dieser Begierde oder diesem Bestreben entgegen und folglich die Gegenwart der Speise, die wir begehrt hatten, unangenehm sein, und das ist es, was man Widerwille und Ekel nennt, übrigens habe ich die äußeren Affektionen des Körpers, die bei den Affekten bemerkt werden, übergangen, wie das Beben, Erbleichen, Schluchzen, Lachen usw., weil sie sich nur auf den Körper beziehen, ohne irgendeine Beziehung auf den Geist zu haben. Schließlich ist noch einiges über die Definitionen der Affekte zu bemerken, welche ich deshalb hier nach der Reihe wiederholen, und was bei jeder zu bemerken ist, darunter anmerken will.

Definitionen der Affekte

1. Die *Begierde* ist das Wesen des Menschen selbst, insofern es begriffen wird als von irgendeiner gegebenen Affektion desselben dazu bestimmt, etwas zu tun. *Erläuterung.* Wir haben oben in der Anmerkung zu Lehrsatz 9 dieses Teils gesagt, Begierde sei Verlangen mit dem Bewußtsein desselben, das Verlangen aber sei das Wesen des Menschen selbst, insofern es bestimmt ist, das zu tun,

was zu seiner Erhaltung dient. In derselben Anmerkung habe ich aber auch erinnert, daß ich in der Tat zwischen menschlichem Verlangen und der Begierde keinen Unterschied anerkenne. Denn mag der Mensch sich seines Verlangens bewußt sein oder nicht, so bleibt doch das Verlangen ein und dasselbe. Um also keine Tautologie zu machen, habe ich Begierde nicht durch Verlangen erklären wollen, sondern sie so zu erklären gesucht, daß ich alle Bestrebungen der menschlichen Natur, die wir mit den Benennungen: Verlangen, Wille, Begierde oder heftiges Verlangen bezeichnen, in eins zusammenfaßte. Denn ich konnte sagen, Begierde sei das Wesen des Menschen selbst, insofern es begriffen wird, als bestimmt, etwas zu tun; aber aus dieser Definition würde (nach Lehrsatz 23, T. 2) nicht folgen, daß der Mensch sich seiner Begierde oder seines Verlangens bewußt sein könnte. Daher war es nötig, um die Ursache dieses Bewußtseins mit einzuschließen (nach demselben Lehrsatz), hinzuzufügen: insofern es begriffen wird als aus irgend einer gegebenen Erregung desselben bestimmt, etwas zu tun. Denn unter der Affektion des menschlichen Wesens verstehen wir jeden Zustand dieses Wesens, mag er angeboren sein oder mag er durch das bloße Attribut des Denkens oder durch das bloße Attribut der Ausdehnung begriffen werden, oder mag er sich endlich auf beide zugleich beziehen. Hier also verstehe ich unter der Benennung Begierde jedes Streben, Wollen, Verlangen und jede heftige Begierde, wie sie nach dem verschiedenen Zustande desselben Menschen verschieden und nicht selten einander so entgegengesetzt sind, daß der Mensch hin- und hergerissen wird und nicht weiß, wohin er sich wenden soll.

2. *Lust* ist der Übergang des Menschen von geringerer zu größerer Vollkommenheit.

3. *Unlust* ist der Übergang des Menschen von größerer zu geringerer Vollkommenheit.

Erläuterung. Ich sage Übergang, denn Lust ist nicht die Vollkommenheit selbst; denn wenn der Mensch mit der Vollkommenheit, zu der er übergeht, geboren würde, würde er ohne den Affekt der Lust im Besitz derselben sein; was aus dem Affekt der Unlust, welcher diesem entgegengesetzt ist, noch deutlicher erhellt. Denn daß die Unlust in dem Übergang zur geringeren Vollkommenheit besteht, nicht aber in der geringeren Vollkommenheit selbst, kann niemand leugnen, da ja der Mensch insofern nicht Unlust haben kann, als er irgendeiner Vollkommenheit teilhaftig ist. Auch können wir nicht sagen, daß die Unlust in dem Mangel größerer Vollkommenheit besteht, denn Mangel ist nichts, der Affekt der Unlust aber ist ein Akt, der darum kein anderer sein kann als der Akt des Übergehens zu geringerer Vollkommenheit, d. h. ein Akt, wodurch das Tätigkeitsvermögen des Menschen vermindert oder eingeschränkt wird (siehe Anm. zu Lehrsatz 2 dieses Teils). Im Übrigen übergehe ich die Definitionen von Wohlbehagen, Wollust, Mißmut und Schmerz, weil sie sich hauptsächlich auf den Körper beziehen und nur Arten der Lust oder Unlust sind.

4. *Bewunderung* ist die Vorstellung eines Gegenstandes, in welcher der Geist deshalb gefesselt bleibt, weil diese besondere Vorstellung keine Verbindung mit den übrigen hat. Siehe Lehrsatz 52 dieses Teils und die Anm. dazu.

Erläuterung. In der Anmerkung zu Lehrsatz 18, Teil 2, haben wir gezeigt, warum der Geist aus der Betrachtung eines Dinges alsbald auf das Denken eines anderen Dinges verfällt, weil nämlich die Vorstellungen dieser Dinge gegenseitig miteinander verkettet und so geordnet sind, daß eine der anderen folgt; dies läßt sich aber nicht denken, wenn die Vorstellung des Dinges neu ist, sondern der Geist wird in der Betrachtung dieses Dinges festgehalten, bis er von anderen Ursachen dazu bestimmt wird, etwas anderes zu denken; daher ist die Vorstellung eines neuen Dinges, an sich betrachtet, von derselben Natur, wie die übrigen Vorstellungen, und ich rechne deshalb die Bewunderung nicht zu den Affekten, sehe auch keinen Grund, dieses zu tun, da ja dieses Abgezogensein des Geistes nicht aus irgendeiner positiven Ursache entspringt, die den Geist von den anderen Dingen abzieht, sondern nur daraus, weil die Ursache fehlt, wodurch der Geist bei der Betrachtung eines Dinges bestimmt wird, an andere Dinge zu denken. Ich erkenne daher nur drei (wie ich in der Anm. Lehrsatz 2 dieses Teils erinnert habe) ursprüngliche oder primäre Affekte an, nämlich: die der Lust, der Unlust und der Begierde, und habe nur deshalb über die Bewunderung gesprochen, weil es gewöhnlich ist, einige Affekte, die aus den drei ursprünglichen abgeleitet werden, mit anderen Benennungen zu bezeichnen, sobald sie sich auf Objekte beziehen, die wir bewundern. Dieser Grund bewegt mich gleichfalls, hier noch eine Definition der Verachtung beizufügen.

5. *Verachtung* ist die Vorstellung von irgendeinem Dinge, welches den Geist so wenig berührt, daß der Geist selber durch die Gegenwart des Dinges mehr bewegt wird, sich das vorzustellen, was nicht an dem Dinge selbst ist, als was an ihm ist (siehe Anm. zu Lehrsatz 52 dieses Teils).

Die Erläuterungen von Hochachtung und Geringschätzung übergehe ich hier, da meines Wissens keine Affekte ihren Namen von ihnen erhalten.

6. *Liebe* ist Lust, verbunden mit der Idee einer äußeren Ursache.

Erläuterung. Diese Definition drückt das Wesen der Liebe ganz klar aus; dagegen die anderen der Schriftsteller, welche die Liebe als den Willen des Liebenden, sich mit dem geliebten Gegenstande zu vereinigen, definieren, nicht das Wesen der Liebe, sondern eine Eigenschaft derselben ausdrückt. Weil nun das Wesen der Liebe nicht hinlänglich von den Schriftstellern eingesehen worden ist, konnten sie auch von ihrer Eigenschaft keinen klaren Begriff haben, und daher kam es, daß man allgemein ihre Definition für höchst dunkel hielt. Man bemerke aber, daß, wenn ich sage, es sei eine Eigenschaft des Liebenden, seinem Willen gemäß sich mit dem geliebten Gegenstande zu vereinigen, ich unter Wille nicht eine Beistimmung oder Beratschlagung der Seele oder einen freien Entschluß verstehe (denn daß dieser etwas Fingiertes ist, haben wir Lehrsatz 48, T. 2 bewiesen), noch auch die Begierde, sich mit dem geliebten Gegenstande zu vereinigen, wenn er nicht da ist, noch auch in seiner Gegenwart zu verharren, wenn er da ist, denn es kann Liebe ohne diese oder jene Begierde gedacht werden, sondern vielmehr, daß ich unter Wille die Befriedigung verstehe, welche in dem Liebenden durch die Gegenwart des geliebten Gegenstandes ist, durch welche die Lust des Liebenden verstärkt oder doch wenigstens genährt wird.

7. *Haß* ist Unlust, verbunden mit der Idee einer äußeren Ursache.

Erläuterung. Was hier zu bemerken ist, ist aus dem in der Erläuterung zur vorigen Definition Gesagten leicht zu ersehen (siehe außerdem die Anm. zu Lehrsatz 13 dieses Teils).

8. *Zuneigung* ist Lust, verbunden mit der Idee eines Gegenstandes, welcher zufällig Ursache der Lust ist.

9. *Abneigung* ist Unlust, verbunden mit der Idee eines Gegenstandes, welcher zufällig Ursache der Unlust ist (siehe hierüber Anm. zu Lehrsatz 15 dieses Teils).

10. *Verehrung* ist Liebe zu dem, welchen wir bewundern.

Erläuterung. Wir haben Lehrsatz 52 dieses Teils gezeigt, daß die Bewunderung durch die Neuheit eines Gegenstandes entsteht. Wenn es also geschieht, daß wir das, was wir bewundern, uns oft vorstellen, werden wir aufhören, es zu bewundern, und wir sehen also, daß der Affekt der Verehrung leicht in einfache Liebe überschlagen kann.

11. *Verhöhnung* ist Lust, die daraus entspringt, daß wir uns vorstellen, es sei etwas, was wir verachten, in einem Gegenstande, den wir hassen.

Erläuterung. Insofern wir einen Gegenstand, den wir hassen, verachten, insofern sprechen wir ihm Dasein ab (siehe Anm. zu Lehrsatz 52 dieses Teils), und insofern empfinden wir (nach Lehrsatz 20 dieses Teils) Lust. Da wir aber annehmen, daß der Mensch das, was er verhöhnt, dennoch haßt, so folgt, daß diese Lust keine reine ist (siehe die Anm. zu Lehrsatz 47 dieses Teils).

12. *Hoffnung* ist unbeständige Lust, die aus der Idee eines zukünftigen oder vergangenen Dinges entspringt, über dessen Ausgang wir in gewisser Hinsicht im Zweifel sind.

13. *Furcht* ist unbeständige Unlust, die aus der Idee eines zukünftigen oder vergangenen Dinges entspringt, über dessen Ausgang wir in gewisser Hinsicht in Zweifel sind (siehe hierüber Anm. 2 zu Lehrsatz 18 dieses Teils).

Erläuterung. Aus diesen Definitionen folgt, daß es keine Hoffnung ohne Furcht und keine Furcht ohne Hoffnung gibt; denn wer in Hoffnung schwebt und über den Ausgang eines Dinges im Zweifel ist, von dem nimmt man an, daß er sich etwas vorstellt, was das Dasein des zukünftigen Dinges ausschließt, und also insofern Unlust empfindet (nach Lehrsatz 19 dieses Teils), und folglich, solange er in Hoffnung schwebt, fürchtet, daß die Sache nicht erfolgen möchte. Wer aber dagegen in Furcht ist, d. h. über den Ausgang eines Dinges, das er haßt, in Zweifel ist, stellt sich auch etwas vor, was das Dasein dieses Dinges ausschließt, und hat also (nach Lehrsatz 20 dieses Teils) Lust, und folglich insofern Hoffnung, daß die Sache nicht erfolgt.

14. *Zuversicht* ist Lust, die aus der Idee eines künftigen oder vergangenen Dinges entspringt, bei dem die Ursache des Zweifelns gehoben ist.

15. *Verzweiflung* ist Unlust, die aus der Idee eines künftigen oder vergangenen Dinges entspringt, bei dem die Ursache des Zweifelns gehoben ist.

Erläuterung. Aus Hoffnung entspringt also Zuversicht und aus Furcht Verzweiflung, wenn die Ursache des Zweifelns über den Ausgang eines Dinges gehoben ist. Dies kommt daher, weil der Mensch das vergangene oder zukünftige Ding sich als daseiend vorstellt und als gegenwärtig betrachtet, oder weil er sich etwas anderes vorstellt, was das Dasein der Dinge ausschließt, welche ihm Zweifel erregten. Denn obgleich wir über den Ausgang der Einzeldinge (nach Folgesatz zu Lehrsatz 31, T. 2) nie gewiß sein können, so kann es doch kommen, daß wir über ihren Ausgang keinen Zweifel hegen. Denn wir haben (siehe Anm. zu Lehrsatz 49, T. 2) gezeigt, daß es ein anderes ist, über ein Ding nicht in Zweifel sein, ein anderes, die Gewißheit von einem Dinge haben, und daher kann es kommen, daß wir durch die Vorstellung eines vergangenen oder zukünftigen Dinges mit demselben Affekt der Lust oder Unlust affiziert werden, wie durch die Vorstellung eines gegenwärtigen Dinges, wie wir in Lehrsatz 18 dieses Teils bewiesen haben (siehe diesen nebst der Anm.).

16. *Freude* ist Lust; verbunden mit der Idee eines vergangenen Dinges, das unerwartet eingetroffen ist.

17. *Gewissensbiß* ist Unlust, verbunden mit der Idee eines vergangenen Dinges, das unerwartet eingetroffen ist.

18. *Mitleid* ist Unlust, verbunden mit der Idee eines Übels, welches einen anderen betroffen hat, den wir uns als unseresgleichen vorstellen (siehe Anm. zu Lehrsatz 22 und Anm. zu Lehrsatz 27 dieses Teils).

Erläuterung. Zwischen Mitleid und Mitgefühl scheint kein Unterschied zu sein, wenn sich nicht etwa Mitleid auf einen einzelnen Affekt bezieht, Mitgefühl aber auf einen dauernden Zustand.

19. *Zugeneigtheit* ist Liebe zu jemand, der einem anderen Gutes getan hat.

20. *Entrüstung* ist Haß gegen jemanden, der einem anderen Böses getan hat.

Erläuterung. Ich weiß, daß diese Wörter nach dem gewöhnlichen Sprachgebrauche etwas anderes bedeuten, meine Absicht ist aber nicht, die Bedeutung der Wörter, sondern die Natur der Dinge auseinanderzusetzen und diese mit solchen Ausdrücken zu bezeichnen, deren Bedeutung, wie sie der Sprachgebrauch gibt, nicht gänzlich von der Bedeutung abweicht, worin ich sie gebrauchen will. Diese Erinnerung gilt ein für allemal. Siehe übrigens über die Ursache dieser Affekte im Folgesatz zu Lehrsatz 27 und der Anm. zu Lehrsatz 22 dieses Teils.

21. *Überschätzung* ist, aus Liebe von jemanden mehr halten, als recht ist.

22. *Geringschätzung* ist, aus Haß von jemanden weniger halten, als recht ist.

Erläuterung. Überschätzung ist also eine Wirkung oder Eigenschaft der Liebe, und Geringschätzung eine Wirkung oder Eigenschaft des Hasses. Daher kann die Überschätzung auch definiert werden als Liebe, insofern sie den Menschen so affiziert, daß er von dem geliebten Gegenstande mehr hält, als recht ist, und dagegen Geringschätzung als Haß, insofern er den Menschen so affiziert, daß er von dem, den er haßt, weniger hält, als recht ist. Siehe hierüber die Anm. zu Lehrsatz 24 dieses Teils.

23. *Neid* ist Haß, sofern er den Menschen so affiziert, daß er über das Glück eines anderen Unlust empfindet, während er über das Unglück eines anderen sich freut.

Erläuterung. Der Gegensatz von Neid ist gewöhnlich Mitgefühl, welches man also gegen die gebräuchliche Bedeutung des Wortes so definieren kann.

24. *Mitgefühl* ist Liebe, insofern sie den Menschen so affiziert, daß er sich über das Glück eines anderen freut, und daß er andererseits über das Unglück eines anderen Unlust empfindet.

Erläuterung. Man vergleiche übrigens über den Neid die Anm. zu Lehrsatz 24 und die Anm. zu Lehrsatz 32 dieses Teils. Dies also sind die Affekte der Luft und der Unlust, welche mit der Idee eines äußeren Dinges als Ursache notwendig oder zufällig verbunden sind. Ich gehe nunmehr zu den anderen über, welche mit der Idee eines inneren Dinges als Ursache verbunden sind.

25. *Selbstzufriedenheit* ist Lust, die daraus entspringt, daß der Mensch sich selbst und sein Tätigkeitsvermögen betrachtet.

26. *Niedergeschlagenheit* ist Unlust, die daraus entspringt, daß der Mensch sein Unvermögen oder seine Schwäche betrachtet.

Erläuterung. Die Selbstzufriedenheit ist der Niedergeschlagenheit entgegengesetzt, insofern wir unter ihr Lust verstehen, die daraus entspringt, daß wir unser Tätigkeitsvermögen betrachten. Insofern wir aber unter ihr auch Lust verstehen, verbunden mit der Idee irgendeiner Tat, die wir nach freiem Entschlusse des Geistes ausgeübt zu haben glauben, ist ihr Gegensatz Reue, die wir so definieren:

27. *Reue* ist Unlust, verbunden mit der Idee irgendeiner Tat, die wir nach freiem Entschlusse des Geistes ausgeübt zu haben glauben.

Erläuterung. Die Ursachen dieser Affekte haben wir in der Anm. zu Lehrsatz 51 dieses Teils und Lehrsatz 53, 54 und 55 dieses Teils nebst der Anmerkung dazu aufgezeigt, über den freien Entschluß des Geistes siehe aber Anmerkung zu Lehrsatz 35, Teil 2. Hier müssen wir übrigens noch bemerken, daß es nicht zu verwundern ist, wenn überall allen Handlungen, die man gewöhnlich unrechte nennt, Unlust folgt, und denen, die man rechte nennt, Lust. Denn aus dem oben Gesagten erkennen wir leicht, daß dieses größtenteils von der Erziehung abhängt. Die Eltern haben nämlich dadurch, daß sie die ersteren tadelten und die Kinder oft wegen derselben verwiesen, diese dagegen berieten und lobten, bewirkt, daß die Regungen der Unlust mit den ersteren, die der Lust aber sich mit den letzteren verbanden, was auch durch die Erfahrung selbst bewiesen wird. Denn nicht alle haben einerlei Gewohnheit und Religion, sondern vielmehr, was bei dem einen heilig ist, bei anderen unheilig, und was bei dem einen ehrbar, bei dem anderen schimpflich. Je nachdem also jemand erzogen ist, reut ihn eine Tat oder rühmt er sich derselben.

28. *Hochmut* ist, aus Liebe zu sich von sich mehr halten, als recht ist.

Erläuterung. Der Hochmut unterscheidet sich also dadurch von Überschätzung, daß diese sich auf einen äußeren Gegenstand bezieht, der Hochmut aber auf den Menschen selbst, der von sich mehr hält, als recht ist. Wie übrigens die Überschätzung eine Wirkung oder Eigenschaft der Liebe, so ist der Hochmut eine Wirkung oder Eigenschaft der Eigenliebe; man kann ihn also auch definieren als Liebe zu sich selbst oder Selbstzufriedenheit, insofern sie den Menschen so affiziert, daß er mehr von sich hält, als recht ist (siehe Anm. zu Lehrsatz 26 dieses Teils). Zu diesem Affekt gibt es keinen Gegensatz; denn niemand hält aus Haß gegen sich weniger von sich, als recht ist; ja niemand hält von sich weniger, als recht ist, insofern er sich vorstellt, er könne dies oder jenes nicht; denn wovon sich auch der Mensch vorstellt, daß er es nicht könne, so stellt er sich dies als notwendig vor, und wird durch diese Vorstellung so disponiert, daß er das in der Tat nicht tun kann, wovon er sich vorstellt, daß er es nicht könne. Denn so lange er sich vorstellt, daß er dies oder jenes nicht könne, so lange ist er auch nicht bestimmt, es zu tun, und folglich ist es ihm so lange unmöglich, es zu tun. Wenn wir hingegen auf das achten, was von der bloßen Meinung abhängt, so werden wir uns als möglich denken können, daß ein Mensch weniger von sich hält, als recht ist; denn es ist möglich, daß, wenn ein Trauriger seine Schwäche betrachtet, er sich vorstellt, er werde von allen verachtet, während doch die anderen nichts weniger denken als daran, ihn zu verachten. Außerdem kann ein Mensch weniger als recht ist von sich halten, wenn er in der Gegenwart sich etwas mit Bezug auf die Zukunft abspricht, worüber er ungewiß ist; wie, wenn er glaubt, nichts Gewisses begreifen zu können, und nichts als Schlechtes oder Schimpfliches zu begehren oder zu tun usw. Ferner können wir sagen, daß jemand weniger, als recht ist, von sich hält, wenn wir sehen, daß er aus zu großer Furcht vor Schaden das nicht wagt, was andere seinesgleichen unternehmen. Diesen Affekt also, den ich Kleinmut nennen will, können wir dem Hochmut entgegensetzen; denn wie aus der

Zufriedenheit mit sich selbst Hochmut, so entspringt aus der Niedergeschlagenheit Kleinmut, den wir also auf folgende Weise definieren:

29. *Kleinmut* ist, aus Unlust weniger von sich halten, als recht ist.

Erläuterung. Wir pflegen zwar oft dem Hochmut die Demut entgegenzusetzen; aber dann achten wir mehr auf die Wirkungen als auf die Natur beider. Denn wir pflegen den hochmütig zu nennen, der sich zu sehr rühmt (siehe Anm. zu Lehrsatz 30 dieses Teils), der von sich nur Tugenden und von anderen nur Fehler herzählt, der vor allen den Vorzug haben will, und der mit solcher Gravität und solchem Prunke auftritt, wie diejenigen, die weit über ihm stehen. Dagegen nennen wir den demütig, der öfter errötet, der seine Fehler eingesteht und die Tugenden anderer herzählt, der allen nachgibt, und der endlich mit gesenktem Haupte einhergeht und allen Schmuck verschmäht. Übrigens sind diese Affekte, nämlich Demut und Kleinmut, sehr selten, denn die menschliche Natur, an sich betrachtet, strebt ihnen aus allen Kräften entgegen (siehe Lehrsatz 13 und 54 dieses Teils). Daher sind die, welche für die Demütigsten und Kleinmütigsten gehalten werden, häufig am ehrsüchtigsten und neidischsten. 30. *Ruhm* ist Lust, verbunden mit der Idee einer Handlung von uns, die wir uns als von anderen belobt vorstellen.

31. *Scham* ist Unlust, verbunden mit der Idee einer Handlung, die wir uns als von anderen getadelt vorstellen.

Erläuterung. Siehe hierüber Anmerkung zu Lehrsatz 30 dieses Teils. Hier ist noch der Unterschied zwischen Scham und Schüchternheit anzuführen. Scham ist die Unlust, welche der Handlung folgt, deren wir uns schämen, Schüchternheit aber ist die Furcht oder Besorgnis vor der Scham, wodurch der Mensch abgehalten wird, etwas Schimpfliches zu begehen. Der Schüchternheit pflegt man die Unverschämtheit entgegenzusetzen, die eigentlich kein Affekt ist, wie ich seines Ortes zeigen werde; aber (wie ich schon erwähnt habe) die Benennungen der Affekte beziehen sich mehr auf ihren Gebrauch als auf ihre Natur. Hiermit habe ich die Affekte der Lust und Unlust, deren Auseinandersetzung ich mir vorgenommen hatte, abgeschlossen. Ich gehe also zu denen über, die ich zur Begierde rechne.

32. *Sehnsucht* ist die Begierde oder das Verlangen nach dem Besitze eines Dinges, welche durch das Andenken an das Ding genährt wird und zugleich durch das Andenken an andere Dinge, die das Dasein des begehrten Dinges ausschließen, eingeschränkt wird.

Erläuterung. Wenn wir eines Dinges gedenken, werden wir, wie schon oft erwähnt, eben dadurch disponiert, es aus demselben Affekt zu betrachten, als ob das Ding gegenwärtig wäre. Diese Disposition oder dies Streben wird aber, solange wir wachen, meist von den Vorstellungen der Dinge gezügelt, welche das Dasein dessen, welches wir gedenken, ausschließen. Wenn wir daher an ein Ding denken, welches uns mit einer Art von Lust erfüllt, so bestreben wir uns eben damit, es mit demselben Affekt der Lust als gegenwärtig zu betrachten. Dies Streben wird jedoch alsbald von dem Andenken an die Dinge gezügelt, welche das Dasein jenes Dinges ausschließen. Daher ist Sehnsucht eigentlich Unlust, die jener Lust entgegengesetzt ist, welche aus der Abwesenheit des gehaßten Dinges entspringt (siehe hierüber Anm. zu Lehrsatz 47 dieses Teils). Weil aber die Benennung *Sehnsucht* sich auf Begierde zu beziehen scheint, so rechne ich diesen Affekt zu den Affekten der Begierde. 33. *Wetteifer* ist Begierde nach einem Dinge, welcher sich dadurch in uns erzeugt, daß wir uns vorstellen, andere hätten dieselbe Begierde.

Erläuterung. Wer flieht, weil er andere fliehen, oder wer fürchtet, weil er andere fürchten sieht, oder auch, wer deshalb, weil er einen anderen sich die Hand verbrennen sieht, seine Hand zurückzieht und solche Bewegungen macht, als hätte er seine eigene Hand verbrannt, von dem sagen wir wohl, daß er eines anderen Affekt nachahmt, nicht aber, daß er ihm nacheifert; nicht weil wir für die Nacheiferung eine andere Ursache als für die Nachahmung kennen, sondern weil es gewöhnlich ist, nur den nacheifernd zu nennen, der das nachahmt, was wir für anständig, nützlich oder angenehm halten. Man vergleiche auch über die Ursache des Wetteifers Lehrsatz 27 dieses Teils mit der Anmerkung. Warum aber meistenteils mit diesem Affekte Neid verbunden ist, darüber siehe Lehrsatz 32 dieses Teils mit der zugehörigen Anmerkung.

34. *Dank* oder *Dankbarkeit* ist die Begierde oder das Trachten der Liebe, wonach wir dem wohlzutun suchen, der uns aus gleichem Liebesaffekte eine Wohltat erwiesen hat (siehe Lehrsatz 39 mit der Anm. zu Lehrsatz 41 dieses Teils).

35. *Wohlwollen* ist die Begierde, dem wohlzutun, den wir bemitleiden (siehe die Anm. zu Lehrsatz 27 dieses Teils).

36. *Zorn* ist die Begierde, durch die wir aus Haß angereizt werden, dem Böses zuzufügen, welchen wir hassen (siehe Lehrsatz 39 dieses Teils).

37. *Rachsucht* ist die Begierde, durch die wir aus gegenseitigem Hasse angereizt werden, dem Übles zuzufügen, der uns aus gleichem Affekt Schaden zugefügt (siehe Folgesatz 2 zu Lehrsatz 40 dieses Teils mit der Anm.).

38. *Grausamkeit* oder *Wut* ist die Begierde, wodurch jemand angereizt wird, dem Böses zuzufügen, den wir lieben, oder den wir bemitleiden.

Erläuterung. Man setzt der Grausamkeit die Milde entgegen. Diese ist aber keine Leidenschaft, sondern eine Macht des Geistes, wodurch der Mensch seinen Zorn und seine Rachsucht mäßigt. 39. *Angst* ist die Begierde, ein gefürchtetes größeres Übel durch ein kleineres zu vermeiden (siehe Anm. zu Lehrsatz 39 dieses Teils).

40. *Kühnheit* ist die Begierde, wodurch jemand angereizt wird, etwas mit Gefahr zu tun, was seinesgleichen zu übernehmen fürchten.

41. *Ängstlichkeit* wird dem beigelegt, dessen Begierde durch Furcht vor einer Gefahr eingeschränkt wird, welcher sich andere seinesgleichen mutig unterziehen.

Erläuterung. Ängstlichkeit ist also nichts anderes als Furcht vor einem Übel, das die meisten nicht zu fürchten pflegen. Deshalb rechne ich sie nicht zu den Affekten der Begierde. Doch habe ich sie hier erklären wollen, weil sie, insofern wir die Begierde betrachten, dem Affekt der Kühnheit wirklich entgegengesetzt ist.

42. *Bestürzung* wird dem beigelegt, dessen Begierde ein Übel zu vermeiden durch die Anstaunung eines gefürchteten Übels gehemmt wird.

Erläuterung. Die Bestürzung ist also eine Art der Ängstlichkeit. Weil sie aber aus einer doppelten Besorgnis entspringt, kann sie näher definiert werden als Furcht, die den verdutzten oder schwankenden Menschen so festhält, daß er das Übel nicht abwenden kann. Ich sage *verdutzt*, insofern wir erkennen, daß seine Begierde, das Übel abzuwenden, durch die Anstaunung gehemmt wird; *schwankend* aber sage ich, insofern wir sehen, daß eben diese Begierde durch die Furcht vor einem anderen Übel gehemmt wird, welches ihn ebensosehr quält. Daher kommt es, daß er nicht weiß, welches von beiden er abwehren soll (siehe hierüber Anm. zu Lehrsatz 39 und Anm. zu Lehrsatz 52 dieses Teils), über Ängstlichkeit und Kühnheit aber siehe Anm. zu Lehrsatz 51 dieses Teils.

43. *Menschenfreundlichkeit* oder *Leutseligkeit* ist die Begierde, das zu tun, was den Menschen gefällt, und zu unterlassen, was ihnen mißfällt.

44. *Ehrgeiz* ist unmäßige Begierde nach Ruhm.

Erläuterung. Ehrgeiz ist die Begierde, durch welche alle Affekte genährt und verstärkt werden (nach Lehrsatz 27 und 31 dieses Teils), und dieser Affekt ist also beinahe unbezwinglich; denn solange der Mensch von irgendeiner Begierde gefesselt wird, wird er notwendig zugleich von dieser gefesselt. Auch die vorzüglichsten Menschen, sagt Cicero,werden am meisten vom Ruhm geleitet. Sogar die Philosophen setzen ihren Namen den Büchern vor, die sie über die Geringschätzung des Ruhmes schreiben usw.

45. *Schwelgerei* ist unmäßige Begierde oder auch Liebe zum Schmausen.

46. *Völlerei* ist die unmäßige Begierde und Liebe zum Trinken.

47. *Geiz* ist die unmäßige Begierde und Liebe zum Reichtum

48. *Wollust* ist auch Begierde und Liebe zur fleischlichen Vermischung.

Erläuterung. Man pflegt diese Begierde zum Begatten, mag sie gemäßigt sein oder nicht, Wollust zu nennen. Weiter haben diese fünf Affekte (wie ich in der Anm. zu Lehrsatz 56 dieses Teils erinnert habe) keinen Gegensatz. Denn die Leutseligkeit ist eine Art der Ehrsucht (siehe Anm. zu Lehrsatz 29 dieses Teils); daß seiner Mäßigkeit, Nüchternheit und Keuschheit eine Macht des Geistes, nicht aber eine Leidenschaft anzeigen, ist schon erwähnt. Und wenn es auch möglich ist, daß der Geizige, Ehrsüchtige oder Furchtsame sich des Übermaßes in Speise, Trank und Begattung enthält, so sind dennoch Geiz, Ehrsucht und Furchtsamkeit der Schwelgerei, Trunkenheit oder Wollust nicht entgegengesetzt. Denn der Geizige sehnt sich gewöhnlich danach, sich in anderer Speise und Trank zu übernehmen; der Ehrsüchtige aber wird, wenn er nur hoffen darf, daß es verborgen bleibt, sich in keinem Ding mäßigen, und wenn er unter Trinkern und Wollüstigen lebt, eben deshalb, weil er ehrsüchtig ist, mehr zu diesen Lastern geneigt sein, und der Furchtsame schließlich tut das, was er nicht will. Der Geizige, obgleich er, um den Tod zu vermeiden, seine Schätze in das Meer wirft, bleibt dennoch geizig, und wenn der Wollüstling betrübt ist, weil er seiner Lebensweise nicht frönen kann, hört er deshalb nicht auf, wollüstig zu sein. Überhaupt beziehen sich diese Affekte nicht sowohl auf das wirkliche Schmausen, Zechen usw., als auf das Verlangen und die Liebe selbst dazu. Es kann also diesen Affekten nichts entgegengesetzt werden als Edelsinn und Seelenstärke, worüber im folgenden.

Die Definition der Eifersucht und der übrigen Seelenschwankungen übergehe ich, teils weil alles dieses aus einer Zusammensetzung der schon definierten Affekte entspringt, teils weil die meisten keine Namen haben; dies zeigt, daß es für den Lebensgebrauch hinreicht, sie nur in allgemeinen Zügen zu kennen, übrigens ist aus den Definitionen der Affekte, die wir erläutert haben, klar, daß sie sämtlich aus der Begierde, der Lust oder Unlust entspringen, oder vielmehr, daß es keine außer diesen dreien gibt, deren jeder mit verschiedenen Namen belegt zu werden pflegt, je nach den verschiedenen Beziehungen und äußerlichen Merkmalen. Wenn wir nun auf diese ursprünglichen und auf das, was wir oben von der Natur des Geistes gesagt haben, unser Augenmerk lichten wollen, so können wir diese Affekte, sofern sie sich nur auf den Geist beziehen, folgendermaßen definieren:

Allgemeine Definition der Affekte

Der Affekt, auch Leidenschaft der Seele genannt, ist eine verworrene Idee, durch welche der Geist eine größere oder geringere Daseinskraft seines Körpers, oder eines Teils desselben bejaht als vorher, und durch deren Gegebensein der Geist selbst bestimmt wird, eher dies als etwas anderes zu denken.

Erläuterung. Ich sage zuerst, der Affekt oder die Leidenschaft der Seele ist eine *verworrene Idee.* Denn wir haben bewiesen (siehe Lehrsatz 3 dieses Teils), daß der Geist nur insofern leidet, als er inadäquate oder verworrene Ideen hat. Dann sage ich, durch welche der Geist eine größere oder geringere Daseinskraft seines Körpers oder eines Teils desselben bejaht als vorher. Denn alle Ideen, welche wir von Körpern haben, bezeichnen mehr den wirklichen Zustand unseres Körpers (nach Folgesatz 2 zu Lehrsatz 16 dieses Teils) als die Natur des äußeren Körpers. Diejenige aber, welche die Form des Affekts ausmacht, muß den Zustand des Körpers oder eines Teiles desselben bezeichnen oder ausdrücken, den der Körper selbst oder ein Teil desselben dadurch hat, daß sein Tätigkeitsvermögen oder seine Daseinskraft vermehrt oder vermindert, erweitert oder eingeschränkt wird. Wenn ich aber sage, größere oder geringere Daseinskraft als vorher, so ist zu beachten, daß ich darunter nicht verstehe, daß der Geist den gegenwärtigen mit dem vergangenen Zustand des Körpers vergleicht, sondern vielmehr, daß die Idee, welche die Form des Affektes ausmacht, etwas von dem Körper bejaht, was wirklich mehr oder weniger

Realität in sich schließt als vorher. Und weil das Wesen des Geistes darin besteht (nach Lehrsatz 11 und 13, T. 2), daß er das wirkliche Dasein seines Körpers bejaht, und wir unter Vollkommenheit das eigentliche Wesen des Dinges verstehen, so folgt also, daß der Geist zu größerer oder geringerer Vollkommenheit übergeht, sobald es geschieht, daß er von seinem Körper oder einem Teil desselben etwas bejaht, was mehr oder weniger Realität in sich schließt als vorher. Wenn ich also oben gesagt habe, das Denkvermögen des Geistes werde vermehrt oder vermindert, so konnte ich nichts anderes darunter verstehen, als daß der Geist eine Idee von seinem Körper oder einem Teil desselben gebildet hat, welche mehr oder weniger Realität ausdrückt, als er von seinem Körper bejaht hatte. Denn die Vorzüglichkeit der Ideen und das wirkliche Denkvermögen wird nach der Vorzüglichkeit des Objektes geschätzt. Endlich habe ich hinzugefügt, daß durch deren Gegebensein der Geist selbst dazu bestimmt wird, mehr an dies als etwas anderes zu denken, um außer der Natur der Lust und Unlust, welche der erste Teil der Definition erläutert, auch die Natur der Begierde auszudrücken.

Vierter Teil / Von der menschlichen Unfreiheit oder von der Macht der Affekte

Vorrede

Das menschliche Unvermögen in Mäßigung und Beschränkung der Affekte nenne ich Unfreiheit. Denn der den Affekten unterworfene Mensch ist nicht in seiner eigenen Gewalt, sondern in der des Schicksals, unter dessen Herrschaft er sich dermaßen befindet, daß er oft, obschon er das Bessere sieht, dennoch dem Schlechteren nachzufolgen gezwungen wird. Die Ursache hiervon, und was die Affekte außerdem Gutes und Böses haben, will ich in diesem Teile auseinandersetzen. Bevor ich jedoch beginne, will ich einiges über Vollkommenheit und Unvollkommenheit und über das Gute und Böse vorausschicken.

Wer etwas zu tun sich vorgesetzt und es vollendet hat, der wird nicht bloß selbst, sondern auch jeder mit ihm, der den Geist des Urhebers von diesem Werke und seinen Zweck recht erkennt oder zu erkennen glaubt, wird sagen, daß es vollendet sei. Wenn z. B. jemand ein Werk (das ich als noch nicht vollendet voraussetze) gesehen hat und weiß, daß der Zweck des Urhebers jenes

Werkes ist, ein Haus zu bauen, so wird er sagen, das Haus sei unvollendet, dagegen, es sei vollendet, sobald er das Werk zu dem Ende gebracht sieht, welches der Urheber desselben ihm zu geben sich vorgesetzt hatte. Wenn dagegen jemand ein Werk sieht, desgleichen er niemals gesehen hatte, und auch den Sinn des Werkmeisters nicht kennt, so kann er gewiß nicht wissen, ob dies Wert vollendet oder unvollendet ist. Dies scheint die erste Bedeutung dieser Wörter gewesen zu sein. Nachdem aber die Menschen begonnen hatten, allgemeine Ideen zu bilden, und sich von Häusern, Bauten, Türmen usw. Urbilder zu entwerfen, und die Urbilder einiger Dinge denen anderer vorzuziehen, nannte jeder das vollkommen, wovon er sah, daß es mit der allgemeinen Idee, die er sich von einem solchen Dinge gebildet hatte, übereinstimmte, dagegen das unvollkommen, wovon er sah, daß es mit seinem angenommenen Urbilde weniger übereinstimmte, wenn es auch nach der Ansicht des Werkmeisters vollkommen abgeschlossen war. Aus keinem anderen Grunde scheint man auch die Naturdinge, die nicht durch Menschenhand gemacht sind, gewöhnlich vollkommen oder unvollkommen zu nennen. Denn die Menschen pflegen sowohl von den natürlichen Dingen, als von den künstlichen allgemeine Ideen zu bilden, welche sie gleichsam für Urbilder der Dinge halten, von denen sie glauben, daß die Natur (die nach ihrer Meinung nichts ohne einen Zweck tut) sie vor Augen habe und sich als Urbilder vorhalte. Wenn sie daher in der Natur etwas geschehen sehen, was mit dem angenommenen Urbilde, welches sie von einem solchen Dinge haben, weniger übereinstimmt, so glauben sie, die Natur selbst habe hier gefehlt oder gesündigt und dieses Ding unvollendet gelassen. Wir sehen also, daß die Menschen mehr nach einem Vorurteile als nach der richtigen Erkenntnis der Dinge sich gewöhnt haben, die natürlichen Dinge vollkommen oder unvollkommen zu nennen. Denn wir haben in dem Anhange zum ersten Teile gezeigt, daß die Natur nicht um eines Zweckes willen handelt; denn jenes ewige und unendliche Seiende, welches wir Gott oder Natur nennen, handelt nach derselben Notwendigkeit, nach welcher es da ist, da wir (Lehrsatz 16, T. I) gezeigt haben, daß es nach derselben Notwendigkeit seiner Natur handelt, nach der es da ist. Der Grund also oder die Ursache, weshalb Gott oder die Natur handelt, und weshalb er da ist, ist ein und dasselbe. Wie er also um keines Zweckes willen da ist, so handelt er auch um keines Zweckes willen; denn wie für sein Dasein, so hat er auch für sein Handeln keinen Anfangsgrund und keinen Endzweck. Was man aber Zweckursache nennt, ist nichts als das menschliche Verlangen selbst, sofern es als der Anfangsgrund oder die primäre Ursache irgendeines Dinges betrachtet wird. Wenn wir z. B. sagen, das Bewohnen sei die Zweckursache dieses oder jenes Hauses gewesen, so verstehen wir gewiß dann nichts anderes darunter, als daß der Mensch durch die Vorstellung der Annehmlichkeiten des häuslichen Lebens das Verlangen bekommen hat, sich ein Haus zu bauen; daher ist das Bewohnen, sofern es als Zweckursache betrachtet wird, nichts als dieses einzelne Verlangen, welches in der Tat die wirkende Ursache ist, die als die erste betrachtet wird, weil die Menschen gewöhnlich die Ursache ihres Verlangens nicht kennen. Denn, wie ich schon oft gesagt habe, sie sind wohl ihrer Taten und ihres Verlangens sich bewußt, aber der Ursachen, durch welche sie etwas zu begehren bestimmt werden, unkundig. Was man außerdem gewöhnlich sagt, daß die Natur manchmal fehle oder sündige und unvollkommene Dinge hervorbringe, das rechne ich zu den Fiktionen, von denen ich im Anhange zum ersten Teile gehandelt habe. Vollkommenheit also und Unvollkommenheit sind wirklich nur Modi des Denkens, nämlich Begriffe, die wir dadurch zu bilden pflegen, daß wir Individuen derselben Art oder Gattung miteinander vergleichen, und aus diesem Grunde habe ich oben (Def. 6, T. 2) gesagt, daß ich unter Realität und Vollkommenheit dasselbe verstehe. Denn wir pflegen alle Individuen der Natur auf eine Gattung, welche die allgemeinste genannt wird, zurückzuführen, nämlich auf den Begriff des Seienden, der absolut allen Individuen in der Natur zukommt. Insofern wir daher die Individuen in der Natur auf diese Gattung zurückführen und miteinander vergleichen und wahrnehmen, daß einige mehr Sein oder Realität haben als andere, sagen wir, einige seien vollkommener als andere, und insofern wir ihnen etwas beilegen, was eine Verneinung in sich schließt wie Grenze, Ende, Unvermögen usw., insofern nennen wir sie unvollkommen, weil sie unsern Geist nicht ebenso affizieren wie die, welche wir vollkommen nennen, nicht aber weil ihnen etwas fehlt, was ihnen zukäme, oder weil die Natur gesündigt hätte. Denn nichts kommt der Natur eines Dinges zu, als was aus der Notwendigkeit der Natur der wirkenden Ursache folgt, und alles, was aus der Notwendigkeit der Natur der wirkenden Ursache folgt, das geschieht notwendig.

Was das Gute und Böse betrifft, so bedeutet auch dies nichts Positives in den Dingen, nämlich wenn man sie an sich betrachtet, sondern es sind nur Modi des Denkens oder Begriffe, die wir daraus bilden, daß wir die Dinge miteinander vergleichen. Denn ein und dasselbe Ding kann zu derselben Zeit gut und böse und auch indifferent sein. Die Musik z. B. ist für den Mißmutigen gut, für den Trauernden böse, für den Tauben aber weder gut noch böse. Obgleich sich aber die Sache so verhält, müssen wir doch diese Wörter beibehalten. Denn da wir die Idee des Menschen als Urbild der menschlichen Natur, das wir vor Augen haben, zu bilden suchen, so wird es uns nützlich sein, eben diese Wörter in dem erwähnten Sinne beizubehalten. Unter gut werde ich also in der Folge das verstehen, wovon wir gewiß wissen, daß es ein Mittel ist, uns dem Urbilde der menschlichen Natur, das wir uns vorsetzen, mehr und mehr zu nähern; unter böse aber das, wovon wir gewiß wissen, daß es uns hindert, eben diesem Urbild zu entsprechen. Ferner werden wir die Menschen vollkommener oder unvollkommener nennen, insofern sie sich diesem Urbilde mehr oder weniger nähern. Denn es ist vornehmlich zu bemerken, daß, wenn ich sage, jemand gehe von geringerer zu größerer Vollkommenheit über und umgekehrt, ich darunter nicht verstehe, daß er aus *einem* Wesen oder aus *einer* Form in eine andere verwandelt wird (denn ein Pferd z.B. wird ebensowohl vernichtet, wenn es in einen Menschen, als wenn es in ein Insekt verwandelt wird), sondern vielmehr, daß wir sein Tätigkeitsvermögen, insofern es aus seiner eigenen Natur erkannt wird, als vermehrt oder vermindert begreifen. Endlich werde ich, wie gesagt, unter Vollkommenheit, Realität im allgemeinen verstehen, das heißt, das Wesen jedes Dinges, insofern es auf gewisse Weise da ist und wirkt, ohne Rücksicht auf seine Dauer. Denn kein Einzelding kann deshalb vollkommener genannt werden, weil es längere Zeit im Dasein verharrt hat, da die Dauer der Dinge nicht aus ihrem Wesen bestimmt werden kann, da ja das Wesen der Dinge keine gewisse und bestimmte Zeit des Daseins in sich schließt, sondern jedes Ding, mag es mehr oder weniger vollkommen sein, wird immer mit derselben Kraft, mit der es da zu sein anfängt, im Dasein verharren können, so daß in dieser Hinsicht alle gleich sind.

Definitionen

1. Unter gut verstehe ich das, wovon wir gewiß wissen, daß es uns nützlich ist.

2. Unter schlecht aber das, wovon wir gewiß wissen, daß es uns hindert, irgendeines Guten teilhaftig zu werden. Siehe hierüber die vorstehende Vorrede gegen Ende.

3. Die Einzeldinge nenne ich *zufällig*, sofern wir, wenn wir bloß ihr Wesen beachten, nichts finden, was ihr Dasein notwendig setzt, oder was dieses notwendig ausschließt.

4. Eben diese Einzeldinge nenne ich möglich, sofern wir auf die Ursachen achten, durch die sie hervorgebracht werden müssen und nicht wissen, ob diese bestimmt sind, sie hervorzubringen.

In der Anmerkung 1 zu Lehrsatz 33, Teil 1 habe ich keinen Unterschied zwischen möglich und zufällig gemacht, weil es dort nicht nötig war, dies genau zu unterscheiden.

5. Unter *entgegengesetzten Affekten* werde ich im folgenden diejenigen verstehen, welche den Menschen nach verschiedenen Richtungen hinziehen, obgleich sie derselben Gattung angehören, wie Schwelgerei und Geiz, welche Arten der Liebe sind, und nicht von Natur, sondern zufällig entgegengesetzt sind.

6. Was ich unter Affekt gegen ein zukünftiges, gegenwärtiges und vergangenes Ding verstehe, habe ich Anmerkung 1 und 2 zu Lehrsatz 18, Teil 3 entwickelt, siehe daselbst.

Hier müssen wir aber noch bemerken, daß wir den Abstand des Orts wie der Zeit uns nur bis zu einer gewissen Grenze deutlich vorstellen können; d. h. ebenso wie wir uns vorzustellen pflegen, daß alle jene Objekte, die über zweihundert Fuß von uns entfernt sind, oder deren Abstand von dem Ort, an welchem wir uns befinden, über den Abstand hinausgeht, den wir uns deutlich vorstellen, gleichweit von uns entfernt und in derselben Fläche sind; ebenso stellen wir uns auch vor, daß die Objekte, deren Zeit, als sie da waren, wir uns in einem längeren Zwischenraum von der jetzigen entfernt vorstellen, als wir uns deutlich vorzustellen pflegen, alle gleichweit von der Gegenwart sind, und so beziehen sie sich gleichsam nur auf einen Zeitmoment.

7. Unter Zweck, um dessentwillen wir etwas tun, verstehe ich das Verlangen danach.

8. Unter Tugend und Vermögen verstehe ich dasselbe, d. h. (nach Lehrsatz 7, T. 3) die Tugend, sofern sie sich auf den Menschen bezieht, ist das eigentliche Wesen oder die Natur des Menschen, insofern er die Macht hat, einiges zu bewirken, was durch die bloßen Gesetze seiner Natur eingesehen werden kann.

Axiom

Es gibt in der Natur kein Einzelding, das nicht von einem anderen stärkeren und mächtigeren übertroffen würde; es gibt vielmehr immer noch ein anderes mächtigeres als das gegebene, von welchem jenes Gegebene zerstört werden kann.

Lehrsatz I. Nichts von dem, was eine falsche Idee Positives enthält, wird durch die Gegenwart des Wahren, insofern es wahr ist, aufgehoben.

Beweis. Die Falschheit besteht in dem bloßen Mangel der Erkenntnis, welchen die inadäquaten Ideen in sich schließen (nach Lehrsatz 35, T. 2), und sie selbst haben nichts Positives, um dessentwillen man sie falsche nennt (nach Lehrsatz 33, T. 2), sondern sind im Gegenteil, sofern sie auf Gott bezogen sind, wahr (nach Lehrsatz 32, T. 2). Wenn daher das, was die falsche Idee Positives hat, durch die Gegenwart des Wahren, insofern es wahr ist, aufgehoben würde, dann würde also die wahre Idee durch sich selbst aufgehoben. Dies ist (nach Lehrsatz 4, T. 3) widersinnig. Also wird durch die Gegenwart des Wahren usw. W. z. b. w.

Anmerkung. Dieser Lehrsatz erhellt noch deutlicher aus Folgesatz 2 zu Lehrsatz 16, Teil 2. Denn die Vorstellung ist eine Idee, welche mehr den gegenwärtigen Zustand des menschlichen Körpers als die Natur des äußeren Körpers anzeigt, zwar nicht deutlich, aber verworren; daher sagt man, der Geist irre. Wenn wir z. B. die Sonne betrachten, stellen wir uns vor, daß sie ungefähr zweihundert Fuß von uns entfernt ist, und hierin täuschen wir uns so lange, als wir ihren wahren Abstand nicht kennen. Durch die Erkenntnis ihres Abstandes wird zwar der Irrtum aufgehoben, nicht aber die Vorstellung, d. h. die Idee der Sonne, welche ihre Natur nur insofern ausdrückt, als der Körper von ihr affiziert wird, und folglich werden wir, wenn wir auch ihren wahren Abstand kennen, sie uns dennoch nahe vorstellen. Denn wie wir in der Anmerkung zu Lehrsatz 35, Teil 2 gesagt haben, nicht deshalb stellen wir uns die Sonne so nahe vor, weil wir ihren wahren Abstand nicht kennen, sondern weil der Geist insofern die Größe der Sonne begreift, als der Körper von ihr affiziert wird. So, wenn die auf die Oberfläche des Wassers fallenden Strahlen der Sonne auf unsere Augen zurückprallen, so stellen wir sie uns dadurch als im Wasser seiend vor, obgleich wir ihren wahren Ort kennen. Und so sind die übrigen Vorstellungen, durch welche der Geist sich täuscht, mögen sie den natürlichen Zustand des Körpers anzeigen, oder daß sein Tätigkeitsvermögen vermehrt oder vermindert werde, dem Wahren nicht entgegengesetzt, noch verschwinden sie durch die Gegenwart des Wahren. Zwar trifft es sich, daß, wenn wir fälschlich ein Übel besorgen, diese Besorgnis verschwindet, sobald wir den wahren Sachverhalt gehört haben, umgekehrt geschieht es aber auch, wenn wir das Übel, das sicher eintreffen wird, fürchten, die Furcht auch dann verschwindet, wenn eine falsche

Nachricht eintrifft, und folglich verschwinden die Vorstellungen nicht durch die Gegenwart des Wahren, insofern es wahr ist, sondern weil ihnen andere, die stärker sind als sie, entgegentreten, welche das gegenwärtige Dasein der Dinge, die wir uns vorstellen, ausschließen, wie wir Lehrsatz 17, Teil 2 gezeigt haben.

Lehrsatz 2. Wir leiden insofern, als wir ein Teil der Natur sind, welcher aus sich ohne andere nicht begriffen werden kann.

Beweis. Man sagt alsdann, wir leiden, wenn in uns etwas entsteht, dessen Ursache wir nur teilweise sind (nach Def. 2, T. 3), d. h. (nach Def. 1, T. 3) etwas, was aus den bloßen Gesetzen unserer Natur nicht abgeleitet werden kann. Wir leiden daher, insofern wir ein Teil der Natur sind, welcher aus sich ohne andere nicht begriffen werden kann. W. z. b. w.

Lehrsatz 3. Die Kraft, durch welche der Mensch in seinem Dasein beharrt, ist eine begrenzte, und wird von dem Vermögen äußerer Ursachen unendlich übertroffen.

Beweis. Dieser erhellt aus dem Axiom dieses Teils. Denn ist der Mensch gegeben, so gibt es etwas anderes, etwa *A*, das mächtiger ist, und wenn *A* angenommen wird, gibt es ferner ein anderes, etwa *B*, das mächtiger ist als *A* selbst, und so ins Unendliche. Und hiernach wird das Vermögen des Menschen durch das Vermögen eines anderen Dinges begrenzt und von dem Vermögen äußerer Ursachen unendlich übertroffen. W. z. b. w.

Lehrsatz 4. Es ist unmöglich, daß der Mensch nicht ein Teil der Natur ist und daß er nur Veränderungen erleiden kann, welche aus seiner Natur allein verstanden werden können, und deren adäquate Ursache er ist.

Beweis. Das Vermögen, wodurch die Einzeldinge und folglich der Mensch sein Sein erhält, ist das eigentliche Vermögen Gottes oder der Natur (nach Folgesatz zu Lehrsatz 24, T. 1), nicht insofern sie unendlich ist, sondern insofern sie durch das wirkliche Wesen des Menschen ausgedrückt werden kann (nach Lehrsatz 7, T. 3). Das Vermögen des Menschen ist daher, insofern es durch sein wirkliches Wesen ausgedrückt wird, ein Teil des unendlichen Vermögens Gottes oder der Natur, d. h. (nach Lehrsatz 34, T. 1) seines Wesens. Dies war das erste. Ferner, wenn es möglich wäre, daß der Mensch nur Veränderungen erleiden könnte, welche allein aus der Natur des Menschen selbst verstanden werden könnten, so würde daraus folgen (nach Lehrsatz 4 und 6, T. 3), daß er nicht vergehen könnte, sondern daß er stets notwendig da wäre; und dies müßte aus einer Ursache folgen, deren Vermögen endlich oder unendlich wäre, nämlich entweder aus dem bloßen Vermögen des Menschen, der dann die übrigen aus äußeren Ursachen entspringenden Veränderungen von sich zu entfernen vermöchte; oder aus dem unendlichen Vermögen der Natur, durch welche alles einzelne so gelenkt würde, daß der Mensch nur die Veränderungen erleiden könnte, welche zu seiner Erhaltung dienen. Das erstere ist aber widersinnig (nach dem vorigen Lehrsatz, dessen Beweis allgemein ist und auf alle Einzeldinge angewendet werden kann). Wenn es also möglich wäre, daß der Mensch nur Veränderungen erlitte, welche bloß aus der Natur des Menschen selbst verstanden werden könnten, und daß er folglich (wie wir schon gezeigt haben) immer notwendig da wäre, so müßte dies aus dem unendlichen Vermögen Gottes folgen, und folglich (nach Lehrsatz 16, T. 1) müßte aus der Notwendigkeit der göttlichen Natur, sofern sie als durch die Idee irgendeines Menschen affiziert betrachtet wird, die Ordnung der ganzen Natur, sofern sie unter den Attributen der Ausdehnung und des Denkens begriffen wird, abgeleitet werden. Demnach würde (nach Lehrsatz 21, T. 1) folgen, daß der Mensch unendlich wäre, dies ist aber (nach dem ersten Teil dieses Beweises) widersinnig. Es ist daher unmöglich, daß der Mensch nur Veränderungen erleiden sollte, deren adäquate Ursache er selbst ist. W. z. b. w.

Folgesatz. Hieraus folgt, daß der Mensch notwendig immer den Leidenschaften unterworfen ist und der gemeinsamen Ordnung der Natur folgt und gehorcht, und sich ihr, so weit es die Natur der Dinge erheischt, anbequemt.

Lehrsatz 5. Macht und Wachstum einer jeden Leidenschaft und ihr Beharren im Dasein wird nicht aus dem Vermögen erklärt, durch welches wir im Dasein zu beharren streben, sondern aus dem mit dem unsrigen verglichenen Vermögen einer äußeren Ursache.

Beweis. Das Wesen der Leidenschaft kann nicht durch unser Wesen allein erklärt werden (nach Def. 1 und 2, T. 3), d. h. (nach Lehrsatz 7, T. 3) das Vermögen der Leidenschaft kann nicht aus dem Vermögen erklärt werden, wodurch wir streben in unserem Sein zu beharren, sondern (wie Lehrsatz 16, T. 2 gezeigt worden) es muß notwendig aus dem mit dem unsrigen verglichenen Vermögen einer äußeren Ursache erklärt werden. W. z. b. w.

Lehrsatz 6. Die Macht irgendeiner Leidenschaft oder eines Affekts kann die übrigen Handlungen oder das Vermögen eines Menschen so übertreffen, daß der Affekt hartnäckig an dem Menschen haftet.

Beweis. Die Macht und das Wachstum jeder Leidenschaft und ihr Beharren im Dasein wird aus dem Vermögen der äußeren Ursache verglichen mit dem unsrigen erklärt (nach dem vorigen Satz) und kann also (nach Lehrsatz 3 dieses Teils) das Vermögen des Menschen übertreffen usw. W. z. b. w.

Lehrsatz 7. Ein Affekt kann nur durch einen Affekt, der entgegengesetzt und stärker als der einzuschränkende Affekt ist, eingeschränkt und aufgehoben werden.

Beweis. Ein Affekt, sofern man ihn auf den Geist bezieht, ist eine Idee, durch welche der Geist eine größere oder geringere Daseinskraft seines Körpers bejaht als vorher (nach der allgemeinen Definition der Affekte, die man am Ende des dritten Teils findet). Wenn aber der Geist von irgendeinem Affekt bestürmt wird, so wird der Körper zugleich von einer Affektion erregt, durch welche sein Tätigkeitsvermögen vermehrt oder vermindert wird. Ferner erhält diese Affektion des Körpers (nach Lehrsatz 5 dieses Teils) die Macht, in ihrem Sein zu beharren, von ihrer Ursache, die demnach nur von einer körperlichen Ursache eingeschränkt und aufgehoben werden kann (nach Lehrsatz 6, T. 2), welche den Körper mit einer jener entgegengesetzten Affektionen erregt (nach Lehrsatz 5, T. 3, die stärker ist (nach dem Axiom dieses Teils). Also wird, (nach Lehrsatz 12, T. 2) der Geist durch die Idee einer stärkeren und der ersten entgegengesetzten Affektion erregt, d. h. (nach der allgemeinen Definition der Affekte) der Geist wird von einem stärkeren und dem ersteren entgegengesetzten Affekt erregt werden, welcher nämlich das Dasein des ersteren ausschließen oder aufheben wird, und folglich kann ein Affekt nur durch einen entgegengesetzten und stärkeren Affekt aufgehoben und eingeschränkt werden. W. z. b. w.

Folgesatz. Der Affekt, sofern man ihn auf den Geist bezieht, kann nur durch die Idee einer entgegengesetzten Erregung des Körpers, die stärker ist als die Erregung, durch die wir leiden, eingeschränkt und aufgehoben werden. Denn der Affekt, durch welchen wir leiden, kann nur durch einen stärkeren und ihm entgegengesetzten Affekt eingeschränkt und aufgehoben werden (nach dem obigen Lehrsatz), d. h. (nach der allgemeinen Definition der Affekte) nur durch die Idee einer stärkeren Erregung des Körpers, die derjenigen entgegengesetzt ist, durch die wir leiden.

Lehrsatz 8. Die Erkenntnis des Guten und Bösen ist nichts anderes als der Affekt der Lust oder Unlust, sofern wir uns desselben bewußt sind.

Beweis. Wir nennen das gut oder böse, was zur Erhaltung unseres Seins nützt oder schadet (nach Def. 1 und 2 dieses Teils), d. h. (nach Lehrsatz 7, T. 3) was unser Tätigkeitsvermögen vermehrt oder vermindert, erweitert oder einschränkt. Sofern wir daher wahrnehmen (nach der Def. der Lust und Unlust, siehe die Anm. zu Lehrsatz 11, T. 3), daß ein Ding uns mit Lust oder Unlust affiziert, nennen wir es gut oder böse; und folglich ist die Erkenntnis des Guten und Bösen nichts anderes als die Idee der Lust oder Unlust, welche notwendig aus dem eigentlichen Affekt der Lust oder Unlust erfolgt (nach Lehrsatz 22, T. 3). Diese Idee ist aber auf dieselbe Weise mit dem Affekt vereint, wie der Geist mit dem Körper vereint ist (nach Lehrsatz 21, T. 2), d. h. (wie in der Anmerkung zu jenem Lehrsatze gezeigt worden ist) diese Idee unterscheidet sich in Wirklichkeit durch nichts vom Affekt selbst oder (nach der allgemeinen Definition der Affekte) von der Idee der Erregung des Körpers, als durch den bloßen Begriff; also ist diese Erkenntnis des Guten und Bösen nichts anderes als der Affekt selbst, insofern wir uns desselben bewußt sind. W. z. b. w.

Lehrsatz 9. Der Affekt, dessen Ursache wir uns als jetzt gegenwärtig vorstellen, ist stärker, als wenn wir diese Ursache als nicht gegenwärtig vorstellen.

Beweis. Die Vorstellung ist eine Idee, durch welche der Geist ein Ding als gegenwärtig betrachtet (siehe die Def. derselben in der Anm. zu Lehrsatz 17, T. 2), die jedoch mehr den Zustand des menschlichen Körpers als die Natur des äußeren Dinges anzeigt (nach Folgesatz 2 zu Lehrsatz 16, T. 2). Der Affekt ist also (nach der allgemeinen Definition der Affekte) eine Vorstellung, insofern sie den Zustand des Körpers bezeichnet. Die Vorstellung ist aber (nach Lehrsatz 17, T. 2) intensiver, solange wir uns nichts vorstellen, was das gegenwärtige Dasein des äußeren Dinges ausschließt; also ist auch der Affekt, dessen Ursache wir uns als jetzt gegenwärtig vorstellen, intensiver, oder stärker, als wenn wir uns diese Ursache als nicht gegenwärtig vorstellen. W. z. b. w.

Anmerkung. Als ich oben Lehrsatz 18, Teil 3 sagte, daß wir durch die Vorstellung eines künftigen oder vergangenen Dinges mit demselben Affekt erregt würden, als wenn das vorgestellte Ding gegenwärtig wäre, bemerkte ich ausdrücklich, daß dies wahr ist, sofern wir nur auf die Vorstellung des Dinges selbst achten; denn diese ist derselben Natur, wir mögen die Dinge uns vorgestellt haben oder nicht. Ich habe aber nicht bestritten, daß sie schwächer werde, wenn wir andere Dinge als uns gegenwärtig betrachten, welche das gegenwärtige Dasein des künftigen Dinges ausschließen; dies habe ich damals zu bemerken unterlassen, weil ich mir vorgesetzt hatte, in diesem Teile von der Macht der Affekte zu handeln.

Folgesatz. Die Vorstellung eines künftigen oder vergangenen Dinges, d. h. eines Dinges, welches wir mit Beziehung auf die Zukunft oder Vergangenheit mit Ausschluß der Gegenwart betrachten, ist bei sonst gleichen Umständen schwächer als die Vorstellung eines gegenwärtigen Dinges, und folglich ist der Affekt gegen ein künftiges oder vergangenes Ding bei sonst gleichen Umständen minder stark als der Affekt gegen ein gegenwärtiges Ding.

Lehrsatz 10. Gegen ein künftiges Ding, welches wir uns als bald bevorstehend vorstellen, werden wir intensiver affiziert, als wenn wir uns vorstellten, daß die Zeit seines Daseins weiter von der Gegenwart entfernt sei, und durch das Andenken an ein Ding, welches wir uns als noch nicht lange vergangen vorstellen, werden wir auch intensiver affiziert, als wenn wir uns dasselbe als lange vergangen vorstellen.

Beweis. Denn sofern wir uns vorstellen, daß ein Ding bald bevorstehe oder noch nicht lange vergangen sei, stellen wir uns eben dadurch etwas vor, was die Gegenwart des Dinges weniger ausschließt, als wenn wir uns die künftige Zeit seines Daseins weiter von der gegenwärtigen entfernt, oder als schon lange vergangen vorstellen (wie an sich offenbar ist). Also werden wir (nach dem vorigen Lehrsatz) insofern intensiver gegen dasselbe affiziert werden. W. z. b. w.

Anmerkung. Aus dem, was wir bei Definition 6 dieses Teils bemerkt haben, folgt, daß wir gegen Gegenstände, die in einem zu weiten Zwischenraum von der Gegenwart abstehen, um diese Zeit durch das Vorstellen bestimmen zu können, wenn wir auch einsehen, daß sie selbst voneinander in einem weiten Zwischenraum der Zeit entfernt sind, wir doch in gleicher Weise minder stark affiziert werden.

Lehrsatz 11. Der Affekt gegen ein Ding, welches wir uns als notwendig vorstellen, ist, bei sonst gleichen Umständen, intensiver als gegen ein mögliches oder zufälliges, d. h. nicht notwendiges.

Beweis. Insofern wir uns ein Ding als notwendig vorstellen, insofern bejahen wir sein Dasein, dagegen verneinen wir das Dasein des Dinges, insofern wir es uns als nicht notwendig vorstellen (nach Anm. 1 zu Lehrsatz 33, T. 1), und daher ist (nach Lehrsatz 9 dieses Teils) der Affekt gegen ein notwendiges Ding, bei sonst gleichen Umständen, intensiver als gegen ein nicht notwendiges. W. z. b. w.

Lehrsatz 12. Der Affekt gegen ein Ding, von dem wir wissen, daß es gegenwärtig nicht vorhanden ist, und das wir uns als möglich vorstellen, ist, bei sonst gleichen Umständen, intensiver als gegen ein zufälliges.

Beweis. Insofern wir uns ein Ding als zufällig vorstellen, werden wir durch keine Vorstellung eines anderen Dinges affiziert, welche das Dasein des Dinges setzte (nach Def. 3 dieses Teils), sondern wir stellen uns vielmehr (nach der Voraussetzung) einiges vor, was das gegenwärtige Dasein desselben ausschließt. Insofern wir uns aber ein Ding als in der Zukunft möglich vorstellen, insofern stellen wir uns einiges vor, was das Dasein des Dinges setzt (nach Def. 4 dieses Teils), d. h. (nach Lehrsatz 18, T. 3) was Hoffnung oder Furcht nährt, und folglich ist der Affekt gegen ein mögliches Ding heftiger. W. z. b. w.

Folgesatz. Der Affekt gegen ein Ding, von dem wir wissen, daß es gegenwärtig nicht vorhanden ist, und das wir uns als zufällig vorstellen, ist viel schwächer, als wenn wir uns das Ding als jetzt vor uns gegenwärtig vorstellten.

Beweis. Der Affekt gegen ein Ding, welches wir uns als gegenwärtig vorhanden vorstellen, ist intensiver, als wenn wir dasselbe uns als zukünftig vorstellten (nach Folgesatz zu Lehrsatz 9 dieses Teils), und ist viel heftiger, wenn wir uns vorstellen, daß die Zukunft sehr weit entfernt von der Gegenwart ist (nach Lehrsatz 10 dieses Teils). Der Affekt gegen ein Ding, dessen Daseinszeit wir uns als weit von der Gegenwart entfernt vorstellen, ist daher viel schwächer, als wenn wir es als gegenwärtig vorstellten, und dennoch ist er (nach dem obigen Lehrsatz) intensiver, als wenn wir uns das Ding als zufällig vorstellten, und folglich wird der Affekt gegen ein zufälliges Ding viel schwächer sein, als wenn wir uns das Ding als jetzt vor uns gegenwärtig vorstellten. W. z. b. w.

Lehrsatz 13. Der Affekt gegen ein zufälliges Ding, von dem wir wissen, daß es gegenwärtig nicht vorhanden ist, ist bei sonst gleichen Umständen schwächer als der Affekt gegen ein vergangenes Ding.

Beweis. Insofern wir uns ein Ding als zufällig vorstellen, werden wir durch keine Vorstellung eines anderen Dinges affiziert, welche das Dasein des Dinges setzte (nach Def. 3 dieses Teils). Dagegen stellen wir uns aber (nach der Voraussetzung) einiges vor, was das gegenwärtige Dasein des Dinges ausschließt. Insofern wir es aber mit Beziehung auf die Vergangenheit vorstellen, insofern wird angenommen, daß wir etwas vorstellen, was es ins Gedächtnis bringt, oder was die Vorstellung des Dinges aufregt (siehe Lehrsatz 18, T. 2 mit der Anm.) und folglich insofern macht, daß wir es betrachten, als ob es gegenwärtig wäre (nach Folgesatz zu Lehrsatz 17, T. 2). Und folglich ist (nach Lehrsatz 9 dieses Teils) der Affekt gegen ein zufälliges Ding, von dem wir wissen, daß es gegenwärtig nicht vorhanden ist, bei sonst gleichen Umständen schwächer als der Affekt gegen ein vergangenes Ding. W. z. b. w.

Lehrsatz 14. Die wahre Erkenntnis des Guten und Bösen kann, insofern sie wahr ist, keinen Affekt einschränken, sondern nur, insofern sie als Affekt betrachtet wird.

Beweis. Der Affekt ist (nach der allgemeinen Definition der Affekte) eine Idee, durch welche der Geist eine größere oder geringere Daseinskraft seines Körpers als vorher bejaht und folglich (nach Lehrsatz 1 dieses Teils) nichts Positives, was durch die Gegenwart des Wahren aufgehoben werden könnte, und folglich kann die wahre Erkenntnis des Guten und Bösen, insofern sie wahr ist, keinen Affekt einschränken. Insofern sie aber Affekt ist (siehe Lehrsatz 8 dieses Teils), wenn sie stärker ist als die einzuschränkenden Affekte, kann sie nur insofern (nach Lehrsatz 7 dieses Teils) den Affekt einschränken. W. z. b. w.

Lehrsatz 15. Die Begierde, welche aus der wahren Erkenntnis des Guten und Bösen entspringt, kann durch viele andere Begierden, welche aus Affekten, die uns bestürmen, entspringen, erstickt oder eingeschränkt werden.

Beweis. Aus der wahren Erkenntnis des Guten und Bösen, insofern diese (nach Lehrsatz 8 dieses Teils) Affekt ist, entspringt notwendig Begierde (nach Def. 1 der Affekts, die um so größer ist, je größer der Affekt ist, aus dem sie entspringt (nach Lehrsatz 37 T. 3). Weil aber diese Begierde (nach der Voraussetzung) daraus entspringt, daß wir etwas wahrhaft erkennen, folgt sie also in uns, insofern wir tätig sind (nach Lehrsatz 1, T. 3), und muß also aus unserem Wesen allein erkannt werden (nach Def. 2, T. 3), und folglich (nach Lehrsatz 7, T. 3) muß ihre Macht und ihr Wachstum aus dem menschlichen Vermögen allein erklärt werden. Die Begierden ferner, die aus den Affekten, die uns bestürmen, entspringen, sind auch um so größer, je heftiger diese Affekte sind. Folglich muß ihre Macht und ihr Wachstum (nach Lehrsatz 5 dieses Teils) aus dem Vermögen der äußeren Ursachen erklärt werden, welches mit dem unsrigen verglichen unser Vermögen unbestimmt übertrifft (nach Lehrsatz 3 dieses Teils). Also können die Begierden, welche aus ähnlichen Affekten entspringen, heftiger sein als diejenige, welche aus der wahren Erkenntnis des Guten und Bösen entspringt, und werden diese daher (nach Lehrsatz 7 dieses Teils) einschränken oder ersticken können. W. z. b. w.

Lehrsatz 16. Die Begierde, welche aus der Erkenntnis des Guten und Bösen entspringt, sofern diese Erkenntnis sich auf die Zukunft bezieht, kann leichter durch die Begierde zu den in der Gegenwart angenehmen Dingen eingeschränkt oder erstickt werden.

Beweis. Der Affekt gegen ein Ding, das wir uns als zukünftig vorstellen, ist schwächer als gegen ein gegenwärtiges (nach Folgesatz zu Lehrsatz 9 dieses Teils). Die Begierde aber, welche aus der wahren Erkenntnis des Guten und Bösen entspringt, kann auch, wenn diese Erkenntnis sich auf Dinge bezieht, die in der Gegenwart gut sind, durch irgendeine rein zufällige Begierde erstickt oder eingeschränkt werden (nach dem vorigen Lehrsatz, dessen Beweis allgemein ist). Also wird die Begierde, welche aus derselben Erkenntnis entspringt, insofern diese sich auf die Zukunft bezieht, leichter eingeschränkt oder erstickt werden können usw. W. z. b. w.

Lehrsatz 17. Die Begierde, welche aus der wahren Erkenntnis des Guten oder Bösen entspringt, insofern diese auf zufällige Dinge geht, kann noch viel leichter durch die Begierde nach Dingen, welche gegenwärtig sind, eingeschränkt werden.

Beweis. Dieser Lehrsatz wird auf dieselbe Weise wie der vorhergehende bewiesen aus Folgesatz zu Lehrsatz 12 dieses Teils.

Anmerkung. Hiermit glaube ich die Ursache aufgezeigt zu haben, weshalb die Menschen sich mehr von der Meinung als von der wahren Vernunft bewegen lassen, und weshalb die wahre Erkenntnis des Guten und Bösen Unruhe in der Seele erweckt und häufig von der Sinnenlust jeder Art besiegt wird, woher jener Ausspruch des Dichters entstand:

> Ich erkenn' und lobe das Bessre,
> Schlechterem folge ich nach.

Dasselbe scheint auch der Prediger im Sinne gehabt zu haben, wenn er sagt: Wer das Wissen mehret, mehret den Schmerz.Dies sage ich aber nicht zu dem Zweck, um daraus zu schließen, daß es vorzüglicher ist, nicht zu wissen, als zu wissen, oder daß in der Mäßigung der Affekte kein Unterschied zwischen den Toren und den Einsichtsvollen ist, sondern deshalb, weil es notwendig ist, sowohl die Ohnmacht wie das Vermögen unserer Natur zu erkennen, um bestimmen zu können, was die Vernunft in der Mäßigung der Affekte vermag und nicht vermag, und ich habe gesagt, daß ich in diesem Teile nur von dem menschlichen Unvermögen handeln werde. Denn von der Macht der Vernunft über die Affekte habe ich mir vorgesetzt, besonders zu sprechen.

Lehrsatz 18. Die Begierde, welche aus der Lust entspringt, ist, bei sonst gleichen Umständen, stärker als die Begierde, welche aus der Unlust entspringt.

Beweis. Die Begierde ist das eigentliche Wesen des Menschen (nach Def. 1 der Affekte), d. h. (nach Lehrsatz 7, T. 3) das Streben, wodurch der Mensch in seinem Sein zu beharren strebt. Deshalb wird die Begierde, welche aus der Lust entspringt, durch den Affekt der Lust an sich erweitert oder vermehrt (nach der Def. der Lust in der Anm. zu Lehrsatz 11, T. 3); dagegen wird die aus der Unlust entspringende Begierde durch den Affekt der Unlust an sich (nach derselben Anmerkung) vermindert oder eingeschränkt. Folglich muß die Macht der Begierde, welche aus der Lust entspringt, aus dem menschlichen Vermögen in Verbindung mit dem Vermögen einer äußeren Ursache erklärt werden, die aus der Unlust entspringende Begierde aber allein aus dem menschlichen Vermögen. Und folglich ist jene stärker als diese. W. z. b. w.

Anmerkung. Mit diesem Wenigen habe ich die Ursachen des menschlichen Unvermögens und Unbestandes, und weshalb die Menschen die Vorschriften der Vernunft nicht befolgen, erklärt. Es ist nun noch zu zeigen, was das ist, was die Vernunft uns vorschreibt und welche Affekte mit den Regeln der menschlichen Vernunft übereinkommen, und welche andererseits ihnen entgegengesetzt sind. Ehe ich aber dies in unserer ausführlichen geometrischen Ordnung zu beweisen anfange, will ich die eigentlichen Vorschriften der Vernunft hier vorher kurz anzeigen, damit jeder das, was ich meine, leichter begreift. – Da die Vernunft nichts gegen die Natur verlangt, verlangt sie also selbst, daß jeder sich liebt, seinen Nutzen, das was ihm wahrhaft nützlich ist, sucht, und alles was den Menschen wahrhaft zu größerer Vollkommenheit leitet, erstrebt und überhaupt, daß jeder sein Sein so viel an ihm liegt zu erhalten strebt. Dies ist so notwendig wahr, als daß das Ganze größer ist als sein Teil (siehe Lehrsatz 4, T. 3). Da seiner Tugend (nach Def. 8 dieses Teils) nichts anderes ist, als nach den Gesetzen der eigenen Natur handeln, und jeder sein Sein (nach Lehrsatz 7, T. 3) nur nach den Gesetzen seiner eigenen Natur zu erhalten strebt, so folgt hieraus *erstens*: daß die Grundlage der Tugend eben das Bestreben ist, das eigene Sein zu erhalten, und daß das Glück darin besteht, daß der Mensch sein Sein erhalten kann. *Zweitens* folgt, daß die Tugend um ihrer selbst willen zu begehren ist, und daß es nichts gibt, was vortrefflicher oder nützlicher für uns wäre als sie, um dessentwillen sie begehrt werden müßte.

Endlich folgt *drittens*, daß die Selbstmörder geistesohnmächtig sind und gänzlich von äußeren, ihrer Natur widerstrebenden Ursachen besiegt werden. Außerdem folgt aus Postulat 4, Teil 2, daß wir nie bewirken können, daß wir zur Erhaltung unseres Seins nichts außer uns selbst bedürfen und so leben, daß wir keinen Verkehr mit den Dingen, welche außer uns sind, haben, und daß, wenn wir überdies auf unseren Geist sehen, unser Verstand sicherlich unvollkommener wäre, wenn der Geist allein wäre und außer sich selbst nichts erkennte. Es gibt daher vieles außer uns, was uns nützlich und was deshalb zu begehren ist. Unter diesen kann nichts Vorzüglicheres erdacht werden als das, was gänzlich mit unserer Natur übereinkommt. Denn wenn z. B. zwei Individuen ganz gleicher Natur miteinander verbunden werden, so bilden sie ein Individuum, das doppelt so mächtig ist als ein einzelnes. Es ist daher dem Menschen nichts nützlicher als der Mensch; nichts Besseres, wiederhole ich, können sich die Menschen zur Erhaltung ihres Seins wünschen, als daß alle in allem so übereinstimmen, daß die Geister und Körper aller gleichsam einen Geist und einen Körper bilden und alle zugleich, soviel sie vermögen, ihr Sein zu erhalten streben und alle zugleich den gemeinschaftlichen Nutzen aller für sich suchen. Hieraus folgt, daß die Menschen, welche von der Vernunft geleitet werden, d. h. die Menschen, welche nach der Leitung der Vernunft ihren Nutzen suchen, nichts für sich begehren, was sie nicht auch für die übrigen Menschen wünschten, und daß sie also gerecht, treu und ehrenhaft sind.

Dies sind die Vorschriften der Vernunft, die ich hier kurz darzustellen mir vorgesetzt hatte, bevor ich damit anfange, sie weitläufig der Reihe nach zu beweisen; ich habe dies deshalb getan, um mir womöglich die Aufmerksamkeit derer zu verschaffen, welche glauben, dieses Prinzip, daß nämlich jeder gehalten ist, das ihm Nützliche zu suchen, sei die Grundlage des Lasters und nicht vielmehr die der Tugend und Frömmigkeit. Nachdem ich nun kurz gezeigt habe, daß die Sache sich umgekehrt verhält, fahre ich fort, dies auf demselben Wege zu beweisen, auf dem wir bisher fortgeschritten sind.

Lehrsatz 19. Jeder verlangt oder meidet notwendig den Gesetzen seiner Natur gemäß das, was er für gut oder böse hält.

Beweis. Die Erkenntnis des Guten und Bösen ist (nach Lehrsatz 8 dieses Teils) eben der Affekt der Lust oder Unlust, insofern wir uns desselben bewußt sind, und also verlangt (nach Lehrsatz 28, T. 3) jeder notwendig das, was er für gut, und meidet dagegen, was er für böse hält. Dieses Verlangen ist aber nichts anderes als eben das Wesen oder die Natur des Menschen (nach der Def. des

Verlangens in der Anm. zu Lehrsatz 9, T. 3 und Def. 1 der Affekte). Also verlangt oder meidet notwendig jeder den Gesetzen seiner Natur gemäß usw. W. z. b. w.

Lehrsatz 20. Je mehr jemand strebt und vermag das ihm Nützliche zu suchen, d. h. sein Sein zu erhalten, um so mehr ist er mit Tugend begabt, und dagegen insofern jemand das ihm Nützliche zu suchen, d. h. sein Sein zu erhalten unterläßt, insoweit ist er unvermögend.

Beweis. Tugend ist das menschliche Vermögen selbst, welches aus dem Wesen des Menschen allein erklärt wird (nach Def. 8 dieses Teils), d. h. (nach Lehrsatz 7, T. 3), welches allein aus dem Streben erklärt wird, nach welchem der Mensch in seinem Sein zu beharren strebt. Je mehr daher jemand sein Sein zu erhalten strebt und vermag, um so mehr ist er mit Tugend begabt, und folglich (nach Lehrsatz 4 und 6, T. 3) insofern jemand sein Sein zu erhalten unterläßt, insofern ist er unvermögend. W. z. b. w.

Anmerkung. Niemand unterläßt also, wenn er nicht von äußeren und seiner Natur entgegengesetzten Ursachen besiegt wird, das ihm Nützliche zu verlangen oder sein Sein zu erhalten. Niemand, sage ich, meidet das Essen oder mordet sich selber der Notwendigkeit seiner Natur gemäß, sondern von äußeren Ursachen gezwungen. Dies kann auf viele Weisen geschehen; der eine mordet sich selbst von einem anderen gezwungen, der ihm die rechte Hand, in welcher er zufällig ein Schwert hält, umdreht und ihn zwingt, die Spitze gegen seine eigene Brust zu kehren; ein anderer wird durch den Befehl eines Tyrannen gezwungen, wie Seneca, seine Adern zu öffnen, d. h. er will einem größeren Übel durch ein kleineres entgehen; oder endlich, wenn unbekannte äußere Ursachen seine Vorstellungen so disponieren und seinen Körper so affizieren, daß dieser eine andere der früheren entgegengesetzte Natur annimmt, von der es im Geiste keine Idee geben kann (nach Lehrsatz 10, T. 3). Aber daß der Mensch gemäß der Notwendigkeit seiner Natur streben sollte, nicht da zu sein, oder in eine andere Gestalt verwandelt zu werden, ist genau so unmöglich, wie daß aus nichts etwas werde, wie jeder mit wenigem Nachdenken einsehen kann.

Lehrsatz 21. Niemand kann begehren glücklich zu sein, gut zu handeln und gut zu leben, der nicht zugleich zu sein, zu handeln und zu leben, d. h. wirklich da zu sein begehrt.

Beweis. Der Beweis dieses Lehrsatzes oder vielmehr die Sache selbst ist an sich klar und ergibt sich auch aus der Definition der Begierde. Denn die Begierde (nach Def. 1 der Affekte), glücklich oder gut zu leben, zu handeln usw. ist eben das Wesen des Menschen, d. h. nach Lehrsatz 7, T. 3) das Streben, wonach ein jeder sein Sein zu erhalten strebt. Also kann niemand die Begierde haben usw. W. z. b. w.

Lehrsatz 22. Keine Tugend kann früher als diese (nämlich als das Bestreben, sich zu erhalten) begriffen werden.

Beweis. Das Bestreben, sich zu erhalten, ist eben das Wesen des Dinges (nach Lehrsatz 7, T. 3). Wenn daher eine Tugend früher als diese, nämlich als dies Streben, begriffen werden könnte, so würde also (nach Def. 8 dieses Teils) das Wesen des Dinges selbst früher als es selbst begriffen werden, was (wie an sich klar) widersinnig ist. Also kann keine Tugend usw. W. z. b. w.

Folgesatz. Das Streben, sich zu erhalten, ist die erste und einzige Grundlage der Tugend. Denn früher als dies Prinzip kann kein anderes gedacht werden (nach dem vorigen Lehrsatz) und ohne dasselbe (nach Lehrsatz 21 dieses Teils) kann keine Tugend gedacht werden.

Lehrsatz 23. Sofern der Mensch dadurch bestimmt wird, etwas zu tun, daß er inadäquate Ideen hat, kann man von ihm nicht absolut sagen, daß er tugendhaft handelt, sondern nur insofern er durch das bestimmt wird, was er erkennt. *Beweis.* Insofern der Mensch dadurch zum Tun bestimmt wird, daß er inadäquate Ideen hat, insofern leidet er (nach Lehrsatz 1,T.3), d. h. (nach Def. 1 und 2, T. 3) er tut etwas, was aus seinem bloßen Wesen nicht aufgefaßt werden kann, d. h. (nach Def. 8 dieses Teils) was nicht vermöge seiner Tugend erfolgt. Insofern er aber durch das, was er erkennt, bestimmt wird, etwas zu tun, insofern ist er (nach demselben Lehrsatz 1,T. 3) tätig, d. h. (nach Def. 2, T. 3) er tut etwas, was aus seinem bloßen Wesen aufgefaßt wird, oder (nach Def. 8 dieses Teils) was aus seiner Tugend adäquat erfolgt. *W. z. b. w.*

Lehrsatz 24. Absolut tugendhaft handeln ist nichts anderes in uns, als nach der Leitung der Vernunft handeln, leben, sein Sein erhalten (diese drei bedeuten dasselbe) aus dem Grunde, daß man seinen eigenen Nutzen sucht.

Beweis. Absolut tugendhaft handeln ist nichts anderes (nach Def. 8 dieses Teils), als nach den Gesetzen seiner eigenen Natur handeln. Wir handeln aber nur insofern, als wir erkennen (nach Lehrsatz 3, T. 3). Also ist tugendhaft handeln nichts anderes in uns, als nach der Leitung der Vernunft handeln, leben, sein Sein erhalten, und zwar (nach Folgesatz zu Lehrsatz 22 dieses Teils) aus dem Grunde, daß man seinen eigenen Nutzen sucht. *W. z. b. w.*

Lehrsatz 25. Niemand strebt sein Sein um eines anderen Dinges wegen zu erhalten.

Beweis. Das Streben, wonach jedes Ding in seinem Sein zu beharren strebt, wird allein aus dem Wesen des Dinges selbst erklärt (nach Lehrsatz 7, T. 3), und nur daraus, daß dies gegeben ist, nicht aber aus dem Wesen eines anderen Dinges folgt notwendig (nach Lehrsatz 6, T. 3), daß jeder sein Sein zu erhalten strebt. Dieser Lehrsatz erhellt außerdem aus dem Folgesatz zu Lehrsatz 22 dieses Teils. Denn wenn der Mensch danach strebte, um eines anderen Dinges willen sein Sein zu erhalten, dann wäre dieses Ding die erste Grundlage der Tugend (wie sich von selbst versteht), was (nach dem angeführten Folgesatz) widersinnig ist. Also strebt niemand sein Sein usw. *W. z. b. w.*

Lehrsatz 26. Alles das, wonach wir der Vernunft gemäß streben, ist nichts anderes als das Erkennen, und der Geist hält, sofern er die Vernunft anwendet, nur das für ihn nützlich, was zum Erkennen führt.

Beweis. Das Streben, sich zu erhalten, ist nichts als das Wesen des Dinges selbst (nach Lehrsatz 7, T. 3), welches, sofern es als solches da ist, im Besitze der Kraft gedacht wird, in seinem Dasein zu beharren (nach Lehrsatz 6, T. 3) und das zu tun, was aus seiner gegebenen Natur notwendig folgt (siehe die Def. des Verlangens in der Anm. zu Lehrsatz 9, T. 3). Das Wesen der Vernunft ist aber nichts anderes als unser Geist, insofern er klar und deutlich erkennt (siehe die Def. in der Anm. 2 zu Lehrsatz 40, T. 2). Also ist (nach Lehrsatz 40, T. 2) alles das, was wir der Vernunft gemäß erstreben, nichts anderes als Erkennen. Ferner, da dies Streben des Geistes, wonach der Geist, sofern er vernunftmäßig verfährt, sein Sein zu erhalten strebt, nichts anderes als Erkennen ist (nach dem ersten Teil dieses Lehrsatzes), so ist also dies Streben nach Einsicht (nach dem Folgesatz zu Lehrsatz 22 dieses Teils) die erste und einzige Grundlage der Tugend, und wir werden nicht um irgendeines Zweckes willen (nach Lehrsatz 25 dieses Teils) die Dinge zu erkennen streben, sondern vielmehr der Geist wird, insofern er vernunftmäßig verfährt, bloß das als für ihn gut begreifen können, was zum Erkennen führt (nach Def. 1 dieses Teils). *W. z. b. w.*

Lehrsatz 27. Wir wissen von nichts gewiß, daß es gut oder böse ist, als von dem, was uns wirklich zur Erkenntnis führt, oder was uns an der Erkenntnis hindern kann.

Beweis. Der Geist begehrt, insofern er vernunftgemäß verfährt, nichts anderes als das Erkennen, und hält nichts anderes für ihn nützlich als das, was zur

Erkenntnis führt (nach dem vorigen Lehrsatz). Der Geist hat aber (nach Lehrsatz 41 und 43, T. 2 nebst der Anm.) nur Gewißheit über die Dinge, insofern er adäquate Ideen hat, oder (was nach Anm. zu Lehrsatz 40, T. 2 dasselbe ist) insofern er vernunftgemäß verfährt. Also wissen wir nur von dem gewiß, daß es gut ist, was uns wirklich zur Erkenntnis führt, und dagegen von demjenigen, daß es böse ist, was uns an der Erkenntnis hindern kann. *W. z. b. w.*

Lehrsatz 28. Das höchste Gut des Geistes ist die Erkenntnis Gottes, und die höchste Tugend des Geistes ist, Gott zu erkennen.

Beweis. Das Höchste, was der Geist erkennen kann, ist Gott, d. h. (nach Def. 6, T. 1) das absolut unendliche Seiende, ohne welches (nach Lehrsatz 15, T. 1) nichts sein noch begriffen werden kann; folglich ist (nach Lehrsatz 26 und 27 dieses Teils) das höchste Nützliche für den Geist oder (nach Def. 1 dieses Teils) das höchste Gut die Erkenntnis Gottes. Ferner handelt der Geist nur insofern, inwiefern er erkennt (nach Lehrsatz 1 und 3, T. 3), und nur insofern kann man (nach Lehrsatz 23 dieses Teils) von ihm absolut sagen, daß er tugendhaft handelt. Die absolute Tugend des Geistes ist daher das Erkennen. Das Höchste aber, was der Geist erkennen kann, ist Gott (wie eben bewiesen). Also ist die höchste Tugend des Geistes, Gott zu erkennen oder einzusehen. W. z. b. w.

Lehrsatz 29. Jedes Einzelding, dessen Natur von der unsrigen durchaus verschieden ist, kann unser Tätigkeitsvermögen weder erweitern noch einschränken, und überhaupt kann kein Ding für uns gut oder schlecht sein, wenn es nicht etwas Gemeinsames mit uns hat.

Beweis. Das Vermögen jedes Einzeldinges, und folglich (nach Folgesatz zu Lehrsatz 10, T. 2) des Menschen, durch welches er da ist und wirkt, wird nur von einem anderen Einzeldinge bestimmt (nach Lehrsatz 28, T. 1), dessen Natur (nach Lehrsatz 6, T. 2) aus demselben Attribut verstanden werden muß, aus welchem die menschliche Natur begriffen wird. Unser Tätigkeitsvermögen kann also, wie es auch begriffen wird, zwar durch das Vermögen eines anderen Einzeldinges, welches etwas Gemeinsames mit uns hat, bestimmt und folglich erweitert oder eingeschränkt werden, nicht aber durch das Vermögen eines Dinges, dessen Natur von der unsrigen durchaus verschieden ist. Und weil wir das gut oder schlecht nennen, was die Ursache der Lust oder Unlust ist (nach Lehrsatz 8 dieses Teils), d. h. (nach Anm. zu Lehrsatz 11, T. 3) was unser Tätigkeitsvermögen vermehrt oder vermindert, erweitert oder einschränkt; so kann also ein Ding, dessen Natur von der unsrigen durchaus verschieden ist, für uns weder gut noch schlecht sein. W. z. b. w.

Lehrsatz 30. Kein Ding kann durch das, was es mit unserer Natur gemein hat, schlecht sein, sondern insofern es für uns schlecht ist, insofern ist es uns entgegengesetzt.

Beweis. Wir nennen das schlecht, was Ursache der Unlust ist (nach Lehrsatz 8 dieses Teils), d. h. (nach der Def. derselben in der Anm. zu Lehrsatz 11, T. 3) was unser Tätigkeitsvermögen vermindert oder einschränkt. Wenn daher ein Ding durch das, was es mit uns gemein hat, für uns schlecht wäre, so könnte also dieses Ding eben das, was es mit uns gemein hat, vermindern oder einschränken. Dies ist (nach Lehrsatz 4, T. 3) widersinnig. Kein Ding kann daher durch das, was es mit uns gemeinsam hat, für uns schlecht sein, sondern umgekehrt, insofern es schlecht ist, d. h. (wie eben gezeigt) insofern es unser Tätigkeitsvermögen vermindern oder einschränken kann, insofern ist es (nach Lehrsatz 5, T. 3) uns entgegengesetzt. *W. z. b. w.*

Lehrsatz 31. Insofern ein Ding mit unserer Natur übereinstimmt, insofern ist es notwendig gut.

Beweis. Denn insofern ein Ding mit unserer Natur übereinstimmt, kann es (nach dem vorigen Lehrsatz) nicht schlecht sein, es wird also notwendig entweder gut oder indifferent sein; gesetzt, es wäre das letztere, nämlich weder gut noch schlecht, so wird also (nach der Def. 1 dieses Teils) aus seiner Natur nichts erfolgen, was zur Erhaltung unserer Natur dient, d. h. (nach her Voraussetzung) was zur Erhaltung der Natur des Dinges an sich dient. Dieses ist aber (nach Lehrsatz 6, T. 3) widersinnig, es wird daher, insofern es mit unserer Natur übereinstimmt, notwendig gut sein. *W. z. b. w.*

Folgesatz. Hieraus folgt, daß ein Ding für uns um so nützlicher oder um so besser ist, je mehr es mit unserer Natur übereinstimmt, und andererseits, je nützlicher uns ein Ding ist, um so mehr stimmt es insofern mit unserer Natur überein. Denn sofern es mit unserer Natur nicht übereinstimmt, wird es notwendig von unserer Natur verschieden oder ihr entgegengesetzt sein; wenn verschieden, dann kann es (nach Lehrsatz 29 dieses Teils) weder gut noch schlecht sein; wenn aber entgegengesetzt, so wird es auch dem entgegengesetzt sein, was mit unserer Natur übereinstimmt, d. h. (nach dem vorigen Lehrsatz) es wird dem Guten entgegengesetzt oder schlecht sein. Es kann also nichts auf eine andere Weise gut sein, als insofern es mit unserer Natur übereinstimmt, und folglich, je mehr ein Ding mit unserer Natur übereinstimmt, um so nützlicher ist es und umgekehrt. *W. z. b. w.*

Lehrsatz 32. Insofern die Menschen den Leidenschaften unterworfen sind, sofern kann man nicht sagen, daß sie von Natur übereinstimmen.

Beweis. Wenn man von etwas sagt, daß es von Natur übereinstimmt, versteht man darunter, daß es durch sein Vermögen übereinstimme (nach Lehrsatz 7, T. 3), nicht aber durch sein Unvermögen oder seine Negation, und folglich (siehe Anm. zu Lehrsatz 3, T. 3) auch nicht durch Leidenschaft. Deshalb kann man von den Menschen, insofern sie den Leidenschaften unterworfen sind, nicht sagen, daß sie von Natur übereinstimmen. *W. z. b. w.*

Anmerkung. Die Sache ist auch für sich offenbar. Denn wer sagt, daß weiß und schwarz nur darin übereinstimmen, daß keines von beiden rot ist, der behauptet absolut, daß weiß und schwarz in keiner Hinsicht übereinstimmen. So auch wenn jemand sagt, daß Stein und Mensch nur darin übereinstimmen, daß beide begrenzt, unvermögend, oder daß sie nicht vermöge der Notwendigkeit ihrer Natur da sind, oder endlich, daß sie von der Macht der äußeren Ursachen unendlich übertreffen werden, so behauptet dieser überhaupt, daß Stein und Mensch in keiner Hinsicht übereinstimmen; denn Dinge, die in der bloßen Negation, oder in dem, was sie nicht haben, übereinstimmen, stimmen in keiner Hinsicht wirklich überein.

Lehrsatz 33. Die Menschen können von Natur voneinander verschieden sein, insofern sie von Affekten, welche Leidenschaften sind, bestürmt werden, und insofern ist ein und derselbe Mensch sich ungleich und unbeständig.

Beweis. Die Natur oder das Wesen der Affekte kann nicht durch unser Wesen oder durch unsere Natur allein ausgedrückt werden (nach Def. 1 und 2, T. 3); sondern muß aus dem Vermögen, d. h. (nach Lehrsatz 7, T. 3) aus der Natur der äußeren Ursachen verglichen mit der unsrigen erklärt werden. Daher kommt es, daß es so viele Arten von jedem Affekt gibt, als es Arten der Objekte gibt, von denen wir affiziert werden (siehe Lehrsatz 56, T. 3), und daß die Menschen von einem und demselben Objekte verschiedenartig affiziert werden (siehe Lehrsatz 51, T. 3) und insofern von Natur verschieden sind, und endlich, daß ein und derselbe Mensch (nach demselben Lehrsatz 51, T. 3) gegen dasselbe Objekt verschiedenartig affiziert wird und insofern unbeständig ist usw. *W. z. b. w.*

Lehrsatz 34. Insofern die Menschen von Affekten, welche Leidenschaften sind, bestürmt werden, können sie einander entgegengesetzt sein.

Beweis. Ein Mensch, z. B. der Peter, kann die Ursache sein, daß der Paul Unlust empfindet, weil er Ähnlichkeit mit einem Dinge hat, das Paul haßt (nach Lehrsatz 16, T. 3), oder weil der Peter allein ein Ding besitzt, welches Paul selbst auch liebt (siehe Lehrsatz 32, T. 3 mit der Anm.), oder aus anderen Ursachen (die wichtigsten davon siehe in der Anm. zu Lehrsatz 55, T. 3). Daher wird es kommen (nach Def. 7 der Affekte), daß Paul den Peter haßt, und folglich ist es leicht möglich (nach Lehrsatz 40, T. 3 mit der Anm.), daß Peter den Paul wieder haßt, und daß sie also (nach Lehrsatz 39, T. 3) einander Übles zuzufügen streben, d. h. (nach Lehrsatz 30 dieses Teils), daß sie einander entgegen sind. Der Affekt der Unlust ist aber immer eine Leidenschaft (nach Lehrsatz 59, T. 3). Also können die Menschen, sofern sie von Affekten, welche Leidenschaften sind, bestürmt werden, einander entgegengesetzt sein. *W. z. b. w.*

Anmerkung. Ich habe gesagt, Paul hasse den Peter, weil er sich vorstellt, dieser besitze das, was Paul selbst auch liebt. Hieraus scheint beim ersten Anblicke zu folgen, daß diese beiden dadurch, daß sie dasselbe lieben, und folglich dadurch, daß sie von Natur übereinstimmen einander zum Schaden gereichen, und sonach wenn dies wahr wäre, müßten Lehrsatz 30 und 31 dieses Teils falsch sein. Wenn wir aber die Sache gehörig erwägen wollen, so werden wir sehen, daß dies alles vollständig übereinstimmt. Denn diese beiden sind einander nicht lästig, sofern sie von Natur übereinstimmen, d. h. insofern beide dasselbe lieben, sondern insofern sie voneinander abweichen. Denn insofern beide dasselbe lieben, wird eben dadurch die Liebe beider genährt (nach Lehrsatz 31, T. 3), d. h. (nach Def. 6 der Affekte) eben dadurch wird die Lust beider genährt. Weit entfernt daher, daß beide einander lästig sind, insofern sie dasselbe lieben und von Natur übereinstimmen, ist vielmehr die Ursache hiervon, wie gesagt, keine andere, als daß man annimmt, daß sie von Natur voneinander abweichen. Denn wir nehmen an, Peter habe die Idee eines geliebten Gegenstandes, den er jetzt in Besitz hat, und Paul dagegen die Idee eines geliebten Gegenstandes, den er verloren hat. Daher kommt es, daß dieser von Unlust, jener dagegen von Lust affiziert wird, und sie insofern einander entgegengesetzt sind. Auf diese Weise können wir leicht zeigen, daß die übrigen Ursachen des Hasses davon allein abhängen, daß die Menschen von Natur verschieden sind, nicht aber darin, worin sie übereinstimmen.

Lehrsatz 35. Insofern die Menschen nach der Leitung der Vernunft leben, nur insofern stimmen sie von Natur stets notwendig überein.

Beweis. Insofern die Menschen von Affekten, welche Leidenschaften sind, bestürmt werden, können sie von Natur verschieden (nach Lehrsatz 33 dieses Teils) und einander entgegengesetzt sein (nach dem vorigen Lehrsatz). Aber nur insofern sagt man, die Menschen handeln, als sie nach der Leitung der Vernunft leben (nach Lehrsatz 3, T. 3), und also muß alles, was aus der menschlichen Natur folgt, sofern sie durch Vernunft definiert wird (nach Def. 2, T. 3), durch die menschliche Natur allein als durch seine nächste Ursache eingesehen werden. Weil aber jeder, den Gesetzen seiner Natur gemäß, das begehrt, was er für gut, und das zu entfernen strebt, was er für schlecht hält (nach Lehrsatz 19 dieses Teils), und da überdies das, was wir nach dem Gebote der Vernunft für gut oder schlecht halten, notwendig gut oder schlecht ist (nach Lehrsatz 41, T. 2), so tun also die Menschen, insofern sie nach der Leitung der Vernunft leben, notwendig nur das, was der menschlichen Natur, und folglich jedem Menschen notwendig gut ist, d. h. (nach dem Folgesatz zu Lehrsatz 31 dieses Teils) was mit der Natur eines jeden Menschen übereinstimmt, und also stimmen die Menschen auch unter sich, sofern sie nach der Leitung der Vernunft leben, stets notwendig überein. *W. z. b. w.*

Folgesatz 1. Es gibt in der Natur nichts einzelnes, was dem Menschen nützlicher wäre als der Mensch, der nach der Leitung der Vernunft lebt. Denn was mit seiner Natur am meisten übereinstimmt, ist dem Menschen am nützlichsten (nach Folgesatz zu Lehrsatz 3I dieses Teils), d. h. (wie sich von selbst versteht) der Mensch. Der Mensch handelt aber absolut gemäß den Gesetzen seiner Natur, wenn er nach der Leitung der Vernunft lebt (nach Def. 2, T. 3), und stimmt nur insofern immer notwendig mit der Natur eines anderen Menschen überein (nach dem vorigen Lehrsatz); also gibt es unter den Einzeldingen nichts Nützlicheres für den Menschen als den Menschen usw. *W. z. b. w.*

Folgesatz 2. Wenn jeder Mensch am meisten seinen Nutzen sucht, dann sind die Menschen am meisten einander nützlich, denn je mehr jeder seinen Nutzen sucht, und sich zu erhalten strebt, um so mehr ist er mit Tugend begabt (nach Lehrsatz 20 dieses Teils), oder was dasselbe ist (nach Def. 8 dieses Teils), mit um so größerem Vermögen ist er begabt, nach den Gesetzen seiner Natur zu handeln, d. h. (nach Lehrsatz 3, T. 3) nach der Leitung der Vernunft zu leben. Die Menschen stimmen aber dann am meisten der Natur nach überein, wenn sie nach der Leitung der Vernunft leben (nach dem vorigen Lehrsatz). Also (nach dem vorigen Folgesatz) werden die Menschen dann am meisten einander nützlich sein, wenn jeder am meisten seinen Nutzen sucht. *W. z. b. w.*

Anmerkung. Was wir soeben dargetan, bestätigt auch die Erfahrung selbst täglich durch so viele und so offenkundige Zeugnisse, daß es fast in jedermanns Munde ist: der Mensch ist dem Menschen ein Gott. Dennoch ist es selten, daß die Menschen nach der Leitung der Vernunft leben, vielmehr steht es so mit ihnen, daß sie meist neidisch und einander zur Last sind. Nichtsdestoweniger können sie ein einsiedlerisches Leben kaum vollführen, so daß die Definition: der Mensch sei ein gesellschaftliches Tier, bei den meisten sehr beifällig aufgenommen worden ist. Und in der Tat verhält sich die Sache so, daß aus dem gemeinschaftlichen Zusammenleben der Menschen weit mehr Vorteile als Nachteile entstehen. Die Satiriker mögen daher so viel sie wollen die menschlichen Dinge verlachen, die Theologen sie verdammen, und die Melancholischen mögen aus allen Kräften ein ungebildetes und bäurisches Leben preisen, die Menschen verachten und die Tiere bewundern; die Menschen werden doch die Erfahrung machen, daß sie durch gegenseitige Hilfeleistung sich das, was sie bedürfen, viel leichter verschaffen, und nur durch vereinte Kräfte die Gefahren, die ihnen überall drohen, vermeiden können, um ganz davon zu schweigen, daß es viel höher und unserer Erkenntnis weit würdiger ist, die Taten der Menschen als die der Tiere zu betrachten. Doch hiervon an einem anderen Orte ausführlicher.

Lehrsatz 36. Das höchste Gut derer, die der Tugend nachwandeln, ist allen gemeinsam, und alle können sich gleicherweise desselben erfreuen.

Beweis. Tugendhaft handeln, ist nach der Leitung der Vernunft handeln (nach Lehrsatz 24 dieses Teils), und alles, was wir der Vernunft gemäß zu tun streben, ist Erkennen (nach Lehrsatz 26 dieses Teils), also ist (nach Lehrsatz 28 dieses Teils) das höchste Gut derer, welche der Tugend nachwandeln, die Erkenntnis Gottes, d. h. (nach Lehrsatz 47, T. 2 mit der Anm. dazu) ein Gut, welches allen Menschen gemeinsam ist, und von allen Menschen, sofern sie von derselben Natur sind, in gleicher Weise besessen werden kann. *W. z. b. w.*

Anmerkung. Fragt aber jemand, wenn nun das höchste Gut derer, welche der Tugend nachwandeln, nicht allen gemeinsam wäre, ob nicht daraus wie oben (siehe Lehrsatz 34 dieses Teils) folgen würde, daß die Menschen, sofern sie der Vernunft gemäß leben, d. h. sofern sie (nach Lehrsatz 35 dieses Teils) von Natur übereinstimmen, einander entgegengesetzt wären, so diene ihm zur Antwort, daß es nicht aus einem Zufalle, sondern eben aus der Natur der Vernunft entspringt, daß das höchste Gut des Menschen allen gemeinsam ist, weil es nämlich aus dem menschlichen Wesen selbst, sofern dies durch Vernunft definiert ist, abgeleitet wird, und weil ein Mensch weder sein noch begriffen werden könnte, wenn er nicht das Vermögen hätte, sich dieses höchsten Gutes zu erfreuen; denn es gehört (nach Lehrsatz 47, T. 2) zu dem Wesen des menschlichen Geistes, eine adäquate Erkenntnis des ewigen und unendlichen Wesens Gottes zu haben.

Lehrsatz 37. Das Gut, welches jeder, der der Tugend nachwandelt, für sich begehrt, wird er auch den übrigen Menschen wünschen und um so mehr, je größer seine Erkenntnis Gottes ist.

Beweis. Die Menschen, sofern sie nach der Leitung der Vernunft leben, sind dem Menschen am nützlichsten (nach Folgesatz 1 zu Lehrsatz 35 dieses Teils); wir werden also (nach Lehrsatz 19 dieses Teils) nach der Leitung der Vernunft notwendig zu bewirken streben, daß die Menschen nach der Leitung der Vernunft leben. Aber das Gut, das jeder, der nach dem Gebote der Vernunft lebt, d. h. (nach Lehrsatz 24 dieses Teils), welcher der Tugend nachwandelt, für sich begehrt, ist das Erkennen (nach Lehrsatz 26 dieses Teils). Also wird jeder, der der Tugend nachwandelt, das Gut, welches er für sich begehrt, auch den übrigen Menschen wünschen. Ferner ist die Begierde, sofern sie sich auf den Geist bezieht, eben das Wesen des Geistes (nach Def. 1 der Affekte). Das Wesen des Geistes besteht aber in der Erkenntnis (nach Lehrsatz 11, T. 2), welche die Erkenntnis Gottes in sich schließt (nach Lehrsatz 47, T. 2) und ohne welche (nach Lehrsatz 15, T. 1) er weder sein, noch begriffen werden kann; folglich je größere Erkenntnis Gottes das Wesen des Geistes in sich faßt, um so größer wird auch die Begierde sein, mit welcher der, welcher der Tugend nachwandelt, das für sich begehrte Gut einem anderen mitzuteilen wünscht. *W. z. b. w.*

Anderer Beweis. Ein Gut, das ein Mensch für sich begehrt und liebt, wird er um so beständiger lieben, wenn er sieht, daß andere dasselbe lieben (nach Lehrsatz 31, T. 3), und folglich (nach dem Folgesatz desselben Lehrsatzes) wird er sich bestreben, daß die übrigen dasselbe lieben. Weil nun dieses Gut allen gemeinsam ist (nach dem vorigen Lehrsatz) und alle sich desselben erfreuen können, so wird er also (aus demselben Grunde) sich bestreben, daß alle sich desselben erfreuen, und (nach Lehrsatz 37, T. 3) um so mehr, je mehr er dieses Gut genießt. *W. z. b. w. Anmerkung 1.* Wer aus bloßem Affekt sich bestrebt, daß die übrigen lieben, was er selbst liebt, und daß die übrigen nach seinem Sinne leben, handelt nur mit Ungestüm und ist deshalb verhaßt, hauptsächlich denen, welchen etwas anderes gut scheint, und die sich deshalb auch bemühen und mit demselben Ungestüm streben, daß die übrigen andererseits nach ihrem Sinne leben. Da ferner das höchste Gut, das die Menschen ihrem Affekt gemäß begehren, oft ein solches ist, daß nur einer es besitzen kann, so ist die Folge, daß die Liebenden im Geiste nicht einig mit sich selbst sind, und, während sie freudig das Lob des geliebten Gegenstandes aussprechen, fürchten sie sich davor, Glauben zu finden. Wer aber die übrigen durch Vernunft zu leiten strebt, der handelt nicht mit Ungestüm, sondern human und wohlwollend, und ist im Geiste durchaus mit sich einig. Ferner rechne ich zur *Religion* alles, wonach wir begehren, und was wir tun, wovon wir die Ursache sind, sofern wir eine Idee von Gott haben, oder sofern wir Gott erkennen. Die Begierde aber, gut zu handeln, welche daraus hervorgeht, daß wir nach der Leitung der Vernunft leben, nenne ich *Frömmigkeit*. Die Begierde sodann, wodurch der Mensch, der gemäß der Leitung der Vernunft lebt, gehalten ist, sich die übrigen durch Freundschaft zu verbinden, nenne ich *Ehrbarkeit*, und das *ehrbar*, was die Menschen lieben, die nach der Leitung der Vernunft leben, und das dagegen *unehrbar*, was der freundschaftlichen Verbindung entgegen ist. Überdies habe ich auch gezeigt, welches die Grundlagen des Staates sind. Der Unterschied ferner zwischen wahrer Tugend und Unvermögen wird aus dem oben Gesagten leicht erfaßt, daß nämlich die wahre Tugend nichts anderes ist, als nach der alleinigen Leitung der Vernunft leben, und sonach besteht das Unvermögen bloß darin, daß der Mensch von den außer ihm seienden Dingen sich leiten läßt, und dasjenige zu tun von ihnen bestimmt wird, was die gemeinschaftliche Beschaffenheit der äußeren Dinge, nicht aber das, was seine für sich allein betrachtete Natur selbst fordert. Dies ist es, was ich in der Anmerkung zu Lehrsatz 18 dieses Teils zu beweisen versprochen habe. Hieraus geht hervor, daß das Gesetz: man dürfe die Tiere nicht schlachten, mehr auf leeren Aberglauben und weibisches Mitleid als auf die gesunde Vernunft gegründet ist. Die Vernunft lehrt uns wohl, daß wir um unseres Nutzens willen mit den Menschen in freundschaftliches Verhältnis treten müssen, nicht aber mit den Tieren oder den Dingen, deren Natur von der menschlichen Natur verschieden ist; vielmehr haben wir dasselbe Recht auf sie, welches sie auf uns haben. Ja, weil das Recht eines jeden durch eines jeden Tugend oder Vermögen bestimmt wird, so haben die Menschen ein viel größeres Recht auf die Tiere als die Tiere auf die Menschen. Ich leugne jedoch nicht, daß die Tiere Empfindung haben; ich leugne nur, daß es uns deshalb verboten sein soll, für unsern Nutzen zu sorgen und sie nach Gefallen zu gebrauchen und zu behandeln, wie es uns am besten zusagt, da sie ja von Natur nicht mit uns übereinstimmen, und ihre Affekte von den menschlichen Affekten der Natur nach verschieden sind (siehe die Anm. zu Lehrsatz 57, T. 3). Ich habe nun noch zu erklären, was gerecht und was ungerecht, was Sünde, und endlich was Verdienst ist. Doch hierüber siehe die folgende Anmerkung.

Anmerkung 2. Im Anhange zum ersten Teile habe ich zu erklären versprochen, was Lob und Tadel, was Verdienst und Sünde, was gerecht und ungerecht ist. Lob und Tadel habe ich schon in der Anmerkung zu Lehrsatz 29, Teil 3 erklärt. Von dem übrigen aber zu reden ist hier der Ort. Doch ist vorher noch einiges von dem natürlichen und bürgerlichen Zustand des Menschen zu sagen.

Jeder ist nach dem höchsten Rechte der Natur da, und folglich tut jeder nach dem höchsten Rechte der Natur das, was aus der Notwendigkeit seiner Natur folgt; also beurteilt jeder nach dem höchsten Rechte der Natur, was gut und was schlecht ist, und sorgt nach seinem Sinne für seinen Nutzen (siehe Lehrsatz 19 und 20 dieses Teils), rächt sich (siehe Folgesatz 2 zu Lehrsatz 40, T. 3), strebt das, was er liebt, zu erhalten, und das, was er haßt, zu vernichten (siehe Lehrsatz 28, T. 3). Wenn die Menschen nach der Leitung der Vernunft lebten, würde jeder (nach Folgesatz 1 zu Lehrsatz 35 dieses Teils) dieses sein Recht, ohne irgendeinen Schaden des anderen erlangen; weil sie aber den Affekten unterworfen sind (nach Folgesatz zu Lehrsatz 4 dieses Teils), welche das menschliche Vermögen oder die Tugend des Menschen weit übertreffen (nach Lehrsatz 6 dieses Teils), so werden sie deshalb nach verschiedenen Richtungen hin gerissen (nach Lehrsatz 33 dieses Teils), und sind einander entgegen (nach Lehrsatz 34 dieses Teils), während sie doch gegenseitiger Hilfe bedürfen (nach Anm. zu Lehrsatz 35 dieses Teils). Damit also die Menschen einträchtig leben und einander Hilfe leisten können, so müssen sie notwendig ihr natürliches Recht aufgeben und sich gegenseitig die Sicherheit gewähren, daß sie nichts unternehmen wollen, was einem anderen zum Schaden gereichen könnte. Auf welche Weise es aber möglich ist, daß die Menschen, die notwendig den Affekten unterworfen (nach Folgesatz zu Lehrsatz 4 dieses Teils), unbeständig und wankelmütig sind (nach Lehrsatz 33 dieses Teils), einander Sicherheit gewähren können und Vertrauen aufeinander setzen, das erhellt aus Lehrsatz 7 dieses Teils und Lehrsatz 39, T. 3, daß nämlich ein Affekt nur durch einen Affekt, der stärker und dem einzuschränkenden Affekt entgegen ist, eingeschränkt werden kann, und daß jeder sich dessen enthält, Schaden zuzufügen, aus Furcht vor größerem Schaden. Durch dieses Gesetz nun kann also ein Verein begründet werden, wenn er nur sich selbst das Recht aneignet, das jeder einzelne hat, sich zu rächen, und über das Gute und Schlechte zu entscheiden; er hat also die Macht, eine gemeinschaftliche Lebensweise vorzuschreiben, Gesetze zu geben, und sie nicht durch Vernunft, welche die Affekte nicht einschränken kann (nach der Anm. zu Lehrsatz 17 dieses Teils), sondern durch Drohungen zu befestigen. Dieser durch Gesetze und die Kraft, sich zu erhalten, befestigte Verein heißt *Staat*, und diejenigen, welche durch das Recht des Staates geschützt werden, heißen *Bürger*. Hieraus erkennen wir leicht, daß es im Naturzustande nichts gibt, was nach allgemeiner Übereinstimmung gut oder schlecht ist, da ja jeder, der im Naturzustande ist, nur für seinen Nutzen sorgt, und nach seinem Sinn, und sofern nur er auf seinen Nutzen Rücksicht nimmt, entscheidet, was gut oder schlecht ist, und durch kein Gesetz gehalten ist, irgend jemand anderem als sich allein zu gehorchen. Folglich kann im Naturzustande gar kein Verbrechen begriffen werden, wohl aber im bürgerlichen Zustande, wo nach gemeinschaftlicher Übereinkunft entschieden wird, was gut oder schlecht ist, und jeder gehalten ist, dem Staate zu gehorchen. Das *Verbrechen* ist daher nichts anderes als Ungehorsam, welcher deshalb allein nach dem Staatsgesetze bestraft wird, und Gehorsam wird dagegen dem Bürger als *Verdienst* angerechnet, weil er eben dadurch für würdig erklärt wird, die Vorteile des Staates zu genießen. Ferner ist im Naturzustande niemand nach gemeinschaftlicher Übereinkunft Herr irgendeines Dinges, und es gibt in der Natur nichts, was gerade das Eigentum dieses und nicht auch das jenes Menschen genannt werden könnte, sondern alles gehört allen. Deshalb gibt es auch im natürlichen Zustande keinen Begriff von dem Willen, einem jeden das Seinige zu geben, oder einem das, was ihm gehört, zu entreißen, d. h. im Naturzustande geschieht nichts, was *gerecht* oder *ungerecht* heißen könnte, wohl aber im bürgerlichen Zustande, wo nach gemeinschaftlicher Übereinkunft entschieden wird, was diesem oder was jenem zukommt. Hieraus erhellt, daß gerecht und ungerecht, Sünde und Verdienst äußerliche Begriffe sind, nicht aber Attribute, welche die Natur des Geistes ausdrücken. Doch genug hiervon.

Lehrsatz 38. Was den menschlichen Körper so disponiert, daß er auf mehrere Weisen affiziert werden kann, oder was ihn fähig macht, die äußeren Körper auf mehrere Weisen zu affizieren, ist für den Menschen nützlich, und um so nützlicher, je fähiger der Körper dadurch gemacht wird, auf mehrere Weisen affiziert zu werden und andere Körper zu affizieren; dagegen ist das schädlich, was den Körper hierzu weniger fähig macht.

Beweis. Je fähiger der Körper hierzu gemacht wird, desto fähiger wird der Geist zum Auffassen gemacht (nach Lehrsatz 14, T. 2), und folglich ist das, was den Körper auf diese Weise disponiert und ihn dazu fähig macht, notwendig gut oder nützlich (nach Lehrsatz 26 und 27 dieses Teils), und um so nützlicher, je fähiger es den Körper hierzu machen kann, dagegen (nach demselben Lehrsatz 14, T. 2, wenn man ihn umkehrt, und Lehrsatz 26 und 27 dieses Teils) schädlich, wenn es den Körper weniger fähig hierzu macht. *W. z. b. w.*

Lehrsatz 39. Dasjenige, was bewirkt, daß das Verhältnis der Bewegung und Ruhe, welche die Teile des menschlichen Körpers gegeneinander haben, erhalten wird, ist gut; dagegen das schlecht, was bewirkt, daß die Teile des menschlichen Körpers ein anderes Verhältnis der Bewegung und Ruhe gegeneinander haben.

Beweis. Der menschliche Körper bedarf zu seiner Erhaltung sehr vieler anderer Körper (nach Post. 4, T. 2); aber das, was die Gestalt des menschlichen Körpers ausmacht, besteht darin, daß seine Teile ihre Bewegungen auf irgendeine bestimmte Weise einander mitteilen (nach der Def. vor Lehnsatz 4 hinter Lehrsatz 13, T. 2). Was also bewirkt, daß das Verhältnis der Bewegung und Ruhe, welches die Teile des menschlichen Körpers gegeneinander haben, erhalten wird, eben das erhält die Gestalt des menschlichen Körpers und bewirkt folglich (nach Post. 3 und 6, T. 2), daß der menschliche Körper auf viele Weisen affiziert werden, und daß er die äußeren Körper auf viele Weisen affizieren kann; es ist also (nach dem vorigen Lehrsatz) gut. Was ferner bewirkt, daß die Teile des menschlichen Körpers ein anderes Verhältnis der Bewegung und Ruhe erhalten, das bewirkt (nach derselben Def., T. 2), daß der menschliche Körper eine andere Gestalt annimmt, d. h. (wie an sich klar ist und wir am Schlusse der Vorrede zu diesem Teile erinnert haben), daß der menschliche Körper zerstört wird, und daß er folglich durchaus unfähig gemacht wird, auf mehrere Weisen affiziert zu werden, und ist deshalb (nach dem vorigen Lehrsatz) schlecht. *W. z. b. w.*

Anmerkung. Wieviel dies dem Geiste schaden oder nützen kann, wird im fünften Teile entwickelt werden. Hier ist aber zu bemerken, daß ich unter dem Sterben des Körpers die Zeit verstehe, wenn seine Teile so disponiert sind, daß sie ein anderes Verhältnis der Bewegung und Ruhe gegeneinander erhalten. Denn ich wage nicht zu leugnen, daß der menschliche Körper, obgleich er den Kreislauf des Blutes und mehreres andere behält, wegen dessen man glaubt, daß der Körper lebe, dennoch in eine andere von der seinigen gänzlich verschiedene Natur verwandelt werden kann. Denn es nötigt mich kein Grund, anzunehmen, der menschliche Körper sterbe nur dann, wenn er in einen Leichnam verwandelt wird. Ja, die Erfahrung selbst, scheint es uns anders zu lehren. Denn es geschieht bisweilen, daß ein Mensch solche Veränderungen erleidet, daß man ihn kaum für denselben halten kann, wie ich von einem spanischen Dichter erzählen hörte, der krank gewesen war, und obgleich genesen, dennoch sein vergangenes Leben dermaßen vergessen hatte, daß er die von ihm verfertigten Gedichte und Tragödien nicht für die seinigen hielt, und man ihn gewiß für ein großes Kind hätte halten können, wenn er auch seine Muttersprache vergessen hätte. Wenn dies unglaublich scheint, was sollen wir dann von den Kindern sagen, deren Natur ein Mann von vorgerücktem Alter von der seinigen für so verschieden hält, daß er sich nicht würde überreden können, er sei jemals ein Kind gewesen, wenn er nicht von anderen auf sich schließen müßte? Um aber abergläubischen Leuten keinen Stoff zu geben, neue Fragen aufzuwerfen, will ich hier lieber abbrechen.

Lehrsatz 40. Was zur gemeinsamen Vereinigung der Menschen dient oder was bewirkt, daß die Menschen einträchtig leben, ist nützlich, Und dagegen alles das schlecht, was Zwietracht in den Staat bringt.

Beweis. Denn was das einträchtige Leben der Menschen bewirkt, bewirkt zugleich, daß sie nach der Leitung der Vernunft leben (nach Lehrsatz 35 dieses Teils), und ist also (nach Lehrsatz 26 und 27 dieses Teils) gut, und (aus demselben Grunde) alles das hingegen schlecht, was Zwietracht erregt. W. z. b. w.

Lehrsatz 41. Lust ist unmittelbar nicht schlecht, sondern gut; Unlust hingegen ist unmittelbar schlecht.

Beweis. Lust ist (nach Lehrsatz 11, T. 3 mit der Anm.) ein Affekt, wodurch das Tätigkeitsvermögen des Körpers vermehrt oder erweitert wird; Unlust hingegen ist ein Affekt, wodurch das Tätigkeitsvermögen des Körpers vermindert oder eingeschränkt wird, und folglich ist (nach Lehrsatz 38 dieses Teils) Lust unmittelbar gut usw. W. z. b. w.

Lehrsatz 42. Wohlbehagen kann kein Übermaß haben, sondern ist immer gut, Mißbehagen dagegen ist immer schlecht.

Beweis. Wohlbehagen (siehe die Def. desselben in der Anm. zu Lehrsatz 11, T. 3) ist eine Lust, welche, sofern sie sich auf den Körper bezieht, darin besteht, daß alle Teile des Körpers gleichmäßig affiziert sind, d. h. (nach Lehrsatz 11, T. 3), daß das Tätigkeitsvermögen des Körpers vermehrt oder erweitert ist, so daß alle Teile desselben gegeneinander dasselbe Verhältnis der Bewegung und Ruhe behalten, und also ist (nach Lehrsatz 39 dieses Teils) Wohlbehagen immer gut und kann kein Übermaß haben; Mißbehagen aber (dessen Def. man gleichfalls in derselben Anm. zu Lehrsatz 11, T. 3 nachsehe) ist eine Unlust, welche, sofern sie sich auf den Körper bezieht, darin besteht, daß das Tätigkeitsvermögen des Körpers absolut vermindert oder eingeschränkt wird, und ist also (nach Lehrsatz 38 dieses Teils) immer schlecht. W. z. b. w.

Lehrsatz 43. Die Wollust kann ein Übermaß haben und schlecht sein, der Schmerz aber kann insofern gut sein, als Wollust oder Lust schlecht ist.

Beweis. Die Wollust ist eine Lust, welche, insofern sie sich auf den Körper bezieht, darin besteht, daß ein Teil oder einige Teile desselben mehr als die übrigen affiziert werden (siehe die Def. derselben in der Anm. zu Lehrsatz 11, T. 3). Das Vermögen dieses Affekts kann so groß sein, daß es die übrigen Handlungen des Körpers übertrifft (nach Lehrsatz 6 dieses Teils) und hartnäckig an ihm haftet, und folglich den Körper an der Fähigkeit hindert, auf sehr viele andere Weisen affiziert zu werden, und kann also (nach Lehrsatz 38 dieses Teils) schlecht sein. Der Schmerz sodann, der dagegen Unlust ist, kann für sich betrachtet nicht gut sein (nach Lehrsatz 41 dieses Teils); da aber seine Macht und sein Wachstum durch die Kraft einer äußeren Ursache verglichen mit der unsrigen definiert wird (nach Lehrsatz 5 dieses Teils), so können wir uns also unendliche Stufen und Daseinsweisen der Macht dieses Affekts denken (nach Lehrsatz 3 dieses Teils), und ihn uns also als einen solchen denken, der die Wollust hindern kann, ein Übermaß zu haben, und (nach dem ersten Teil dieses Lehrsatzes) insofern bewirken, daß der Körper unfähiger wird; daher wird er insofern gut sein. W. z. b. w.

Lehrsatz 44. Liebe und Begierde können Übermaß haben.

Beweis. Liebe ist Lust (nach Def. 6 der Affekte), verbunden mit der Idee einer äußeren Ursache; Wollust ist also (nach Anm. zu Lehrsatz II, T. 3) Liebe verbunden mit der Idee einer äußeren Ursache, und sonach kann die Liebe (nach dem vorigen Lehrsatz) Übermaß haben. Ferner ist die Begierde um so größer, je größer der Affekt ist, aus welchem sie entspringt (nach Lehrsatz 37, T. 3). Wie demnach der Affekt (nach Lehrsatz 6 dieses Teils) die übrigen Handlungen des Menschen übertreffen kann, so kann auch die Begierde, welche aus eben diesem Affekt entspringt, die übrigen Begierden übertreffen, und daher dasselbe Übermaß haben, welches die Wollust haben kann, wie im vorigen Lehrsatze bewiesen. W. z. b. w.

Anmerkung. Das Wohlbehagen, welches ich gut nannte, wird leichter begriffen als bewahrt. Denn die Affekte, von denen wir täglich bestürmt werden, beziehen sich meist auf irgendeinen Teil des Körpers, welcher mehr als die übrigen affiziert wird, und daher haben die Affekte gewöhnlich ein Übermaß und fesseln den Geist so bei der alleinigen Betrachtung eines einzigen Gegenstandes, daß er nicht an andere denken kann. Und obgleich die Menschen vielen Affekten unterworfen sind, und man also selten solche findet, die immer von einem und demselben Affekt bestürmt werden, so gibt es doch manche, an denen ein und derselbe Affekt hartnäckig haftet. Denn wir sehen die Menschen von einem Gegenstande zuweilen so affiziert, daß sie ihn, obgleich er nicht gegenwärtig ist, dennoch vor sich zu haben meinen. Wenn dies einem Menschen, der nicht schläft, begegnet, sagen wir, er sei verrückt, wahnsinnig; und gleicherweise hält man die für wahnsinnig, welche in Liebesbrunst Tag und Nacht bloß von ihrer Geliebten oder Buhlerin träumen, da sie ja gewöhnlich Lachen erregen. Wenn aber ein Geiziger an nichts anderes denkt als an Gewinn oder Geld und ein Ehrsüchtiger an Ruhm usw., so hält man diese nicht für verrückt, weil sie gewöhnlich lästig sind und als hassenswert angesehen werden; in der Tat aber sind Geiz, Ehrsucht, Wollust usw. Arten der Verrücktheit, obgleich man sie nicht zu den Krankheiten zählt.

Lehrsatz 45. Haß kann nie gut sein.

Beweis. Einen verhaßten Menschen streben wir zu vernichten (nach Lehrsatz 39, T. 3), d.h. (nach Lehrsatz 37 dieses Teils) wir streben nach etwas, was schlecht ist. Also kann usw. W. z. b. w.

Anmerkung. Man bemerke, daß ich hier und im folgenden unter Haß nur den meine, der gegen Menschen gerichtet ist.

Folgesatz 1. Neid, Verhöhnung, Verachtung, Zorn, Rachsucht und die übrigen Affekte, die zum Haß gehören oder aus demselben entspringen, sind schlecht, wie dies auch aus Lehrsatz 39, T. 3 und Lehrsatz 37 dieses Teils erhellt.

Folgesatz 2. Alles, was wir deshalb begehren, weil wir mit Haß affiziert sind, ist unehrbar und im Staate ungerecht. Dies erhellt auch aus Lehrsatz 39, Teil 3 und aus der Definition von unschicklich und ungerecht in der Anmerkung 1. zu Lehrsatz 37 dieses Teils.

Anmerkung. Zwischen Verhöhnung (die ich in Folgesatz 1 schlecht genannt habe) und Lachen nehme ich einen großen Unterschied an. Denn Lachen, wie auch Scherz ist reine Lust, und ist also, wenn nicht im Übermaß, an sich gut (nach Lehrsatz 41 dieses Teils). Wahrlich nur ein düsterer und trübseliger Aberglaube verbietet, sich zu erfreuen. Denn weshalb ziemt es sich mehr, Hunger und Durst zu stillen, als den Mißmut zu verjagen? Meine Ansicht und meine Gesinnung ist diese: Kein höheres Wesen und nur ein Neidischer freut sich über mein Unvermögen und meine mißliche Lage oder rechnet uns Tränen, Schluchzen, Furcht und anderes der Art, was Zeichen eines unvermögenden Geistes ist, als Tugend an; sondern umgekehrt, mit je größerer Lust wir affiziert werden, zu desto größerer Vollkommenheit gehen wir über, d. h. wir nehmen dadurch notwendig um so mehr Teil an der göttlichen Natur. Der Weise genießt daher die Dinge und erfreut sich an ihnen so viel als möglich (allerdings nicht im Übermaß, denn das heißt nicht sich erfreuen). Der Weise, sage ich, erquickt und erfrischt sich an mäßiger und angenehmer Speise und Trank, sowie an Geruch und Lieblichkeit der Pflanzen, an Kleiderschmuck, Musik, Fechterspielen, Theater und anderem dergleichen, was jeder ohne irgendeines anderen Schaden genießen kann. Denn der menschliche Körper ist aus sehr vielen Teilen von verschiedener Natur zusammengesetzt, welche beständig neuer und mannigfacher Nahrung bedürfen, damit der ganze Körper zu allem, was aus seiner Natur erfolgen kann, gleich sehr fähig ist, und folglich damit der Geist auch ebenso fähig ist, mehreres zugleich zu erkennen. Diese Einrichtung des Lebens stimmt also sowohl mit unseren Prinzipien, als auch mit der allgemeinen Praxis aufs beste überein. Deshalb ist diese Lebensweise, wenn irgend eine, die beste und in jeder Hinsicht zu empfehlen, und es ist nicht nötig, hierüber deutlicher und weitläufiger zu sprechen.

Lehrsatz 46. Wer nach der Leitung der Vernunft lebt, strebt soviel er kann, Haß, Zorn, Verachtung usw. eines anderen gegen ihn durch Liebe oder Edelmut zu vergelten.

Beweis. Alle Affekte des Hasses sind schlecht (nach Folgesatz 1 zum vorigen Lehrsatz). Also wird der, der nach der Leitung der Vernunft lebt, so viel er kann, zu bewirken streben, daß ihn die Affekte des Hasses nicht bestürmen (nach Lehrsatz 19 dieses Teils), und folglich (nach Lehrsatz 37 dieses Teils) wird er streben, daß auch kein anderer von diesen Affekten leidet. Der Haß wird aber durch gegenseitigen Haß vermehrt, und kann dagegen durch Liebe ausgetilgt weiden (nach Lehrsatz 43, T. 3), so daß Haß in Liebe übergeht (nach Lehrsatz 44, T. 3). Wer also nach der Leitung der Vernunft lebt, strebt den Haß usw. eines anderen durch Liebe zu vergelten, d. h. durch Edelmut (die Des. desselben siehe in der Anm. zu Lehrsatz 59, T. 3). W. z. b. w.

Anmerkung. Wer Beleidigungen mit Haß erwidern und rächen will, hat gewiß ein trauriges Leben. Wer hingegen Haß mit Liebe zu bekämpfen trachtet, der kämpft gewiß mit Freude und Zuversicht; er widersteht ebenso leicht einem Menschen wie mehreren und bedarf der Hilfe fast gar nicht; diejenigen, die er besiegt hat, geben mit Freude nach, und zwar nicht aus Mangel, sondern aus Zuwachs an Kräften. Alles dies folgt so deutlich aus den bloßen Definitionen von Liebe und Erkenntnis, daß es nicht nötig ist, es einzeln zu beweisen.

Lehrsatz 47. Die Affekte der Hoffnung und Furcht können nicht an sich gut sein.

Beweis. Es gibt keine Affekte der Hoffnung und Furcht ohne Unlust; denn Furcht ist (nach Def. 13 der Affekte) Unlust, und Hoffnung (siehe Erläuterung der Def. 12 und 13 der Affekte) gibt es nicht ohne Furcht, und daher können (nach Lehrsatz 41 dieses Teils) diese Affekte nicht an sich gut sein, sondern nur, insofern sie das Übermaß der Lust einschränken können (nach Lehrsatz 43 dieses Teils). W. z. b. w.

Anmerkung. Hierzu kommt, daß diese Affekte einen Mangel der Erkenntnis und ein Unvermögen des Geistes anzeigen, und aus dieser Ursache sind auch Zuversicht, Verzweiflung, Freude und Gewissensbiß Zeichen der Ohnmacht der Seele. Denn obgleich Zuversicht und Freude Affekte der Lust sind, so setzen sie doch voraus, daß ihnen Unlust, nämlich Hoffnung und Furcht, vorangegangen ist. Je mehr wir daher streben nach der Leitung der Vernunft zu leben, um so mehr streben wir danach, weniger von der Hoffnung abzuhängen, uns von der Furcht zu befreien, das Schicksal, so viel wir vermögen, zu beherrschen, und unsere Handlungen nach dem sicheren Ratschlusse der Vernunft einzurichten.

Lehrsatz 48. Die Affekte der Überschätzung und Geringschätzung sind stets schlecht.

Beweis. Denn diese Affekte widerstreiten (nach Def. 21 und 22 der Affekte) der Vernunft, und sind also (nach Lehrsatz 26 und 27 dieses Teils) schlecht. W. z. b. w.

Lehrsatz 49. Die Überschätzung macht den Menschen, den man überschätzt, leicht hochmütig.

Beweis. Wenn wir sehen, daß jemand aus Liebe mehr als recht ist von uns hält, werden wir uns leicht rühmlich erscheinen (nach Anm. zu Lehrsatz 41, T. 3) oder mit Lust affiziert werden (nach Def. 30 der Affekte) und das Gute, was wir von uns gepriesen hören, leicht glauben (nach Lehrsatz 25, T. 3), und werden also aus Liebe zu uns mehr als recht ist von uns halten, d. h. (nach Def. 28 der Affekte) wir werden leicht hochmütig werden. W. z. b. w.

Lehrsatz 50. Mitleid ist bei einem Menschen, der nach der Leitung der Vernunft lebt, an sich schlecht und unnütz.

Beweis. Denn Mitleid ist (nach Def. 18 der Affekte) Unlust, und also (nach Lehrsatz 41 dieses Teils) an sich schlecht. Das Gute aber, das aus ihm folgt, daß wir nämlich den Menschen, den wir bemitleiden, aus dem Leiden zu befreien suchen (nach Folgesatz 3 zu Lehrsatz 27, T. 3), suchen wir nach dem bloßen Gebote der Vernunft zu tun(nach Lehrsatz 37 dieses Teils), und wir können nur nach dem bloßen Gebote der Vernunft etwas tun, von dem wir gewiß wissen, daß es gut ist (nach Lehrsatz 27 dieses Teils), und sonach ist Mitleid bei einem Menschen, der nach der Leitung der Vernunft lebt, an sich schlecht und unnütz. W. z. b. w.

Folgesatz. Hieraus folgt, daß der Mensch, welcher nach dem Gebote der Vernunft lebt, so viel als möglich zu bewirken strebt, daß er nicht von Mitleid berührt wird.

Anmerkung. Wer wahrhaft weiß, daß alles aus der Notwendigkeit der göttlichen Natur folgt und nach den ewigen Gesetzen und Regeln der Natur geschieht, der findet gewiß nichts, was des Hasses, des Verlachens oder der Verachtung wert ist, und bemitleidet niemanden, sondern er strebt, soweit die menschliche Tugend es vermag, *wohl zu tun,* wie man sagt, *und sich zu freuen.* Dazu kommt, daß der, der von dem Affekt des Mitleids leicht gerührt und durch das Leiden oder die Tränen eines anderen bewegt wird, oft etwas tut, was ihn hernach gereut, sowohl weil wir nichts aus einem Affekt tun, wovon wir gewiß wissen, daß es gut ist, als auch weil wir leicht durch falsche Tränen betrogen werden. Ich spreche hier aber ausdrücklich von dem Menschen, der nach der Leitung der Vernunft lebt; denn wer weder durch Vernunft noch durch Mitleid bewegt wird, anderen Hilfe zu leisten, der heißt mit Recht unmenschlich; denn er scheint (nach Lehrsatz 27, T. 3) mit einem Menschen keine Ähnlichkeit zu haben.

Lehrsatz 51. Zugeneigtheit widerstreitet der Vernunft nicht, sondern kann mit ihr übereinstimmen und aus ihr entspringen.

Beweis. Denn Zugeneigtheit ist Liebe zu dem, der einem anderen wohlgetan hat (nach Def. 19 der Affekte), und kann sich also auf den Geist beziehen, sofern von diesem gesagt wird, daß er tätig ist (nach Lehrsatz 59, T. 3), d. h. (nach Lehrsatz 3, T. 3) sofern er erkennt, und sonach stimmt sie mit der Vernunft überein usw. W. z. b. w.

Anderer Beweis. Wer nach der Leitung der Vernunft lebt, begehrt das Gut, das er für sich begehrt, auch für andere (nach Lehrsatz 37 dieses Teils). Deshalb wird dadurch, daß er jemanden einem anderen wohltun sieht, sein eigenes Streben wohlzutun genährt, d. h. (nach der Anm. zu Lehrsatz 11, T. 3) er wird Lust empfinden, und zwar (nach der Voraussetzung) verbunden mit der Idee dessen, der dem anderen wohlgetan hat, und folglich ist er ihm (nach Def. 19 der Affekte) zugeneigt. W. z. b. w.

Anmerkung. Die Entrüstung, wie sie von uns definiert wird (siehe Def. 2a der Affekte), ist notwendig schlecht (nach Lehrsatz 45 dieses Teils). Es ist aber zu bemerken, daß ich von der höchsten Gewalt, wenn sie aus dem Verlangen, die Ruhe zu sichern einen Bürger straft, der einem andern Unrecht getan hat, nicht sage, daß sie gegen den Bürger entrüstet sei, weil sie nicht von Haß getrieben wird, den Bürger zu verderben, sondern ihn rein pflichtgemäß bestraft.

Lehrsatz 52. Selbstzufriedenheit kann aus der Vernunft entspringen, und nur diese Selbstzufriedenheit, welche aus der Vernunft entspringt, ist die höchste, die es geben kann.

Beweis. Selbstzufriedenheit ist Lust, die daraus entspringt, daß der Mensch sich selbst und sein Tätigkeitsvermögen betrachtet (nach Def. 25 der Affekte). Das wahre Tätigkeitsvermögen des Menschen oder die Tugend ist aber die Vernunft selbst (nach Lehrsatz 3, T. 3), welche der Mensch klar und deutlich betrachtet (nach Lehrsatz 40 und 43, T. 2). Also entspringt die Selbstzufriedenheit aus der Vernunft. Ferner faßt der Mensch, wenn er sich selbst betrachtet, nichts klar und deutlich oder adäquat auf als das, was aus seinem Tätigkeitsvermögen folgt (nach Def. 2, T. 3), d. h. (nach Lehrsatz 3, T. 3) was aus seinem Erkenntnisvermögen folgt, und also entsteht bloß aus dieser Betrachtung die höchste Zufriedenheit, die es geben kann. W. z. b. w.

Anmerkung. Selbstzufriedenheit ist wahrhaft das Höchste, was wir hoffen können; denn niemand strebt (wie wir Lehrsatz 25 dieses Teils gezeigt haben) sein Sein um irgendeines Zweckes willen zu erhalten. Und weil diese Zufriedenheit durch Belobungen mehr und mehr genährt und verstärkt (nach Folgesatz zu Lehrsatz 53, T. 3), und dagegen (nach Folgesatz zu Lehrsatz 55, T.

3) durch Tadel mehr und mehr gestört wird, werden wir daher am meisten durch den Ruhm geleitet und können ein schmachvolles Leben kaum ertragen.

Lehrsatz 53. Niedergeschlagenheit ist keine Tugend oder entspringt nicht aus der Vernunft.

Beweis. Niedergeschlagenheit ist Unlust, welche daraus entspringt, daß der Mensch sein Unvermögen betrachtet (nach Def. 26 der Affekte). Insofern aber der Mensch sich selbst wahrhaft vernunftmäßig erkennt, sofern nimmt man an, daß er sein Wesen, d. h. (nach Lehrsatz 7, T. 3) sein Vermögen erkennt. Wenn der Mensch, während er sich selbst betrachtet, irgendein Unvermögen an sich wahrnimmt, so kommt das nicht daher, weil er sich selbst erkennt, sondern (wie wir Lehrsatz 55, T. 3 gezeigt haben) daher, weil sein Tätigkeitsvermögen eingeschränkt wird. Wenn wir aber annehmen, daß der Mensch sein Unvermögen dadurch begreift, daß er etwas Mächtigeres als sich erkennt, durch dessen Erkenntnis er sein Tätigkeitsvermögen bestimmt, dann begreifen wir nichts anderes, als daß der Mensch sich selbst deutlich erkennt (nach Lehrsatz 26 dieses Teils), damit sein Tätigkeitsvermögen erweitert wird. Daher entspringt Niedergeschlagenhcit oder Unlust, welche daraus entspringt, daß der Mensch sein Unvermögen betrachtet, nicht aus der wahren Betrachtung oder aus der Vernunft und ist auch keine Tugend, sondern eine Leidenschaft. W. z. b. w.

Lehrsatz 54. Die Reue ist keine Tugend oder entspringt nicht aus der Vernunft, sondern der, welcher eine Tat bereut, ist doppelt elend oder unvermögend.

Beweis. Der erste Teil dieses Lehrsatzes wird wie der vorige Lehrsatz bewiesen. Der zweite aber erhellt aus der bloßen Definition dieses Affekts (siehe Def. 27 der Affekte). Denn man läßt sich zuerst durch verkehrte Begierde, dann durch Unlust besiegen. *Anmerkung.* Weil die Menschen selten nach dem Gebote der Vernunft leben, bringen diese beiden Affekte, nämlich Niedergeschlagenheit und Reue, und außer diesen Hoffnung und Furcht mehr Nutzen als Schaden, und wenn daher doch einmal gefehlt werden soll, so ist es besser nach dieser Seite hin zu sündigen. Denn wenn die Geistesschwächlinge alle gleich sehr hochmütig wären, sich über nichts schämten, noch etwas fürchteten, wie könnten sie dann durch Bande vereinigt und zusammengehalten werden? Der große Haufe ist furchtbar, wenn er nicht fürchtet. Darum ist es kein Wunder, daß die Propheten, welche nicht für den Nutzen einiger wenigen, sondern für den allgemeinen Sorge trugen, Niedergeschlagenheit, Reue und Ehrfurcht so sehr empfohlen haben. Und gewiß können die, welche diesen Affekten unterworfen sind, viel leichter als anders dahin gebracht werden, endlich nach der Leitung der Vernunft zu leben, d. h. frei zu sein und das Leben der Glückseligen zu genießen.

Lehrsatz 55. Der größte Hochmut oder der größte Kleinmut ist die größte Unkenntnis seiner selbst.

Beweis. Dieser erhellt aus Definition 28 und 29 der Affekte.

Lehrsatz 56. Der größte Hochmut oder der größte Kleinmut bezeichnet das größte Unvermögen der Seele.

Beweis. Die erste Grundlage der Tugend ist, sein Sein zu erhalten (nach dem Folgesatz zu Lehrsatz 22 dieses Teils), und zwar nach der Leitung der Vernunft (nach Lehrsatz 24 dieses Teils). Wer daher sich selbst nicht kennt, kennt die Grundlage aller Tugenden, und folglich alle Tugenden nicht. Ferner ist tugendhaft handeln nichts anderes, als nach der Leitung der Vernunft handeln (nach Lehrsatz 24 dieses Teils), und wer nach der Leitung der Vernunft handelt, muß notwendig wissen, daß er nach der Leitung der Vernunft handelt (nach Lehrsatz 43, T. 2). Wer daher sich selbst, und folglich (wie eben gezeigt) alle Tugenden durchaus nicht kennt, der handelt am wenigsten tugendhaft, d. h. (wie aus Def. 8 dieses Teils erhellt), er ist am meisten unvermögend in Beziehung auf die Seele. Und folglich (nach dem vorigen Lehrsatz) bezeichnet der größte Hochmut oder der größte Kleinmut das größte Unvermögen der Seele. W. z. b. w.

Folgesatz. Hieraus folgt ganz deutlich, daß die Hochmütigen und Kleinmütigen den Affekten am meisten unterworfen sind.

Anmerkung. Kleinmut kann jedoch leichter abgelegt werden als Hochmut, da ja dieser der Affekt einer Lust, jener aber der einer Unlust ist; und folglich (nach Lehrsatz 18 dieses Teils) jener stärker ist als dieser.

Lehrsatz 57. Der Hochmütige liebt die Nähe von Schmarotzern oder Schmeichlern und haßt die der Aufrichtigen.

Beweis. Der Hochmut ist eine Lust, die daraus entspringt, daß der Mensch mehr als recht ist von sich hält (nach Des. 28 und 6 der Affekte). Diese Meinung strebt der hochmütige Mensch so viel als möglich zu nähren (siehe Anm. zu Lehrsatz 13, T. 3). Und folglich liebt er die Nähe der Schmarotzer oder Schmeichler (deren Definitionen ich ausgelassen habe, weil sie zu bekannt sind) und scheut die Nähe der Aufrichtigen, welche von ihm halten, was recht ist. W. z. b. w.

Anmerkung. Es würde zu lang werden, wenn ich hier alle Übel des Hochmuts aufzählen wollte, da ja die Hochmütigen allen Affekten, am wenigsten aber den Affekten der Liebe und des Mitgefühls unterworfen sind. Wir dürfen aber hier nicht unberührt lassen, daß auch der hochmütig genannt wird, der von den übrigen weniger hält, als recht ist, und in diesem Sinne also ist Hochmut zu definieren als eine Lust, die aus der falschen Meinung entspringt, wonach ein Mensch sich über die übrigen erhaben glaubt. Der diesem Hochmute entgegengesetzte Kleinmut müßte definiert werden als Unlust, die aus der falschen Meinung entspringt, daß der Mensch sich unter den übrigen stehend glaubt. Demgemäß begreifen wir leicht, daß der Hochmütige notwendig neidisch ist (siehe die Anm. zu Lehrsatz 55, T. 3) und die am meisten haßt, die am meisten wegen ihrer Tugenden gepriesen werden, daß sein Haß nicht leicht durch ihre Liebe oder Güte besiegt werden kann (siehe die Anm. zu Lehrsatz 41, T. 3), und daß er nur an der Nähe derjenigen sich erfreut, welche seinem unvermögenden Geiste nachgeben und aus dem Narren einen Wahnsinnigen machen.

Obgleich der Kleinmut dem Hochmut entgegengesetzt ist, so steht dennoch der Kleinmütige dem Hochmütigen sehr nahe; denn da seine Unlust daraus entspringt, daß er sein Unvermögen nach dem Vermögen oder der Tugend anderer beurteilt, so wird er also Erleichterung von seiner Unlust, d. h. Lust empfinden, wenn seine Vorstellung sich mit der Betrachtung fremder Gebrechen beschäftigt. Daher das Sprichwort:

Tröstung im Unglück ist's, Genossen des Leids zu haben. Dagegen wird er um so mehr Unlust haben, je mehr er sich unter den übrigen stehend glaubt; daher kommt es, daß niemand mehr zum Neide geneigt ist als die Kleinmütigen, und daß diese am meisten die Taten der Menschen zu beobachten suchen, mehr um sie zu tadeln, als um sie zu verbessern, und daß sie endlich nur den Kleinmut preisen und sich dessen rühmen, doch so, daß sie dennoch als Kleinmütige erscheinen. Dies erfolgt so notwendig aus diesem Affekt, wie aus der Natur des Dreiecks, daß seine drei Winkel gleich zwei rechten sind, und ich habe schon gesagt, daß ich diese und ähnliche Affekte schlecht nenne, sofern ich nur den menschlichen Nutzen bedenke. Die Gesetze der Natur beziehen sich aber auf die allgemeine Ordnung der Natur, von welcher der Mensch ein Teil ist. Dies habe ich hier im Vorbeigehen bemerken wollen, damit niemand glaube, ich hätte hier die Gebrechen und widersinnigen Taten der Menschen aufzählen und nicht vielmehr die Natur und die Eigenschaften der Dinge beweisen wollen; denn, wie ich in der Vorrede zum dritten Teil gesagt habe, ich betrachte die menschlichen Affekte und ihre Eigenschaften ebenso, wie die übrigen Dinge der Natur. Und gewiß bezeichnen die menschlichen Affekte, wenn auch nicht das menschliche, so doch wenigstens das Vermögen und die Kunstfertigkeit der Natur ebensosehr wie vieles andere, was wir bewundern, und an dessen Betrachtung wir uns erfreuen. Ich fahre indes fort, das von den Affekten anzuführen, was den Menschen Nutzen bringt oder ihnen zum Schaden gereicht.

Lehrsatz 58. Der Ruhm widerstreitet nicht der Vernunft, sondern kann aus ihr entspringen.

Beweis. Dieser erhellt aus Definition 30 der Affekte und aus der Definition von „ehrbar“ in der 1. Anmerkung zu Lehrsatz 37 dieses Teils.

Anmerkung. Was man eitlen Ruhm nennt, ist Selbstzufriedenheit, die durch die bloße Meinung des großen Haufens genährt wird, bei deren Verschwinden die Zufriedenheit selbst verschwindet, d. h. (nach der Anm. zu Lehrsatz 52 dieses Teils) das höchste Gut, das jeder liebt. Daher kommt es, daß, wer sich der Meinung des großen Haufens rühmt, von täglicher Sorge geängstigt, seinen Ruf zu erhalten strebt, arbeitet und sich abmüht. Denn der große Haufe ist wankelmütig und unbeständig, und deshalb verschwindet der Ruf bald, wenn er nicht erhalten wird. Ja, weil alle den Beifall des großen Haufens zu erjagen begehren, so unterdrückt leicht jeder einzelne den Ruf des anderen; wenn daher um das vermeinte höchste Gut gestritten wird, so entsteht eine außerordentliche Lust, einander auf jegliche Weise zu unterdrücken, und wer endlich als Sieger davongeht, rühmt sich mehr darüber, daß er dem anderen im Wege gestanden hat, als daß er sich selbst den Weg gebahnt hat. Dieser Ruhm oder diese Zufriedenheit ist also wirklich eitel, da er keiner ist. Was von dem Schamgefühl zu bemerken ist, läßt sich leicht aus dem abnehmen, was wir von dem Mitgefühl und der Reue gesagt haben. Ich füge nur das hinzu, daß, wie das Mitleid, so auch die Scham, wenn auch keine Tugend, doch gut ist, sofern sie anzeigt, daß der Mensch, welcher Scham empfindet, die Begierde hat, ehrbar zu leben, wie auch der Schmerz insofern gut genannt wird, als er anzeigt, daß der verletzte Teil noch nicht ganz verdorben ist. Obgleich daher der Mensch, welcher sich einer Tat schämt, wirklich Unlust empfindet, so ist er dennoch vollkommener als der Schamlose, der gar keine Begierde hat, ehrbar zu leben.

Dies ist es, was ich von den Affekten der Lust und Unlust zu bemerken mir vorgesetzt hatte. Was die Begierden betrifft, so sind diese freilich gut oder schlecht, je nachdem sie aus guten oder schlechten Affekten entspringen; aber alle sind wahrhaft blind, insofern sie durch Affekte, die Leidenschaften sind, in uns erzeugt werden (wie man leicht aus dem in der Anmerkung zu Lehrsatz 44 dieses Teils Gesagten schließen kann), und würden von gar keinem Nutzen sein, wenn die Menschen sich leicht bewegen ließen, nach dem alleinigen Gebote der Vernunft zu leben, wie ich nun kurz zeigen werde.

Lehrsatz 59. Zu allen Taten, zu welchen wir durch einen Affekt, der eine Leidenschaft ist, bestimmt werden, können wir auch ohne diesen durch die Vernunft bestimmt werden.

Beweis. Vernunftmäßig handeln ist nichts anderes (nach Lehrsatz 3 und Des. 2, T. 3), als das tun, was aus der Notwendigkeit unserer für sich allein betrachteten Natur erfolgt. Unlust aber ist insofern schlecht, als sie dieses Tätigkeitsvermögen vermindert oder einschränkt (nach Lehrsatz 41 dieses Teils). Also können wir durch diesen Affekt zu keiner Tat bestimmt werden, welche wir nicht auch tun könnten, wenn die Vernunft uns leitete. Ferner ist die Lust insofern schlecht, als sie die Fähigkeit des Menschen zur Tätigkeit hindert (nach Lehrsatz 43 und 44 dieses Teils), und folglich können wir auch insofern zu keiner Tat bestimmt werden, welche wir nicht tun könnten, wenn die Vernunft uns leitete. Endlich, insofern Lust gut ist, sofern stimmt sie mit der Vernunft überein (denn sie besteht darin, daß das Tätigkeitsvermögen des Menschen vermehrt oder erweitert wird), und ist keine Leidenschaft, ausgenommen wenn das Tätigkeitsvermögen des Menschen nicht so weit vermehrt wird, daß er sich und seine Handlungen adäquat begreift (nach Lehrsatz 3, T. 3 mit der Ann".). Wenn daher der mit Lust affizierte Mensch zu einer so großen Vollkommenheit gebracht würde, daß er sich und seine Handlungen adäquat begriffe, so wäre er auch fähig, ja noch fähiger zu denselben Handlungen, zu welchen er jetzt von den Affekten, welche Leidenschaften sind, bestimmt wird. Aber alle Affekte beziehen sich auf Lust, Unlust oder Begierde (siehe die Erläuterung von Def. 4 der Affekte), und Begierde ist (nach Des. 1 der Affekte) nichts anderes als eben das Streben der Tätigkeit. Also können wir zu allen Handlungen, zu welchen wir durch einen Affekt, der eine Leidenschaft ist, bestimmt werden, auch ohne ihn durch die Vernunft allein geleitet werden. W. z. b. w.

Anderer Beweis. Jede Handlung wird insofern schlecht genannt, als aus ihr hervorgeht, daß wir von Haß oder irgendeinem schlechten Affekt erregt sind (siehe Folgesatz 1 zu Lehrsatz 45 dieses Teils). Aber keine Handlung für sich allein betrachtet ist gut oder schlecht (wie in der Vorrede zu diesem Teil gezeigt), sondern eine und dieselbe Handlung ist bald gut, bald schlecht. Also können wir zu derselben Handlung, welche das eine Mal schlecht ist oder aus irgendeinem schlechten Affekt entspringt, auch durch die Vernunft geleitet werden (nach Lehrsatz '19 dieses Teils). W. z. b. w.

Anmerkung. Dies wird durch ein Beispiel noch klarer werden. Die Handlung des Schlagens, insofern Sie physisch betrachtet wird, und wir nur darauf achten, daß der Mensch den Arm aufhebt, die Hand zusammendrückt und den ganzen Arm mit Gewalt hinunter bewegt, ist eine Tugend, welche aus dem Bau des menschlichen Körpers begriffen wird. Wenn daher ein Mensch aus Zorn oder Haß die Hand zusammenzudrücken oder den Arm zu bewegen bestimmt wird, so kommt dies daher, wie wir im zweiten Teil gezeigt haben, daß eine und dieselbe Handlung mit allerlei Vorstellungen von Dingen verbunden werden kann, und wir also zu einer und derselben Tat sowohl durch die Vorstellung der Dinge, welche wir verworren, als durch die, welche wir klar und deutlich begreifen, bestimmt werden können. Es ist also klar, daß jede Begierde, welche aus einem Affekt, der eine Leidenschaft ist, entspringt, von keinem Nutzen wäre, wenn die Menschen von der Vernunft geleitet werden könnten. – Sehen wir nunmehr, warum wir eine Begierde, welche aus einem Affekt entspringt, der eine Leidenschaft ist, eine blinde nennen.

Lehrsatz 60. Die Begierde, welche aus einer Lust oder Unlust entspringt, die sich auf einen oder auf einige, nicht aber auf alle Teile des Körpers bezieht, nimmt keine Rücksicht auf das dem ganzen Menschen Nützliche.

Beweis. Gesetzt z. B. der Teil *A* eines Körpers werde durch die Gewalt irgendeiner äußeren Ursache so verstärkt, daß er vor den übrigen ein Übergewicht hat, so wird (nach Lehrsatz 6 dieses Teils) dieser Teil nicht deshalb seine Kräfte zu verlieren streben, damit die übrigen Teile des Körpers ihre Funktionen verrichten können, denn er müßte eine Kraft oder ein Vermögen haben, seine Kräfte zu verlieren, was (nach Lehrsatz 6, T. 3) widersinnig ist. Dieser Teil wird daher danach streben, und folglich (nach Lehrsatz 7 und 12, T. 3) auch der Geist, diesen Zustand zu erhalten, und folglich nimmt die Begierde, welche aus einem solchen Affekt der Lust entspringt, keine Rücksicht auf das Ganze. Wenn dagegen gesetzt wird, daß der Teil *A* eingeschränkt wird, so daß die übrigen ein Übergewicht haben, so wird auf dieselbe Weise bewiesen, daß auch die Begierde, welche aus der Unlust entspringt, keine Rücksicht auf das Ganze nimmt. W. z. b. w.

Anmerkung. Da sich nun die Lust meist (nach Anm. zu Lehrsatz 44 dieses Teils) auf einen Teil des Körpers bezieht, so sind wir daher meist geneigt, unser Sein zu erhalten, ohne Rücksicht auf unser gesamtes Wohlbefinden zu nehmen. Hierzu kommt, daß die uns am meisten fesselnden Begierden (nach dem Folgesatz zu Lehrsatz 9 dieses Teils) nur auf die Gegenwart, nicht aber auf die Zukunft Rücksicht nehmen.

Lehrsatz 61. Die Begierde, welche aus der Vernunft entspringt, kann kein Übermaß haben.

Beweis. Die Begierde ist (nach Def. 1 der Affekte), absolut betrachtet, eben das Wesen des Menschen, sofern es begriffen wird, als auf irgendeine Weise bestimmt etwas zu tun. Demnach ist die Begierde, welche aus der Vernunft entspringt, d. h. (nach Lehrsatz 3, T. 3), welche sich in uns erzeugt, sofern wir handeln, eben die Wesenheit oder die Natur des Menschen, insofern diese begriffen wird als das zu tun bestimmt, was aus dem alleinigen Wesen des Menschen adäquat begriffen wird (nach Def. 2, T. 3). Wenn also die Begierde ein Übermaß haben könnte, so könnte also die menschliche Natur für sich allem betrachtet sich selbst überschreiten, oder vermöchte mehr, als sie vermag, was ein offenbarer Widerspruch ist; und folglich kann diese Begierde kein Übermaß haben. W. z. b. w.

Lehrsatz 62. Sofern der Geist die Dinge nach dem Gebote der Vernunft begreift, wird er in gleicher Weise erregt, mag nun die Idee die eines künftigen, vergangenen oder gegenwärtigen Dinges sein.

Beweis. Alles, was der Geist nach der Leitung der Vernunft begreift, begreift er unter derselben Form der Ewigkeit oder Notwendigkeit (nach Folgesatz 2 zu Lehrsatz 44, T. 2) und wird mit derselben Gewißheit affiziert (nach Lehrsatz 43, T. 2 und der Anm.). Mag es daher die Idee eines künftigen, vergangenen oder gegenwärtigen Dinges sein, so begreift der Geist das Ding mit derselben Notwendigkeit und wird mit derselben Gewißheit affiziert, und die Idee ist, mag sie nun die eines künftigen, vergangenen oder gegenwärtigen Dinges sein, dennoch gleich wahr (nach Lehrsatz 41, T. 2), d. h. (nach Def. 4, T. 2) sie wird dennoch immer dieselben Eigenschaften einer adäquaten Idee haben. Und sonach wird der Geist, sofern er nach dem Gebote der Vernunft die Dinge begreift, auf dieselbe Weise affiziert, mag nun die Idee die eines künftigen, vergangenen oder gegenwärtigen Dinges sein. W. z. b. w.

Anmerkung. Wenn wir von der Dauer der Dinge eine adäquate Erkenntnis haben und die Zeiten des Daseins derselben durch die Vernunft bestimmen könnten, so würden wir die künftigen Dinge mit demselben Affekt, wie die gegenwärtigen, betrachten; der Geist würde das Gute, welches er als zukünftig begreift, ebensosehr wie das gegenwärtige erstreben; würde folglich das kleinere gegenwärtige Gut notwendig für ein größeres künftiges Gut hintansetzen und keineswegs nach dem streben, was jetzt gut, aber die Ursache eines künftigen Übels ist, wie wir bald beweisen werden. Wir können aber von der Dauer der Dinge (nach Lehrsatz 31, T. 2) nur eine sehr inadäquate Erkenntnis haben und bestimmen die Zeiten des Daseins der Dinge (nach der Anm. zu Lehrsatz 44, T. 2) nur nach der Vorstellung, welche durch die Vorstellung eines gegenwärtigen und durch die eines künftigen Dinges nicht gleichermaßen affiziert wird. Daher kommt es, daß die wahre Erkenntnis des Guten und Bösen, welche wir haben, nur eine abstrakte oder allgemeine ist und das Urteil, welches wir über die Ordnung und die Kausalverknüpfung der Dinge fallen, um daraus zu bestimmen, was jetzt gut oder schlecht für uns sei, mehr ein imaginäres als ein reales ist. Demnach ist es kein Wunder, wenn die Begierde, welche aus der Erkenntnis des Guten und Bösen entspringt, sofern sich diese auf die Zukunft bezieht, sehr leicht durch die Begierde zu den Dingen eingeschränkt werden kann, welche in der Gegenwart angenehm sind; siehe hierüber Lehrsatz 15 dieses Teils.

Lehrsatz 63. Wer von Furcht geleitet wird und das Gute tut, um das Böse zu vermeiden, der wird nicht von der Vernunft geleitet.

Beweis. Alle Affekte, welche sich auf den Geist, sofern er tätig ist, d. h. (nach Lehrsatz 3, T. 3) die sich auf die Vernunft beziehen, sind nur Affekte der Lust und Begierde (nach Lehrsatz 59, T. 3). Sonach wird (nach Def. 13 der Affekte), wer von Furcht geleitet wird und das Gute tut aus Furcht vor dem Bösen, nicht von der Vernunft geleitet. W. z. b. w.

Anmerkung. Die Abergläubischen, die besser Fehler tadeln als Tugenden zu lehren verstehen und die die Menschen nicht durch Vernunft zu leiten, sondern vielmehr durch Furcht so im Zaum zu halten streben, daß sie mehr das Böse scheuen als die Tugenden lieben, bezwecken nichts anderes, als daß die anderen ebenso, elend werden wie sie selbst, und daher ist es kein Wunder, wenn sie den Menschen meist lästig und verhaßt sind.

Folgesatz. Durch die Begierde, welche aus der Vernunft entspringt, folgen wir unmittelbar dem Guten und fliehen mittelbar das Böse.

Beweis. Denn die Begierde, welche aus der Vernunft entspringt, kann bloß aus dem Affekt der Lust, welcher keine Leidenschaft ist, entspringen (nach Lehrsatz 59, T. 3), d. h. aus einer Lust, welche kein Übermaß haben kann (nach Lehrsatz 61 dieses Teils), nicht aber aus Unlust. Und sonach entspringt diese Begierde (nach Lehrsatz 8 dieses Teils) aus der Erkenntnis des Guten, nicht aber aus der des Bösen, und also erstreben wir auf Grund der Leitung der Vernunft unmittelbar das Gute und fliehen nur insofern das Böse. W. z. b. w. *Anmerkung.* Das Beispiel von einem Kranken und Gesunden mag diesen Folgesatz erklären. Der Kranke ißt, was ihm zuwider ist, aus Besorgnis vor dem Tode; der Gesunde aber erfreut sich an der Speise und genießt so sein Leben besser, als wenn er den Tod fürchtete und ihn unmittelbar zu vermeiden suchte. So wird der Richter bloß durch die Vernunft geleitet, da er nicht aus Haß oder Zorn usw., sondern bloß aus Liebe zum öffentlichen Wohl den Schuldigen zum Tode verurteilt.

Lehrsatz 64. Die Erkenntnis des Bösen ist eine inadäquate Erkenntnis.

Beweis. Die Erkenntnis des Bösen ist die Unlust selbst (nach Lehrsatz 8 dieses Teils), insofern wir uns derselben bewußt sind; Unlust aber ist Übergang zu geringerer Vollkommenheit (nach Def. 3 der Affekte), welche deshalb aus dem Wesen des Menschen an sich nicht verstanden werden kann (nach Lehrsatz 6 und 7, T. 3) und sonach (nach Def. 2, T. 3) eine Leidenschaft ist, welche (nach Lehrsatz 3, T. 3) von inadäquaten Ideen abhängt, und folglich (nach Lehrsatz 29, T. 2) ist ihre Erkenntnis, nämlich die Erkenntnis des Bösen, inadäquat. W. z. b. w.

Folgesatz. Hieraus folgt, daß der menschliche Geist, wenn er nur adäquate Ideen hätte, keinen Begriff des Bösen bilden würde.

Lehrsatz 65. Von zwei Gütern werden wir nach der Leitung der Vernunft das größere und von zwei Übeln das kleinere wählen.

Beweis. Das Gut, welches uns ein größeres Gut zu genießen hindert, ist wahrhaft ein Übel; denn gut und übel wird (wie wir in der Vorrede zu diesem Teil gezeigt haben) von den Dingen gesagt, insofern wir sie miteinander vergleichen, und (aus demselben Grunde) ist das kleinere Übel wahrhaft ein Gut, deshalb werden wir (nach Folgesatz zu Lehrsatz 63 dieses Teils) nach der Leitung der Vernunft nur das größere Gut und das kleinere Übel begehren oder wählen. W. z. b. w.

Folgesatz. Wir wählen nach der Leitung der Vernunft ein kleineres Übel um eines größeren Gutes willen und verschmähen ein kleineres Gut, das die Ursache eines größeren Übels ist. Denn das Übel, das hier als das kleinere bezeichnet wird, ist wahrhaft ein Gut, und das Gut dagegen ein Übel, deshalb begehren wir (nach dem Folgesatz zu Lehrsatz 63 dieses Teils) jenes und verschmähen dieses. W. z. b. w.

Lehrsatz 66. Nach der Leitung der Vernunft suchen wir das größere künftige Gut statt des gegenwärtigen geringeren zu erlangen und das gegenwärtige geringere Übel statt eines größeren künftigen Übels.

Beweis. Wenn der Geist eine adäquate Erkenntnis eines künftigen Dinges haben könnte, würde er gegen ein künftiges Ding denselben Affekt haben wie gegen ein gegenwärtiges (nach Lehrsatz 62 dieses Teils). Deshalb ist, insofern wir auf die Vernunft selbst achten, wie wir in unserem Lehrsatze annehmen, die Sache dieselbe, mag sie nun als größeres Gut oder Übel, als künftig oder als gegenwärtig angenommen werden. Und folglich begehren wir (nach Lehrsatz 65 dieses Teils) das größere künftige Gut statt des gegenwärtigen geringeren usw. W. z. b. w.

Folgesatz. Wir begehren nach der Leitung der Vernunft ein geringeres oder gegenwärtiges Übel, das die Ursache eines größeren künftigen Gutes ist, und verschmähen ein gegenwärtiges geringeres Gut, das die Ursache eines größeren künftigen Übels ist. Dieser Folgesatz verhält sich zum vorigen Satze, wie der Folgesatz des Lehrsatzes 65 zu Lehrsatz 65 selbst.

Anmerkung. Vergleicht man nun dies mit dem, was wir in diesem Teile bis zu Lehrsatz 18 über die Macht der Affekte auseinandergesetzt haben, so wird man leicht sehen, welch ein Unterschied zwischen dem Menschen ist, der von dem Affekt oder der Meinung, und dem Menschen, der von der Vernunft geleitet wird. Denn jener tut, er mag wollen oder nicht, das, worüber er sich in der größten Unkenntnis befindet; dieser aber folgt in allem nur sich selbst und tut nur das, was er als das Höchste im Leben kennt, und wozu er daher am meisten Begierde hat, und darum nenne ich jenen einen Unfreien, diesen aber einen

Freien, über dessen Gesinnung und Lebensweise ich noch einiges bemerken möchte.

Lehrsatz 67. Der freie Mensch denkt an nichts weniger als an den Tod, und seine Weisheit ist nicht ein Nachdenken über den Tod, sondern über das Leben.

Beweis. Der freie Mensch, d. h. der, welcher allein nach dem Gebote der Vernunft lebt, wird nicht von der Todesfurcht geleitet (nach Lehrsatz 63 dieses Teils), sondern er begehrt das Gute unmittelbar (nach dem Folgesatz desselben Lehrsatzes), d. h. (nach Lehrsatz 24 dieses Teils) zu handeln, zu leben, sein Sein zu erhalten aus dem Grunde, weil er seinen Nutzen sucht, und folglich denkt er an nichts weniger als an den Tod, und seine Weisheit ist vielmehr ein Nachdenken über das Leben. W. z. b. w.

Lehrsatz 68. Wenn die Menschen frei geboren würden, würden sie, solange sie frei wären, keinen Begriff von gut und böse bilden.

Beweis. Ich habe denjenigen frei genannt, der von der Vernunft allein geleitet wird; wer daher frei geboren wird und frei bleibt, hat nur adäquate Ideen und hat sonach keinen Begriff von böse (nach Folgesatz zu Lehrsatz 64 dieses Teils) und daher (da gut und böse korrelative Begriffe sind) auch nicht von gut. W. z. b. w.

Anmerkung. Aus Lehrsatz 4 dieses Teils erhellt, daß die Voraussetzung dieses Satzes falsch ist und nur begriffen werden kann, sofern wir auf die bloße menschliche Natur oder vielmehr auf Gott unsere Augen richten, nicht sofern er unendlich, sondern nur sofern er Ursache des Menschendaseins ist. Dieses und anderes, was wir schon bewiesen haben, scheint von Moses in jener Geschichte des ersten Menschen angedeutet zu sein. Denn in dieser ist nur dasjenige Vermögen Gottes begriffen, wodurch er den Menschen erschaffen hat, d. h. das Vermögen, wodurch er bloß für den Nutzen des Menschen gesorgt hat, und insofern heißt es, Gott habe dem freien Menschen verboten, von dem Baume der Erkenntnis des Guten und Bösen zu essen, und sobald er von ihm esse, würde er sogleich vielmehr den Tod fürchten, als zu leben wünschen. Als sodann der Mensch die Frau gefunden hatte, welche ganz mit seiner Natur übereinstimmte, erkannte er, daß es in der Natur nichts Nützlicheres für ihn geben könne als sie; nachdem er aber die Tiere sich ähnlich glaubte, fing er sogleich an, die Affekte derselben nachzuahmen (siehe Lehrsatz 27, T. 3) und verlor seine Freiheit, welche die Patriarchen später wieder erlangten, geleitet von dem Geiste Christi, d. h. von der Idee Gottes, von welcher allein es abhängt, daß der Mensch frei ist, und daß er das Gute, welches er für sich begehrt, auch für die übrigen Menschen begehrt, wie wir oben (Lehrsatz 37 dieses Teils) bewiesen haben.

Lehrsatz 69. Die Tugend des freien Menschen erscheint ebenso groß in der Vermeidung als in der Überwindung der Gefahren.

Beweis. Ein Affekt kann nur durch einen Affekt, der entgegengesetzt und stärker als der einzuschränkende Affekt ist, eingeschränkt und aufgehoben werden (nach Lehrsatz 7, T. 4). Tollkühnheit und Furcht sind aber Affekte, welche als gleich groß begriffen werden können (nach Lehrsatz 5 und 3 dieses Teils). Also wird eine gleich große Tugend oder Seelenstärke erfordert (die Def. derselben siehe in der Anm. zu Lehrsatz 59, T. 3), um die Kühnheit wie um die Furcht einzuschränken, d. h. (nach Def. 40 und 41 der Affekte) der freie Mensch vermeidet die Gefahren mit derselben Tugend des Gemüts, mit welcher er sie zu überwinden sucht. W. z. b. w.

Folgesatz. Dem freien Menschen wird daher die Flucht zu rechter Zeit ebensosehr als Besonnenheit angerechnet wie der Kampf; oder, der freie Mensch erwählt mit derselben Seelenstärke oder Standhaftigkeit der Seele die Flucht wie den Kampf.

Anmerkung. Was Seelenstärke ist, oder was ich darunter verstehe, habe ich in der Anm. zu Lehrsatz 59, T. 3 erläutert. Unter Gefahr verstehe ich aber alles, was Ursache irgendeines Übels sein kann, wie der Unlust, des Hasses, der Zwietracht usw.

Lehrsatz 70. Der freie Mensch, der unter Ungebildeten lebt, sucht soviel als möglich ihre Wohltaten abzulehnen.

Beweis. Jeder beurteilt nach seiner Sinnesweise, was gut ist (siehe Anm. zu Lehrsatz 39, T. 3). Der Ungebildete also, der jemanden eine Wohltat erwiesen hat, wird sie nach seiner Sinnesweise schätzen, und wenn er sieht, daß sie von dem, dem sie erwiesen worden, geringer geschätzt wird, wird er Unlust empfinden (nach Lehrsatz 42, T. 3). Der freie Mensch trachtet aber, sich die übrigen Menschen durch Freundschaft zu verbinden (nach Lehrsatz 37 dieses Teils) und den Menschen nicht nach ihrem Affekt Gleiches zu vergelten, sondern er strebt danach, sich und die übrigen durch das freie Urteil der Vernunft zu leiten und nur das zu tun, was er selbst als das Wichtigste erkennt. Daher sucht der freie Mensch, um den Ungebildeten nicht verhaßt zu werden, und um nicht ihrem Verlangen, sondern der Vernunft allein zu gehorchen, ihre Wohltaten soviel als möglich abzulehnen. W. z. b. w.

Anmerkung. Ich sage, soviel als möglich. Denn obgleich die Menschen ungebildet sind, sind es doch Menschen, welche menschliche Hilfe, die vorzüglichste von allen, in der Not leisten können. Daher ist es oft nötig, Wohltaten von ihnen anzunehmen, und folglich ihnen dagegen nach ihrer Sinnesweise zu willfahren. Dazu kommt, daß die Ablehnung von Wohltaten der Vorsicht bedarf, damit wir sie nicht zu verachten oder aus Geiz die Wiedererstattung zu scheuen scheinen, und so, während wir ihrem Hasse entgehen wollen, eben dadurch in einen Streit mit ihnen hineinrennen. Deshalb muß man bei dem Ablehnen von Wohltaten Rücksicht auf das Nützliche und Schickliche nehmen.

Lehrsatz 71. Die freien Menschen allein sind gegeneinander höchst dankbar.

Beweis. Die freien Menschen allein sind einander höchst nützlich und verbinden sich untereinander durch die höchste Notwendigkeit der Freundschaft (nach Lehrsatz 35 dieses Teils und Folgesatz 1 desselben Lehrsatzes) und streben mit gleichem Liebeseifer einander wohlzutun (nach Lehrsatz 37 dieses Teils). Und folglich (nach Def. 34 der Affekte) sind die freien Menschen allein gegeneinander höchst dankbar. W. z. b. w.

Anmerkung. Der Dank, welchen die Menschen einander abstatten, die von blinder Begierde geleitet werden, ist meist eher ein Handel oder ein Köder als Dank. Ferner ist Undankbarkeit kein Affekt. Doch ist Undankbarkeit schimpflich, weil sie meistenteils anzeigt, daß der Mensch mit zu viel Haß, Zorn, Hochmut oder Geiz usw. affiziert ist. Denn wer aus Dummheit Gaben nicht zu vergelten weiß, ist nicht undankbar, noch viel weniger, wer durch die Gaben einer Buhlerin nicht bewegt wird, ihrer Wollust zu dienen, durch die eines Diebes, seine Diebstähle zu verhehlen, oder irgendeines anderen. Denn im Gegenteil zeigt der einen festen Geist, der sich durch keine Gaben zu seinem eigenen oder zum allgemeinen Verderb verleiten läßt.

Lehrsatz 72. Der freie Mensch handelt nie hinterlistig, sondern stets aufrichtig.

Beweis. Wenn der freie Mensch, sofern er frei ist, etwas aus Hinterlist täte, so würde er es nach dem Gebote der Vernunft tun (denn nur insofern nennen wir ihn frei). Folglich wäre hinterlistig Handeln Tugend (nach Lehrsatz 24 dieses Teils), und also (nach demselben Lehrsatz) wäre es für jeden geratener, wenn er sein Sein erhalten wollte, hinterlistig zu handeln, d. h. (wie an sich erhellt) es wäre den Menschen geratener, bloß in Worten übereinzustimmen, in der Tat aber einander entgegen zu sein; dies ist (nach dem Folgesatz zu Lehrsatz 31 dieses Teils) widersinnig; demnach handelt der freie Mensch usw. W. z. b. w.

Anmerkung. Fragt man nun: wenn der Mensch sich durch Treulosigkeit von vorhandener Todesgefahr befreien könnte, ob dann nicht die Vernunft, damit er sein Sein erhalte, durchaus rät, treulos zu sein; so wird man auf dieselbe Weise antworten: wenn die Vernunft dies rät, rät sie es also allen Menschen, und also riete die Vernunft überhaupt den Menschen, nur hinterlistig einen Vertrag zu schließen, um ihre Kräfte zu vereinigen und gemeinschaftliche Rechte zu haben, das heißt derart, daß sie in Wahrheit keine gemeinsamen Rechte haben sollen. Dies aber ist widersinnig.

Lehrsatz 73. Der von der Vernunft geleitete Mensch ist im Staate, wo er nach gemeinsamem Beschlüsse lebt, freier als in der Einsamkeit, wo er sich allein gehorcht.

Beweis. Der von der Vernunft geleitete Mensch wird nicht durch Furcht zum Gehorsam geleitet (nach Lehrsatz 63 dieses Teils), sondern sofern er sein Sein nach dem Gebote der Vernunft zu erhalten strebt, d. h. (nach Anm. zu Lehrsatz 66 dieses Teils) sofern er frei zu leben strebt, auf das gemeinschaftliche Leben und den gemeinschaftlichen Nutzen Rücksicht zu nehmen (nach Lehrsatz 37 dieses Teils), und folglich (wie wir in der Anm. 2 zu Lehrsatz 37 dieses Teils gezeigt haben) gemäß der gemeinschaftlichen Übereinkunft des Staates zu leben. Der von der Vernunft geleitete Mensch strebt also, um freier zu leben, die allgemeinen Gesetze des Staates zu beobachten.

Anmerkung. Dies und ähnliches, was wir von der wahren Freiheit des Menschen gezeigt haben, gehört zur Tatkraft, d. h. (nach Anm. zu Lehrsatz 59, T. 3) zur Seelenstärke und zum Edelmut. Ich halte es nun nicht für der Mühe wert, alle Eigenschaften der Tatkraft hier einzeln anzugeben, noch viel weniger im einzelnen zu beweisen, daß der tatkräftige Mensch niemanden haßt, auf niemanden zürnt, niemanden beneidet, auf niemanden unwillig ist, niemanden gering schätzt und durchaus nicht hochmütig ist. Denn dies und alles andere, was sich auf das wahre Leben und auf die Religion bezieht, laßt sich leicht aus Lehrsatz 37 und 46 dieses Teils erweisen, daß nämlich Haß im Gegenteil durch Liebe zu überwinden ist, und daß jeder, den die Vernunft leitet, auch für die übrigen das Gute begehrt, welches er für sich selbst begehrt. Hierzu kommt das, was wir in der Anmerkung zu Lehrsatz 50 dieses Teils und an anderen Stellen bemerkt haben, daß nämlich der tatkräftige Mann das vor allem im Auge behält, daß alles aus der Notwendigkeit der göttlichen Natur folgt und daß folglich alles, was er sich als lästig und böse denkt, und was überdies noch als gottlos, schrecklich, ungerecht und schimpflich erscheint, daraus entspringt, daß er die Dinge selbst verkehrt, verstümmelt und verworren begreift. Aus dieser Ursache besonders strebt er die Dinge zu begreifen, wie sie an sich sind, und die Hindernisse der wahren Erkenntnis zu entfernen, als da sind: Haß, Zorn, Neid, Verhöhnung, Hochmut und dergleichen mehr, wie wir im vorigen bemerkt haben, und folglich sucht er soviel als möglich, wie wir erwähnten, sich wohl zu befinden und Lust zu empfinden. Wie weit aber die menschliche Tugend reicht, um dies durchzuführen, und was sie vermag, werde ich im folgenden Teile zeigen.

Anhang

Was ich in diesem Teile über die wahre Lebensweise gesagt, ist nicht so angeordnet, daß es mit einem Blick überschaut werden kann, ich habe es vielmehr zerstreut bewiesen, je nachdem ich nämlich eines aus dem anderen leichter ableiten konnte. Ich will es daher hier wieder zusammenfassen und in einigen Hauptsätzen darlegen.

§ 1.

Alle unsere Bestrebungen oder Begierden folgen so aus der Notwendigkeit unserer Natur, daß sie entweder durch sie allein, als ihre nächste Ursache, verstanden werden können, oder insofern wir ein Teil der Natur sind, der aus sich ohne andere Individuen nicht adäquat begriffen werden kann.

§ 2.

Die Begierden, welche so aus unserer Natur folgen, daß sie aus ihr allein verstanden werden können, sind solche, die sich auf den Geist beziehen, sofern dieser als aus adäquaten Ideen bestehend begriffen wird; die übrigen Begierden aber beziehen sich nur auf den Geist, sofern er die Dinge inadäquat begreift, und ihre Macht und ihr Wachstum kann nicht als das menschliche, sondern muß als das Vermögen der Dinge, welche außer uns sind, definiert werden, und deshalb werden jene richtig Handlungen, diese aber Leidenschaften genannt. Denn jene zeigen stets unser Vermögen an, diese hingegen unser Unvermögen und unsere verstümmelte Erkenntnis.

§ 3.

Unsere Handlungen, d. h. die Begierden, welche aus dem Vermögen des Menschen oder aus der Vernunft erklärt werden, sind stets gut, die übrigen aber können sowohl gut als schlecht sein.

§ 4.

Es ist daher für das Leben vor allem von Nutzen, den Verstand oder die Vernunft soviel als möglich zu vervollkommnen, und hierin allein besteht das höchste Glück oder die Glückseligkeit des Menschen; denn die Glückseligkeit ist nichts anderes als eben die Zufriedenheit der Seele, welche aus der intuitiven Erkenntnis Gottes entspringt; den Verstand vervollkommnen ist aber auch nichts anderes, als Gott und Gottes Attribute und Taten, die aus der Notwendigkeit seiner Natur erfolgen, verstehen. Deshalb ist der letzte Zweck des von der Vernunft geleiteten Menschen, d. h. die höchste Begierde, nach welcher er alle übrigen zu lenken trachtet, diejenige, durch welche er dahin gebracht wird, sich und alle Dinge, die in den Bereich seiner Einsicht fallen können, adäquat zu begreifen.

§ 5.

Es gibt daher kein vernünftiges Leben ohne Erkenntnis, und die Dinge sind nur insofern gut, als sie den Menschen fördern, das Geistesleben zu genießen, das als Erkenntnis definiert wird. Was aber hingegen den Menschen hindert, die Vernunft zu vervollkommnen und das vernünftige Leben zu genießen, das allein nennen wir böse.

§ 6.

Weil aber alles, wovon der Mensch die wirkende Ursache ist, notwendig gut ist, so kann daher dem Menschen nur durch äußere Ursachen Böses begegnen, insofern er nämlich ein Teil der ganzen Natur ist, deren Gesetzen die menschliche Natur gehorchen und sich ihr auf fast unendliche Weisen anpassen muß.

§ 7.

Es ist unmöglich, daß der Mensch nicht ein Teil der Natur ist und nicht ihrer gemeinschaftlichen Ordnung folgen muß; wenn er sich aber unter solchen Individuen befindet, welche mit der Natur des Menschen selbst übereinstimmen, so wird eben dadurch das Tätigkeitsvermögen des Menschen erweitert und genährt. Wenn er hingegen unter solchen ist, welche mit seiner Natur gar nicht übereinstimmen, so wird er ohne große Veränderung seiner selbst sich ihnen kaum anpassen können.

§ 8.

Alles, was es in der Natur gibt, was wir für schlecht oder für möglicherweise hinderlich halten, um das Dasein oder das vernünftige Leben genießen zu können, das dürfen wir auf die Weise, die uns sicherer scheint, von uns entfernen, und dagegen dürfen wir zu unserem Vorteil anwenden und auf jegliche Weise alles benützen, was es gibt, das wir für gut oder nützlich zur Erhaltung unseres Seins und zum Genuß des vernünftigen Lebens erachten; und nach dem höchsten Recht der Natur darf jeder absolut das tun, wovon er glaubt, daß es zu seinem Nutzen gereicht.

§ 9.

Nichts kann mehr mit der Natur eines Dinges übereinstimmen als die übrigen Individuen derselben Art, und folglich gibt es (nach § 7) nichts, was zur Erhaltung seines Seins und zum Genuß des vernünftigen Lebens für den Menschen nützlicher wäre als der Mensch, den die Vernunft leitet. Weil wir ferner unter den Einzeldingen nichts kennen, was vortrefflicher ist als der Mensch, den die Vernunft leitet, so kann jeder am meisten dadurch zeigen, wieviel Geschick und Geist er besitzt, daß er die Menschen so heranbildet, daß sie endlich nach eigener Vernunftherrschaft leben.

§ 10.

Insofern die Menschen von Neid oder irgendeinem Affekt des Hasses gegeneinander getrieben werden, insofern sind sie einander entgegengesetzt, und folglich um so mehr zu fürchten, je mächtiger sie sind als die übrigen Individuen der Natur.

§ 11.

Die Herzen werden jedoch nicht durch Waffen, sondern durch Liebe und Edelmut überwunden.

§ 12.

Es ist den Menschen vor allem von Nutzen, Verbindungen einzugehen und sich durch solche Bande aneinander zu knüpfen, durch welche sie besser aus sich allen eins machen und absolut das zu tun, was dazu dient, die Freundschaftsverbindungen zu befestigen.

§ 13.

Dies erheischt aber Geschick und Wachsamkeit. Denn die Menschen sind wankelmütig (sind doch deren, die nach der Vorschrift der Vernunft leben, nur wenige) und dabei meistenteils neidisch und mehr zur Rache als zum Mitgefühl geneigt. Es gehört daher eine besondere Kraft der Seele dazu, um einen jeden nach seinem Sinne zu ertragen und sich davor zu bewahren, dessen Affekte nachzuahmen. Diejenigen aber hingegen, die die Menschen zu tadeln und, statt sie Tugenden zu lehren, ihnen Fehler vorzurücken und ihren Geist nicht zu stärken, sondern zu brechen verstehen, die sind sich und den anderen zur Last. So haben viele, aus allzu großer Unduldsamkeit ihres Geistes und aus falschem Religionseifer, lieber unter Tieren als unter Menschen leben wollen; wie Knaben oder Jünglinge, die die Vorwürfe der Eltern nicht gleichmütig ertragen können, unter die Soldaten fliehen und die Unbequemlichkeiten des Krieges und den Befehl willkürlicher Oberherrschaft den häuslichen Bequemlichkeiten und elterlichen Ermahnungen vorziehen und sich jede Last auferlegen lassen, nur um sich an den Eltern zu rächen.

§ 14.

Obgleich daher die Menschen alles meist nach ihren Neigungen einrichten, so ergeben sich doch aus ihrem gemeinschaftlichen Vereine viel mehr Vorteile als Nachteile. Deshalb ist es besser, ihre Beleidigungen mit Gleichmut zu ertragen und das eifrig zu betreiben, was zur Erlangung der Eintracht und Freundschaft dient.

§ 15.

Was Eintracht erzeugt, ist das, was zur Gerechtigkeit und Ehrbarkeit gehört. Denn die Menschen ertragen außer dem Ungerechten und Unbilligen auch das ungern, was man für unehrbar hält, oder wenn jemand die gebräuchlichen Sitten eines Staates nicht achtet. Um aber Liebe zu gewinnen, ist hauptsächlich das nötig, was sich auf Religion und Frömmigkeit bezieht. Hierüber siehe man Anm.

1 und 2 zu Lehrsatz 37, Anm. zu Lehrsatz 46 und Anm. zu Lehrsatz 73 dieses Teils.

§ 16.

Durch Furcht wird gewöhnlich auch Eintracht erzeugt, aber ohne Treue. Dazu kommt, daß Furcht aus dem Unvermögen der Seele entspringt und deshalb nicht zum Gebrauch der Vernunft gehört, sowenig als Mitleid, obgleich es den Anschein der Frömmigkeit äußerlich zu haben scheint.

§ 17.

Die Menschen werden auch durch Freigebigkeit gewonnen, diejenigen besonders, die nichts haben, wodurch sie sich das zur Erhaltung des Lebens Notwendige verschaffen können. Aber jedem Bedürftigen Hilfe zu leisten, übersteigt bei weitem die Kräfte und den Nutzen eines einzelnen Mannes. Denn der Reichtum eines Privatmannes reicht bei weitem nicht hin, dies zu leisten. Zudem ist die Fähigkeit eines einzelnen Mannes zu beschränkt, um sich alle durch Freundschaft verbinden zu können. Deshalb liegt die Sorge für die Armen der ganzen Gesellschaft ob und gehört bloß zum Gemeinwohl.

§ 18.

In der Annahme von Wohltaten und Dankbezeigungen muß unsere Sorge wieder eine ganz andere sein; siehe hierüber Anm. zu Lehrsatz 70 und Anm. zu Lehrsatz 71 dieses Teils.

§ 19.

Auch buhlerische Liebe, d. h. die Geschlechtslust, welche aus gefälligem Äußeren entspringt, und absolut jede Liebe, welche eine andere Ursache als die Freiheit des Geistes anerkennt, geht leicht in Haß über, wenn sie nicht, was noch schlimmer ist, eine Art des Wahnsinns ist, und dann findet die Zwietracht mehr Nahrung als die Eintracht. Siehe die Anmerkung zu Lehrsatz 31, Teil 3.

§ 20.

Was die Ehe betrifft, so ist es gewiß, daß sie mit der Vernunft übereinstimmt, wenn die Begierde nach körperlicher Vermischung nicht durch gefälliges Äußere allein entsteht, sondern auch durch die Liebe zum Erzeugen und zur vernünftigen Erziehung von Kindern; und wenn überdies die Liebe beider, des

Mannes und des Weibes, nicht allein das gefällige Äußere, sondern vornehmlich die Freiheit der Seele zur Ursache hat.

§ 21.

Auch Schmeichelei erzeugt Eintracht, aber durch das schimpfliche Laster der Untertänigkeit oder durch Treulosigkeit. Denn niemand wird mehr durch Schmeichelei gefangen als die Hochmütigen, die die ersten sein wollen und doch nicht sind.

§ 22.

In der Selbsterniedrigung steckt der falsche Schein der Frömmigkeit und Religion. Und obgleich die Selbsterniedrigung dem Hochmut entgegengesetzt ist, steht doch der sich selbst Erniedrigende dem Hochmütigen am nächsten. Siehe Anmerkung zu Lehrsatz 57 dieses Teils.

§ 23.

Auch Scham kann nur in solchen Dingen zur Eintracht führen, welche sich nicht verbergen lassen. Weil ferner Scham selbst eine Art der Unlust ist, hat sie keine Beziehung auf den Gebrauch der Vernunft.

§ 24.

Die übrigen Affekte der Unlust gegen die Menschen stehen unmittelbar der Gerechtigkeit, Billigkeit, Ehrbarkeit, Frömmigkeit und der Religion entgegen, und obgleich die Entrüstung den Anschein von Billigkeit zu haben scheint, so lebt man doch da gesetzlos, wo einem jeden gestattet ist, über die Taten eines anderen abzuurteilen und sich oder einem anderen sein Recht zu verschaffen.

§ 25.

Die Leutseligkeit, d. h. die Begierde, den Menschen zu gefallen, die durch die Vernunft bestimmt wird, gehört zur Frömmigkeit, wie wir in der Anmerkung zu Lehrsatz 37 dieses Teils gesagt haben. Aber wenn sie aus einem Affekt entspringt, so ist sie Ehrgeiz oder eine Begierde, durch welche die Menschen unter dem falschen Schein von Frömmigkeit meist Zwietracht und Aufruhr erregen. Denn wer den übrigen durch Rat oder Tat dazu zu verhelfen wünscht, daß sie alle zugleich das höchste Gut genießen, der trachtet vor allem danach, sich ihre Liebe zu erwerben, nicht aber sie zur Bewunderung zu verleiten, so daß seine Lehre seinen Namen trage, noch irgendwelche Veranlassungen zum Neid zu geben. Auch im gewöhnlichen Gespräch wird er sich hüten, die Fehler der Menschen aufzuzählen, und bemüht sich, nur spärlich von dem menschlichen Unvermögen zu sprechen, häufig dagegen von der menschlichen Tugend oder Macht und auf welche Weise sie vervollkommnet werden kann, damit die Menschen so, nicht aus Furcht oder Abscheu, sondern allein durch den Affekt der Lust getrieben, sich bestreben, soviel an ihnen liegt, nach der Vorschrift der Vernunft zu leben.

§ 26.

Außer den Menschen kennen wir kein Einzelwesen in der Natur, an dessen Geist wir uns erfreuen, oder was wir durch Freundschaft oder irgendeine Art des Zusammenlebens an uns knüpfen können; und was es also auch noch in der Natur außer den Menschen gibt, so fordert die Rücksicht auf unseren Nutzen nicht, es zu erhalten, sondern sie lehrt uns, es je nach seiner verschiedenen Anwendung zu erhalten, zu zerstören oder auf jegliche Weise zu unserem Gebrauche zu verwenden.

§ 27.

Der Nutzen, den wir von den außer uns seienden Dingen ziehen, besteht außer der Erfahrung und Erkenntnis, die wir dadurch erlangen, daß wir sie beobachten und aus einer Gestalt in die andere verwandeln, hauptsächlich in der Erhaltung des Körpers. Und in dieser Rücksicht sind diejenigen Dinge besonders nützlich, die den Körper so erhalten und nähren können, daß alle seine Teile ihre Funktionen gehörig verrichten können. Denn je befähigter der Körper ist, auf mehrere Weisen affiziert zu werden und die äußeren Körper auf die mannigfaltigsten Weisen zu affizieren, desto befähigter ist der Geist zum Denken (siehe Lehrsatz 38 und 39 dieses Teils). Es scheint aber sehr wenig dergleichen in der Natur zu geben; daher bedarf man, um den Körper, wie es erforderlich ist, zu nähren, vieler Nahrungsmittel von verschiedener Natur. Denn der menschliche Körper ist aus sehr vielen Teilen von verschiedener Natur zusammengesetzt, welche einer ununterbrochenen und mannigfaltigen Nahrung bedürfen, damit der ganze Körper zu allem, was aus seiner Natur folgen kann, gleich befähigt ist, und folglich damit auch der Geist gleich befähigt ist, vielerlei zu begreifen.

§ 28.

Um dies aber zu erreichen, würden die Kräfte jedes einzelnen schwerlich hinreichen, wenn sich die Menschen nicht gegenseitige Hilfe leisteten. Nun ist das Geld ein Darstellungsmittel aller Dinge geworden; daher kommt es, daß die Vorstellung desselben den Geist des großen Haufens am meisten beschäftigt, weil er sich fast gar keine Art der Lust vorstellen kann, mit welcher nicht die Idee des Geldes als Ursache verbunden wäre.

§ 29.

Dies ist aber nur bei denjenigen ein Fehler, die sich nicht aus Dürftigkeit, noch zu ihrem Bedürfnisse Geld erwerben, sondern weil sie die Handelskünste gelernt, mit denen sie großtun. Im Übrigen füttern sie den Körper aus Gewohnheit doch nur kärglich, weil sie von ihren Gütern so viel zu verlieren glauben, als sie auf die Erhaltung ihres Körpers wenden. Wer dagegen den richtigen Gebrauch des Geldes kennt und das Maß des Reichtums nur nach dem Bedürfnis bestimmt, lebt mit wenigem zufrieden.

§ 30.

Da also die Dinge gut sind, welche die Teile des Körpers unterstützen, ihre Funktionen zu verrichten, und die Lust darin besteht, daß das Vermögen des Menschen, sofern er aus Geist und Körper besteht, erweitert oder vermehrt wird, so ist alles, was Lust verschafft, gut. Weil die Dinge hingegen aber nicht zu dem Zwecke tätig sind, um uns mit Lust zu erfüllen, und ihr Tätigkeitsvermögen nicht unserem Nutzen gemäß gemildert wird, und da endlich die Lust sich meist hauptsächlich auf *einen* Teil des Körpers bezieht, so haben die Affekte der Lust (wenn nicht Vernunft und Wachsamkeit dabei sind), und folglich die von ihnen erzeugten Begierden, meist ein Übermaß. Hierzu kommt, daß wir vermöge des Affekts das für das Vorzüglichste halten, was im Augenblick angenehm ist, und das Künftige nicht mit gleichem Affekt schätzen können. Siehe die Anmerkung zu Lehrsatz 44 und Anmerkung zu Lehrsatz 60 dieses Teils.

§ 31.

Der Aberglaube scheint dagegen dasjenige als gut festzusetzen, was Unlust; und dasjenige dagegen als schlecht, was Lust bringt. Aber, wie schon gesagt (siehe Anm. zu Lehrsatz 45 dieses Teils), niemand als ein Neidischer freut sich über mein Unvermögen und meine mißliche Lage. Denn mit je größerer Lust wir affiziert werden, zu desto größerer Vollkommenheit gehen wir über und haben folglich um so mehr Teil an der göttlichen Natur; und eine Lust, welche durch die wahre Rücksicht auf unseren Nutzen gemäßigt wird, kann nie schlecht sein. Wer dagegen von der Furcht geleitet wird und das Gute tut, um das Böse zu vermeiden, der wird nicht von der Vernunft geleitet.

§ 32.

Das menschliche Vermögen ist aber sehr beschränkt und wird von dem Vermögen der äußeren Ursachen unendlich übertroffen, und folglich haben wir keine absolute Macht, die Dinge, welche außer uns sind, nach unserem Nutzen zu fügen. Doch werden wir alles gleichmütig ertragen, was sich uns dem entgegen ereignet, was die Rücksicht auf unseren Nutzen verlangt, wenn wir das Bewußtsein haben, unsrer Pflicht Genüge geleistet zu haben, und wissen, daß das Vermögen, welches wir haben, sich nicht so weit hat erstrecken können, um es vermeiden zu können, und daß wir ein Teil der gesamten Natur sind, deren Ordnung wir befolgen. Wenn wir dies klar und deutlich erkennen, so wird der Teil von uns, welcher als Erkenntnis definiert wird, d. h. der bessere Teil von uns, dabei völlig beruhigt sein und in dieser Beruhigung zu verharren streben. Denn insofern wir erkennen, können wir nur das begehren, was notwendig ist, und überhaupt nur bei dem Wahren uns völlig beruhigen; sofern wir daher dieses richtig erkennen, sofern stimmt das Bestreben des besseren Teils von uns mit der Ordnung der ganzen Natur überein.

Fünfter Teil / Von der Macht der Erkenntnis oder von der menschlichen Freiheit

Vorrede

Ich gehe nunmehr zum anderen Teile der Ethik über, der von den Mitteln und Wegen handelt, die zur Freiheit führen. Ich werde also hier von der Macht der Vernunft handeln, indem ich zeige, was die Vernunft an sich über die Affekte vermag, und sodann was Freiheit des Geistes oder Glückseligkeit ist, woraus wir ersehen können, wieviel mächtiger der Weise ist als der Ungebildete. Wie und auf welchem Wege aber die Erkenntnis vervollkommnet und mit welcher Kunst der Körper behandelt werden muß, um seine Funktionen gehörig verrichten zu können, gehört nicht hierher; denn letzteres gehört zur Heilkunde, ersteres aber zur Logik. Ich will daher hier bloß von der Macht des Geistes oder der Vernunft handeln und vor allem zeigen, von welcher Art und Größe die Herrschaft ist, die sie über die Affekte hat, um sie einzuschränken und zu mäßigen. Denn daß wir keine absolute Herrschaft über sie besitzen, haben wir schon oben bewiesen.

Die Stoiker meinten allerdings, daß die Affekte absolut von unserem Willen abhängen und wir absolut über sie gebieten können; sie wurden indes, zwar nicht durch ihre Prinzipien, aber durch den Widerspruch der Erfahrung zu dem Eingeständnisse gezwungen, daß zu deren Einschränkung und Mäßigung bedeutende Übung und Anstrengung erforderlich ist. Jemand versuchte dies an dem Beispiel von zwei Hunden, und zwar (wenn ich mich recht erinnere) eines Haushundes und eines Jagdhundes zu zeigen, weil er es nämlich durch Übung endlich dahin bringen konnte, daß der Haushund an die Jagd, der Jagdhund dagegen von der Verfolgung der Hasen abzulassen sich gewöhnte. Zu dieser Ansicht neigt auch Descartes sehr hin; denn er nimmt an, die Seele oder der Geist liege hauptsächlich in einem Teile des Gehirns, den man die Zirbeldrüse nennt, vermittels deren der Geist alle Bewegungen, die in dem Körper erregt werden und die äußeren Objekte wahrnimmt, und welche der Geist bloß dadurch, daß er will, verschiedenartig bewegen kann. Er nimmt an, daß diese Drüse so in der Mitte des Gehirns schwebt, daß sie durch die kleinste Bewegung der Lebensgeister bewegt werden könne. Sodann nimmt er an, daß diese Drüse auf eben so viele verschiedene Weisen in der Mitte des Gehirns schwebt, als die Lebensgeister auf sie stoßen, und daß ihr zudem so viel verschiedene Eindrücke mitgeteilt werden, als verschiedene äußere Objekte die Lebensgeister selbst gegen sie stoßen; wenn daher die Drüse hierauf, dem Willen der Seele gemäß, der sie verschiedenartig bewegt, auf diese oder jene Art schwebt, wie sie früher schon gemäß den auf diese oder jene Art getriebenen Lebensgeistern geschwebt hatte, dann treibe und bestimme dadurch die Drüse die Lebensgeister selbst auf dieselbe Weise, wie sie früher von einem gleichen Schweben der Drüse getrieben waren. Außerdem nimmt er an, daß jeder Wille des Geistes von Natur mit einer bestimmten Bewegung der Drüse vereinigt sei. Wenn z. B. jemand den Willen hat, ein entferntes Objekt zu betrachten, so wird dieser Wille bewirken, daß sich die Pupille erweitert; wenn er aber bloß an die Erweiterung der Pupille denkt, wird es ihm nichts nützen, hierzu einen Willen zu haben, weil die Natur die Bewegung der Drüse, welche dazu dient, die Lebensgeister gegen den Sehnerv auf eine Art zu treiben, welche mit der Erweiterung oder dem Zusammenziehen der Pupille übereinstimmt, nicht mit dem Willen verbunden hat, sie zu erweitern oder zusammenzuziehen, sondern nur mit dem Willen, die entfernten oder nächsten Objekte zu betrachten. Endlich nimmt er an, daß, wenngleich jede Bewegung dieser Drüse von Natur seit Beginn unseres Lebens mit gewissen besonderen Gedanken verknüpft zu sein scheint, sie doch durch Gewohnheit mit anderen verbunden werden können. Dies sucht er Abschnitt 50, Teil 1 von den Leidenschaften der Seele zu erweisen. Hieraus folgert er, daß keine Seele zu schwach sei, daß sie nicht bei richtiger Leitung eine absolute Gewalt über ihre Leidenschaften erringen könne; denn die Leidenschaften sind nach seiner Definition Wahrnehmungen, Empfindungen oder Bewegungen der Seele, die sich besonders auf sie beziehen, und die – wohlgemerkt – durch irgendeine Bewegung der Lebensgeister hervorgebracht, erhalten und verstärkt werden (siehe Abschnitt 27, T. 1 von den Leidenschaften der Seele). Da wir aber mit jedem Willen jede Bewegung der Drüse, und folglich der Lebensgeister, verbinden können, und die Bestimmung des Willens ganz von unserer Gewalt abhängt, wenn wir nur unseren Willen durch sichere und feste Urteile bestimmen, nach denen wir die Handlungen unseres Lebens leiten wollen, und die Bewegungen der Leidenschaften, die wir haben wollen, mit diesen Urteilen in Verbindung bringen, so erlangen wir eine absolute Herrschaft über unsere Leidenschaften. Dies die Ansicht dieses hochberühmten Mannes (soviel ich aus seinen Worten entnehmen kann), welche ich, wenn sie nicht so scharfsinnig wäre, kaum für die eines so großen Mannes halten könnte. Ich kann mich wahrlich nicht genug wundern, daß ein Philosoph, der sich fest vorgesetzt hatte, alles aus bloß durch sich offenbaren Prinzipien abzuleiten und nichts zu behaupten, als was er klar und deutlich erfaßte, und der die Scholastiker so oft getadelt hatte, weil sie dunkle Dinge durch unbekannte Eigenschaften erklären wollten, eine Voraussetzung annimmt, die unbekannter ist als jede unbekannte Eigenschaft. Was versteht er denn unter Vereinigung des Geistes und des Körpers? Welchen klaren und deutlichen Begriff hat er denn von einem Denken, das innig verbunden ist mit einem Teilchen einer Masse? Ich wünschte wahrlich, daß er diese Vereinigung aus ihrer nächsten Ursache erklärt hätte; er hat aber den Geist so von dem Körper getrennt aufgefaßt, daß er weder eine besondere Ursache dieser Vereinigung noch des Geistes selbst hat angeben können; er mußte daher notwendig bis auf die Ursache des ganzen Alls, d. h. bis auf Gott zurückgehen. Sodann möchte ich sehr gerne wissen, wie viel Grade der Bewegung der Geist dieser Zirbeldrüse mitteilen kann, und wie groß die Kraft ist, mit der er sie schwebend erhalten kann; denn ich weiß nicht, ob diese Drüse langsamer oder schneller vom Geist herumgetrieben wird als von den Lebensgeistern, und ob die Bewegungen der Leidenschaften, die wir mit festen Urteilen innig verbunden haben, nicht durch körperliche Ursachen wieder von ihnen getrennt werden könnten, woraus folgen würde, daß, wenn auch der Geist sich fest vorgesetzt hätte, den Gefahren entgegenzugehen, und mit diesem Entschluß die Bewegungen der Kühnheit verbunden hätte, beim Anblick der Gefahr die Drüse doch so schweben könnte, daß der Geist nur an die Flucht zu denken vermöchte; und wahrlich, da zwischen Wille und Bewegung keine Beziehung stattfindet, so ist auch kein Vergleich möglich zwischen dem Vermögen oder den Kräften des Geistes und denen des Körpers, und folglich können die Kräfte des letzteren keineswegs durch die Kräfte des ersteren bestimmt werden. Hierzu kommt, daß man diese Drüse nicht in der Mitte des Gehirns so gelegen findet, daß sie so leicht und auf so viele Weisen herumgetrieben werden kann, und daß sich nicht alle Nerven bis zu den Gehirnhöhlen erstrecken. Alles, was er schließlich von dem Willen und seiner Freiheit behauptet, übergehe ich, da ich mehr als hinlänglich bewiesen habe, wie falsch es ist. Weil also das Vermögen des Geistes, wie ich oben dargetan, bloß durch den Verstand definiert wird, so wollen wir die Mittel gegen die Affekte, die, wie ich glaube, zwar alle Menschen erfahren aber nicht sorgfältig beobachten und genau erkennen, bloß aus der Erkenntnis des Geistes bestimmen und aus ihr alles ableiten, was zu seiner Glückseligkeit gehört.

Axiome

1. Wenn in demselben Subjekte zwei entgegengesetzte Tätigkeiten erregt werden, so muß notwendig entweder in jeder von beiden oder in einer allein eine Veränderung geschehen, bis sie aufhören, einander entgegengesetzt zu sein.
2. Das Vermögen der Wirkung wird durch das Vermögen der Ursache selbst bestimmt, insofern ihr Wesen durch das Wesen der Ursache selbst dargestellt oder erklärt wird.

Dieses Axiom erhellt aus Lehrsatz 7, Teil 3.

Lehrsatz 1. Gerade so wie die Gedanken und Ideen der Dinge im Geiste geordnet und verkettet werden, ebenso werden die Affektionen des Körpers oder die Vorstellungen der Dinge im Körper geordnet und verkettet.

Beweis. Die Ordnung und Verkettung der Ideen ist (nach Lehrsatz 7, T. 2) dieselbe, wie die Ordnung und Verkettung der Dinge, und umgekehrt, die Ordnung und Verkettung der Dinge ist dieselbe (nach dem Folgesatz zu Lehrsatz 6 und 7, T. 2), wie die Ordnung und Verkettung der Ideen. Wenn demnach die Ordnung und Verkettung der Ideen im Geiste nach der Ordnung und Verkettung der Körperaffektionen entsteht (nach Lehrsatz 18, T. 2), so entsteht umgekehrt (nach Lehrsatz 2, T. 3) die Ordnung und Verkettung der Körperaffektionen, je nachdem die Gedanken und die Ideen der Dinge im Geiste geordnet und verkettet werden. W. z. b. w.

Lehrsatz 2. Wenn wir eine Seelenaufwallung oder einen Affekt von dem Gedanken der äußeren Ursache trennen und mit anderen Gedanken verbinden, dann wird Liebe oder Haß gegen die äußere Ursache, wie auch das Schwanken der Seele, das aus diesen Affekten entsteht, vernichtet werden.

Beweis. Denn das, was die Form der Liebe oder des Hasses ausmacht, ist Lust oder Unlust, verbunden mit der Idee einer äußeren Ursache (nach Def. 6 und 7 der Affekte). Ist diese also aufgehoben, so ist die Form der Liebe oder des Hasses zugleich mit aufgehoben, und folglich werden diese Affekte und die, welche daraus entspringen, vernichtet. W. z. b. w.

Lehrsatz 3. Ein Affekt, der Leidenschaft ist, hört auf, Leidenschaft zu sein, sobald wir uns eine klare und bestimmte Idee desselben bilden.

Beweis. Ein Affekt, der Leidenschaft ist, ist eine verworrene Idee (nach der allgemeinen Def. der Affekte); wenn wir uns daher eine klare und deutliche Idee des Affekts selbst bilden, so unterscheidet sich diese Idee von dem Affekt, sofern er sich auf den Geist allein bezieht, nur dem Verhältnis nach (nach Lehrsatz 21, T. 2 und Anm.), und folglich (nach Lehrsatz 3, T. 3) hört der Affekt auf, eine Leidenschaft zu sein. W. z. b. w.

Folgesatz. Je bekannter uns daher ein Affekt ist, um so mehr ist er in unserer Gewalt, und um so weniger leidet der Geist von ihm.

Lehrsatz 4. Es gibt keine Körperaffektion, von der wir uns nicht einen klaren und deutlichen Begriff bilden können.

Beweis. Das, was allen gemeinsam ist, kann nur adäquat begriffen werden (nach Lehrsatz 38, T. 2), und folglich gibt es (nach Lehrsatz 12 und Lehnsatz 2 nach Anm. zu Lehrsatz 13, T. 2) keine Körperaffektion, von der wir uns nicht einen klaren und deutlichen Begriff bilden können. W. z. b. w.

Folgesatz. Hieraus folgt, daß es keinen Affekt gibt, von dem wir uns nicht einen klaren und deutlichen Begriff bilden können; denn der Affekt ist die Idee einer Körperaffektion (nach der allgemeinen Def. der Affekte), welche deshalb (nach dem obigen Lehrsatz) einen klaren und deutlichen Begriff in sich schließen muß.

Anmerkung. Da es nichts gibt, woraus nicht eine Wirkung erfolgt (nach Lehrsatz 36, T. 1), und wir alles klar und deutlich erkennen, was aus einer in uns adäquat vorhandenen Idee erfolgt (nach Lehrsatz 40, T. 2), so folgt hieraus, daß jeder die Macht hat, sich und seine Affekte, wenn auch nicht absolut, so doch teilweise klar und deutlich zu erkennen und folglich zu bewirken, daß er weniger von ihnen leidet. Wir müssen also hauptsächlich hierauf Fleiß verwenden, jeden Affekt soviel als möglich klar und deutlich zu erkennen, damit der Geist so durch den Affekt bestimmt wird, das zu denken, was er klar und deutlich auffaßt, und wobei er sich völlig beruhigt, und so der Affekt selbst von dem Gedanken der äußeren Ursache getrennt und mit richtigen Gedanken verbunden werde. Die Folge hiervon wird sein, daß nicht nur Liebe, Haß usw. vernichtet werden (nach Lehrsatz 2 dieses Teils), sondern auch, daß das Verlangen und die Begierde, welche gewöhnlich aus einem solchen Affekt entspringen, kein Übermaß haben können (nach Lehrsatz 61, T. 4). Denn es ist vor allem zu bemerken, daß es ein und dasselbe Verlangen ist, wegen dessen der Mensch sowohl tätig als leidend genannt wird; wenn wir z. B. gezeigt haben, daß die menschliche Natur so beschaffen ist, daß jeder begehrt, die übrigen möchten nach seinem Sinne leben (siehe die Anm. zu Lehrsatz 31, T. 3), so ist dieses Verlangen bei einem Menschen, der nicht von der Vernunft geleitet wird, eine Leidenschaft, die Ehrsucht heißt, und sich nicht sehr vom Hochmut unterscheidet; dagegen ist sie bei einem Menschen, der nach dem Gebote der Vernunft lebt, eine Handlung oder Tugend, die Frömmigkeit genannt wird (siehe Anm. 1 zu Lehrsatz 37, T. 4 und Beweis 2 desselben Lehrsatzes). Gleicherweise sind alle Begierden oder Verlangen nur insofern Leidenschaften, als sie aus inadäquaten Ideen entspringen; sie werden aber zur Tugend gerechnet, wenn sie von adäquaten Ideen hervorgerufen oder erzeugt werden. Denn alle Begierden, durch die wir bestimmt werden, etwas zu tun, können sowohl aus adäquaten wie aus inadäquaten Ideen entstehen (siehe Lehrsatz 59, T. 4). Und (um wieder auf das zu kommen, wovon ich ausgegangen bin) es kann kein herrlicheres in unserer Macht stehendes Mittel gegen die Affekte erdacht werden als dieses, das nämlich in der wahren Erkenntnis derselben besteht, da es ja kein anderes Vermögen des Geistes gibt, als zu denken und adäquate Ideen zu bilden, wie wir oben (Lehrsatz 3, T. 3) gezeigt haben.

Lehrsatz 5. Der Affekt gegen ein Ding, das wir uns einfach und weder als notwendig, noch als möglich oder zufällig vorstellen, ist, bei sonst gleichen Bedingungen, am größten unter allen.

Beweis. Der Affekt gegen ein Ding, das wir uns als frei vorstellen, ist größer als gegen ein notwendiges (nach Lehrsatz 49, T. 3), und folglich noch größer als gegen eines, das wir uns als möglich oder zufällig vorstellen (nach Lehrsatz 11, T. 4). Ein Ding sich als frei vorstellen, kann aber nichts anderes sein, als daß wir uns ein Ding einfach vorstellen, indem wir die Ursachen, von denen es zum Handeln bestimmt worden ist, nicht kennen (nach dem was wir in der Anm. zu Lehrsatz 35, T. 2 gezeigt haben). Also ist jeder Affekt gegen ein Ding, das wir uns einfach vorstellen, unter sonst gleichen Bedingungen größer als gegen ein notwendiges, mögliches oder zufälliges, und folglich ist er am größten. W. z. b. w.

Lehrsatz 6. Insofern der Geist alle Dinge als notwendige erkennt, sofern hat er eine größere Macht über die Affekte, oder leidet er weniger von ihnen.

Beweis. Der Geist erkennt, daß alle Dinge notwendig sind (nach Lehrsatz 29, T. 1) und durch eine unendliche Verknüpfung von Ursachen zum Dasein und Wirken bestimmt werden (nach Lehrsatz 28, T. 1), und bewirkt sonach (nach dem vorigen Lehrsatze), daß er von den aus ihnen entspringenden Affekten weniger leidet und (nach Lehrsatz 48, T. 3) weniger gegen sie affiziert wird. W. z. b. w.

Anmerkung. Je mehr diese Erkenntnis, daß nämlich die Dinge notwendig sind, sich auf die Einzeldinge bezieht, die wir uns bestimmter und lebendiger vorstellen, um so größer ist diese Macht des Geistes über die Affekte. Dies bezeugt auch die Erfahrung selbst; denn wir sehen, daß die Unlust über ein verlorenes Gut gemildert wird, sobald der Mensch, der es verloren hat, bedenkt, daß dies Gut auf keine Weise erhalten werden konnte. So sehen wir, daß niemand ein Kind deshalb bemitleidet, weil es nicht sprechen, gehen, keine Vernunftschlüsse machen kann, und weil es so viele Jahre, gewissermaßen ohne Bewußtsein seiner selbst, verlebt; wenn aber die meisten als erwachsen und einer oder der andere als Kind geboren würde, dann würde jeder die Kinder bemitleiden, weil jeder dann die Kindheit an sich nicht als etwas Natürliches und Notwendiges, sondern als einen Fehler oder ein Gebrechen der Natur ansehen würde, und so könnten wir noch vieles andere anführen.

Lehrsatz 7. Die Affekte, die aus der Vernunft entspringen oder von ihr erregt werden, sind rücksichtlich der Zeit mächtiger als diejenigen, die sich auf die Einzeldinge beziehen, welche wir als abwesend betrachten.

Beweis. Wir betrachten ein Ding nicht vermöge der Affekte, durch welche wir es uns vorstellen, als abwesend, sondern deshalb, weil der Körper von einem anderen Affekt erregt wird, der das Dasein dieses Dinges ausschließt (nach Lehrsatz 17, T. 2). Deshalb ist der Affekt, der sich auf ein Ding bezieht, das wir als abwesend betrachten, nicht von der Beschaffenheit, daß er die übrigen Handlungen und das Vermögen des Menschen übertrifft (siehe Lehrsatz 6, T. 4), sondern vielmehr so beschaffen, daß er von den Erregungen, die das Dasein ihrer äußeren Ursache ausschließen, auf gewisse Art eingeschränkt werden kann (nach Lehrsatz 9, T. 4). Der Affekt aber, der aus der Vernunft entspringt, bezieht sich notwendig auf die gemeinsamen Eigenschaften der Dinge (siehe die Def. der Vernunft in der Anm. 2 zu Lehrsatz 40, T. 2), die wir stets als gegenwärtig betrachten (denn es kann nichts geben, was ihr gegenwärtiges Dasein ausschließen könnte), und die wir uns stets auf dieselbe Weise vorstellen (nach Lehrsatz 38, T. 2). Deshalb bleibt ein solcher Affekt stets derselbe, und folglich müssen (nach Ax. 1 dieses Teils) die Affekte, die ihm entgegengesetzt sind, und die nicht von ihren äußeren Ursachen genährt werden, sich ihm mehr und mehr anbequemen, bis sie nicht mehr entgegengesetzt sind, und insofern sind die aus der Vernunft entspringenden Affekte mächtiger. W. z. b. w.

Lehrsatz 8. Je mehr Ursachen bei der Erregung eines Affekts zusammentreffen, um so größer ist er.

Beweis. Mehrere Ursachen vermögen miteinander mehr, als wenn es weniger wären (nach Lehrsatz 7, T. 3), und folglich (nach Lehrsatz 5, T. 4) von je mehr Ursachen miteinander ein Affekt erregt wird, um so stärker ist er.

Anmerkung. Dieser Lehrsatz erhellt auch aus Axiom 2 dieses Teils.

Lehrsatz 9. Ein Affekt, der sich auf mehrere und verschiedene Ursachen bezieht, welche der Geist mit dem Affekt selbst zugleich betrachtet, ist minder schädlich, und wir leiden weniger durch ihn und sind gegen jede Ursache weniger affiziert, als ein anderer gleich größer Affekt, der sich bloß auf eine Ursache oder auf wenigere bezieht.

Beweis. Ein Affekt ist nur insofern schlecht oder schädlich, als der Geist durch ihn am Denken gehindert wird (nach Lehrsatz 26 und 27, T. 4); demnach ist der Affekt, durch den der Geist bestimmt wird, mehrere Objekte zugleich zu betrachten, minder schädlich als ein anderer, gleich großer Affekt, der den Geist gewaltsam in der Betrachtung eines oder weniger Gegenstände so festhält, daß er nicht an andere denken kann. Dies war das erste. Weil sodann das Wesen des Geistes, d. h. (nach Lehrsatz 7, T. 3) sein Vermögen bloß in Denken besteht (nach Lehrsatz 11, T. 2), so leidet der Geist minder durch einen Affekt, der ihn mehreres zugleich zu betrachten bestimmt, als durch einen gleich großen Affekt, der den Geist in der Betrachtung eines oder weniger Gegenstände beschäftigt hält. Dies war das zweite. Endlich ist auch dieser Affekt, insofern er sich auf mehrere äußere Ursachen bezieht, gegen jede derselben kleiner. W. z. b. w.

Lehrsatz 10. Solange wir nicht von Affekten bestürmt werden, die unserer Natur entgegengesetzt sind, solange sind wir imstande, die Körperaffektionen gemäß der Ordnung im Verstande zu ordnen und zu verketten.

Beweis. Die unserer Natur entgegengesetzten, d. h. (nach Lehrsatz 30, T. 4) die schlechten Affekte sind insofern schlecht, als sie den Geist am Erkennen hindern (nach Lehrsatz 27, T. 4). Solange wir daher nicht von Affekten bestürmt werden, die unserer Natur entgegengesetzt sind, solange wird das Vermögen des Geistes, wodurch er die Dinge zu erkennen strebt (nach Lehrsatz 26, T. 4), nicht gehindert, und demnach vermag er solange klare und deutliche Ideen zu bilden und die einen aus den anderen abzuleiten (siehe Anm. 2 zu Lehrsatz 40 und Anm. zu Lehrsatz 47, T. 2). Demnach vermögen wir (nach Lehrsatz 1 dieses Teils) so lange die Körperaffektionen der Ordnung im Verstande gemäß zu ordnen und zu verketten. W. z. b. w.

Anmerkung. Durch dieses Vermögen, die Körperaffektionen richtig zu ordnen und zu verketten, können wir bewirken, daß wir nicht leicht von schlechten Affekten erregt werden; denn es erfordert (nach Lehrsatz 7 dieses Teils) größere Kraft, die nach der Ordnung im Verstande geordneten und verketteten Affekte einzuschränken als die unsicheren und schwankenden. Das Beste also, was wir bewirken können, solange wir keine vollkommene Erkenntnis unserer Affekte haben, ist, daß wir eine richtige Lebensweise oder bestimmte Lebensgrundsätze feststellen, sie ins Gedächtnis prägen und bei den oft vorkommenden Einzelfällen des Lebens beständig anwenden, damit so unsere Vorstellung durchweg davon erfüllt wird und sie uns immer zur Hand sind. Wir haben z. B. unter diese Grundsätze für das Leben gestellt (siehe Lehrsatz 46, T. 4 und Anm.), Haß müsse durch Liebe oder Edelmut überwunden und nicht durch gegenseitigen Haß vergolten werden. Damit wir aber diese Vorschrift der Vernunft zur Anwendung stets bei der Hand haben, müssen wir die gewöhnlichen Beleidigungen der Menschen oft erwägen und überdenken, wie und auf welche Weise man sie durch Edelmut am besten abwehrt; denn so verbinden wir hie Vorstellung der Beleidigung mit der Vorstellung dieses Grundsatzes, und (nach Lehrsatz 18, T. 2) wird sie uns immer gegenwärtig sein, sobald uns eine Beleidigung zugefügt wird. Wenn wir auch noch die Rücksicht auf unseren wahren Nutzen vor Augen behalten, sowie auch auf das Gute, das aus gegenseitiger Freundschaft und der Gemeinschaft entspringt, und zudem, daß aus der Wichtigen Lebensweise die höchste Zufriedenheit der Seele entspringt (nach Lehrsatz 52, T. 4), und daß die Menschen, wie alles andere, nach Naturnotwendigkeit handeln, dann wird die Beleidigung oder der Haß, der aus ihr zu entspringen pflegt, den kleinsten Teil der Vorstellung einnehmen und leicht überwunden werden; oder, wenn der Zorn, der aus den größten Beleidigungen zu entspringen pflegt, nicht so leicht überwunden wird, so wird er, wenn auch nicht ohne Seelenkampf, doch in weit kleinerem Zeitraum überwunden, als wenn wir dies nicht so vorher durchdacht gehabt hätten, wie aus Lehrsatz 6, 7 und 8 dieses Teils erhellt. Gleicherweise müssen wir über die Seelenstärke nachdenken, um die Furcht abzulegen; wir müssen uns nämlich die gewöhnlichen Gefahren des Lebens häufig vorrechnen und vorstellen, und wie sie durch Geistesgegenwart und Tatkraft am besten vermieden und überwunden werden können. Es ist aber zu bemerken, daß wir bei dem Ordnen unserer Gedanken und Vorstellungen (nach Folgesatz zu Lehrsatz 63, T. 4 und Lehrsatz 59, T. 3) stets auf das achten müssen, was in jedem Dinge gut ist, damit wir so stets durch den Affekt der Lust zum Handeln bestimmt werden. Wenn z. B. jemand sieht, daß er gar sehr dem Ruhme nachtrachtet, so muß er über den richtigen Gebrauch desselben nachdenken, zu welchem Endzweck ihm nachzutrachten und durch welche Mittel er zu erlangen ist, nicht aber über Mißbrauch und Eitelkeit desselben, und über die Unbeständigkeit der Menschen oder über dergleichen, woran niemand denkt, außer wer krankhaft empfindet; denn gerade die Ehrgeizigen quälen sich mit solchen Gedanken am meisten, wenn sie daran verzweifeln, die Ehre zu erlangen, um welche sie sich abmühen, und während sie ihren Zorn ausschütten, wollen sie weise erscheinen. Deshalb ist es gewiß, daß diejenigen am ruhmbegierigsten sind, die das größte Geschrei über dessen Mißbrauch und über die Eitelkeit der Welt erheben. Und dies ist nicht den Ehrsüchtigen allein eigen, sondern es ist allen gemein, denen das Schicksal entgegen ist und die geistesunvermögend sind. Auch der habsüchtige Arme spricht unaufhörlich von dem Mißbrauch des Geldes und den Lastern der Reichen, wodurch er bloß bewirkt, daß er sich selber quält und anderen zeigt, daß er nicht bloß seine Armut, sondern auch den Reichtum anderer mit Mißmut erträgt. So denken auch diejenigen, die von ihrer Geliebten übel aufgenommen worden sind, an nichts anderes als an die Unbeständigkeit und den betrügerischen Sinn der Weiber und an ihre übrigen landkundigen Fehler, und vergessen alles dies alsbald wieder, sobald sie von der Geliebten wieder gut aufgenommen werden. Wer daher seine Affekte und Verlangen aus alleiniger Liebe zur Freiheit zu mäßigen trachtet, der bestrebe sich, soviel er vermag, die Tugenden und ihre Ursachen kennen zu lernen und die Seele mit der Freude zu erfüllen, die aus ihrer wahren Erkenntnis entspringt, nicht aber die Fehler der Menschen zu beobachten, die Menschen durchzuhecheln und seine Freude an einem falschen Schein der Freiheit zu haben. Wer dies eifrig beobachtet (denn es ist nicht schwer) und es in Zukunft übt, wird gewiß in kurzer Zeit seine Handlungen meist nach der Herrschaft der Vernunft einrichten können.

Lehrsatz 11. Auf je mehr Dinge sich eine Vorstellung bezieht, um so häufiger ist sie, oder um so öfter lebt sie auf und beschäftigt den Geist.

Beweis. Denn auf je mehr Dinge sich eine Vorstellung oder ein Affekt bezieht, um so mehr Ursachen gibt es, durch welche er affiziert und genährt werden kann. Alles dies betrachtet der Geist (nach der Voraussetzung) vermöge des Affekts selbst miteinander, und folglich ist der Affekt um so häufiger oder lebt um so öfter auf und beschäftigt (nach Lehrsatz 8 dieses Teils) den Geist um so mehr. W. z. b. w.

Lehrsatz 12. Die Vorstellungen der Dinge werden leichter mit Vorstellungen verbunden, die sich auf Dinge beziehen, welche wir klar und deutlich erkennen als mit anderen.

Beweis. Die Dinge, die wir klar und deutlich erkennen, sind entweder gemeinsame Eigenschaften der Dinge, oder was aus diesen abgeleitet wird (siehe die Def. der Vernunft in der Anm. 2 zu Lehrsatz 40, T. 2), und werden folglich öfter in uns erregt (nach dem vorigen Lehrsatz); und deshalb ist es leichter möglich, daß wir die anderen Dinge mit diesen als mit anderen zusammen betrachten, und daß sie folglich (nach Lehrsatz 18, T. 2) leichter mit diesen als mit anderen verbunden werden. W. z. b. w.

Lehrsatz 13. Eine Vorstellung lebt um so öfter auf, je mehr sie mit anderen Vorstellungen verbunden ist.

Beweis. Denn mit je mehr anderen Vorstellungen eine Vorstellung verbunden ist, um so mehr Ursachen gibt es (nach Lehrsatz 18, T. 2), durch welche sie erregt werden kann. W. z. b. w.

Lehrsatz 14. Der Geist kann bewirken, daß alle Körperaffektionen oder Vorstellungen der Dinge sich auf die Idee Gottes beziehen.

Beweis. Es gibt keine Körperaffektion, von welcher der Geist nicht einen klaren und deutlichen Begriff bilden könnte (nach Lehrsatz 4 dieses Teils), und folglich kann er bewirken (nach Lehrsatz 15, T. 1), daß sich alle auf die Idee Gottes beziehen. W. z. b. w.

Lehrsatz 15. Wer sich und seine Affekte klar und deutlich erkennt, liebt Gott, und das um so mehr, je mehr er sich und seine Affekte erkennt.

Beweis. Wer sich und seine Affekte klar und deutlich erkennt, hat Lust (nach Lehrsatz 53, T. 3), und zwar verbunden mit der Idee Gottes (nach dem vorigen Lehrsatze); sonach liebt er Gott (nach Def. 6 der Affekte), und zwar (aus demselben Grunde) um so mehr, je mehr er sich und seine Affekte erkennt. W. z. b. w.

Lehrsatz 16. Diese Liebe zu Gott muß den Geist am meisten einnehmen.

Beweis. Denn diese Liebe ist mit allen Körperaffektionen verbunden (nach Lehrsatz 14 dieses Teils), von welchen allen sie genährt wird (nach Lehrsatz 15 dieses Teils), und folglich (nach Lehrsatz 11 dieses Teils) muß sie den Geist am meisten einnehmen. W. z. b. w.

Lehrsatz 17. Gott kennt keine Leidenschaften und wird durch keinen Affekt der Lust oder Unlust erregt.

Beweis. Alle Ideen sind wahr, sofern sie sich auf Gott beziehen (nach Lehrsatz 32, T. 2), d. h. (nach Def. 4, T. 2) adäquat, und demnach kennt Gott (nach der allgemeinen Def. der Affekte) keine Leidenschaften. Ferner kann Gott weder zu größerer, noch zu geringerer Vollkommenheit übergehen (nach Folgesatz 2 zu Lehrsatz 20, T. 1), demnach wird er (nach Def. 2 und 3 der Affekte) von keinem Affekt der Lust oder Unlust erregt. W. z. b. w.

Folgesatz. Eigentlich gesprochen, liebt und haßt Gott niemanden, denn Gott wird (nach dem vorigen Lehrsatz) von keinem Affekt der Lust oder Unlust erregt, und folglich (nach Def. 6 und 7 der Affekte) liebt und haßt er auch niemanden.

Lehrsatz 18. Niemand kann Gott hassen.

Beweis. Die Idee Gottes, welche in uns ist, ist adäquat und vollkommen (nach Lehrsatz 46 und 47, T. 2); sofern wir demnach Gott betrachten, sofern sind wir tätig (nach Lehrsatz 3, T. 3), und folglich (nach Lehrsatz 59, T. 3) kann es keine Unlust geben, verbunden mit der Idee Gottes, d. h. (nach Def. 7 der Affekte) niemand kann Gott hassen. W. z. b. w.

Folgesatz. Die Liebe zu Gott kann sich nicht in Haß verwandeln.

Anmerkung. Man kann etwa einwenden, daß, wenn wir unter Gott die Ursache aller Dinge verstehen, wir eben dadurch Gott als die Ursache der Unlust betrachten; hierauf entgegne ich aber: insofern wir die Ursachen der Unlust erkennen, insofern (nach Lehrsatz 3 dieses Teils) hört sie auf, eine Leidenschaft zu sein, d. h. (nach Lehrsatz 59, T. 3) insofern hört sie auf, eine Unlust zu sein; und folglich insofern wir Gott als die Ursache der Unlust erkennen, insofern haben wir Lust.

Lehrsatz 19. Wer Gott liebt, kann nicht danach streben, daß Gott ihn wieder liebt.

Beweis. Wenn der Mensch danach strebte, würde er also begehren (nach Folgesatz zu Lehrsatz 17 dieses Teils), daß Gott, den er liebt, nicht Gott wäre, und folglich (nach Lehrsatz 19, T. 3) würde er wünschen, Unlust zu haben, was (nach Lehrsatz 28, T. 3) widersinnig ist. Also wer Gott liebt usw. *W. z. b. w.*

Lehrsatz 20. Diese Liebe zu Gott kann weder durch den Affekt des Neides noch der Eifersucht befleckt werden, sondern sie wird um so mehr genährt, je mehr Menschen wir uns durch dasselbe Band der Liebe mit Gott vereinigt vorstellen.

Beweis. Diese Liebe zu Gott ist das höchste Gut, welches wir gemäß dem Vernunftgebote erstreben können (nach Lehrsatz 28, T. 4), und ist allen Menschen gemeinsam (nach Lehrsatz 36, T. 4), und wir wünschen, daß alle sich desselben erfreuen (nach Lehrsatz 37, T. 4). Demnach kann sie (nach Def. 23 der Affekte) nicht durch den Affekt des Neides verunreinigt werden, noch auch (nach Lehrsatz 18 dieses Teils und der Def. der Eifersucht in der Anm. zu Lehrsatz 35, T. 3) durch den Affekt der Eifersucht, sondern muß vielmehr (nach Lehrsatz 31, T. 3) um so mehr genährt werden, je mehr Menschen wir uns sich daran erfreuend vorstellen. W. z. b. w.

Anmerkung. Gleicherweise können wir zeigen, daß es keinen Affekt gibt, der dieser Liebe gerade entgegengesetzt wäre, wodurch eben diese Liebe vernichtet werden könnte, und sonach können wir schließen, daß diese Liebe zu Gott der beständigste von allen Affekten ist, und insofern sie sich auf den Körper bezieht, nur mit dem Körper selbst vernichtet werden kann; von welcher Beschaffenheit sie aber ist, insofern sie sich allein auf den Geist bezieht, das werden wir weiter unten sehen.

Hiermit habe ich alle Mittel gegen die Affekte durchgegangen oder alles, was der Geist bloß an sich betrachtet gegen die Affekte vermag, zusammengefaßt; hieraus erhellt, daß die Macht des Geistes über die Affekte besteht:

1. eben in der Erkenntnis der Affekte (siehe Anm. zu Lehrsatz 4 dieses Teils);

2. in der Trennung der Affekte von dem Denken der äußeren Ursache, die wir uns verworren vorstellen (siehe Lehrsatz 2 und die eben erwähnte Anm. zu Lehrsatz 4 dieses Teils);

3. in der Zeit, vermöge der die Affektionen, die sich auf solche Dinge beziehen, welche wir erkennen, höher stehen als diejenigen, die sich auf Dinge beziehen, welche wir verworren und verstümmelt begreifen (siehe Lehrsatz 7 dieses Teils);

4. in der Menge der Ursachen, von denen die Affektionen genährt werden, welche sich auf die gemeinsamen Eigenschaften der Dinge oder auf Gott beziehen (siehe Lehrsatz 9 und 11 dieses Teils);

5. endlich in der Ordnung, in welcher der Geist seine Affekte ordnen und miteinander verknüpfen kann (siehe Anm. zu Lehrsatz 10 und ferner Lehrsatz 12, 13 und 14 dieses Teils).

Zur besseren Erkenntnis dieser Macht des Geistes über die Affekte müssen wir jedoch hier vor allem bemerken, daß wir die Affekte heftig nennen, wenn wir den Affekt des einen Menschen mit dem Affekt eines anderes vergleichen, und den einen mehr als den anderen von demselben Effekt bestürmt sehen, oder wenn wir die Affekte eines und desselben Menschen miteinander vergleichen und wir denselben Menschen von dem einen Affekt mehr als von einem anderen affiziert oder bewegt sehen. Denn (nach Lehrsatz 5, T. 4) wird die Macht jedes Affekts aus dem Vermögen der äußeren Ursache, verglichen mit dem unsrigen, erklärt. Das Vermögen des Geistes aber wird aus der Erkenntnis allein erklärt, sein Unvermögen aber oder seine Leidenschaft wird bloß nach dem Mangel der Erkenntnis geschätzt, d. h. nach dem, weshalb seine Ideen inadäquat heißen. Hieraus folgt, daß ein solcher Geist am meisten leidet, dessen größten Teil inadäquate Ideen ausmachen, so daß er mehr durch das, was er leidet, als durch das, was er tut, von anderen unterschieden wird; und daß dagegen ein solcher Geist am meisten tätig ist, dessen größten Teil adäquate Ideen ausmachen, so daß, obgleich in ihm ebensoviel inadäquate Ideen als in jenem sind, er doch mehr durch jene sich unterscheidet, die zur menschlichen Tugend gehören, als durch diese, die vom menschlichen Unvermögen zeugen. Ferner ist zu bemerken, daß die Seelenschmerzen und Unfälle meist in der übermäßigen Liebe zu einem Gegenstande ihren Ursprung haben, der vielem Wechsel unterworfen ist, und den wir nie besitzen können; denn man ist nur wegen eines Gegenstandes, den man liebt, besorgt und ängstlich, und Beleidigungen, Argwohn, Feindschaften usw. entspringen nur aus Liebe zu Gegenständen, deren Besitzer niemand wahrhaft sein kann. Hieraus begreifen wir also leicht, was die klare und deutliche Erkenntnis, und hauptsächlich jene dritte Gattung der Erkenntnis (siehe darüber die Anm. zu Lehrsatz 47, T. 2), deren Grundlage die Gotteserkenntnis selbst ist, über die Affekte vermag, die sich nämlich, insofern sie Leidenschaften sind, zwar nicht absolut aufhebt (siehe Lehrsatz 3 und die Anm. zu Lehrsatz 4 dieses Teils), jedoch bewirkt, daß sie den kleinsten Teil des Geistes ausmachen (siehe Lehrsatz 14 dieses Teils). Ferner erzeugt sie

Liebe zu einem unveränderlichen und ewigen Gegenstand (siehe Lehrsatz 15 dieses Teils), in dessen Besitz wir wahrhaft sind (siehe Lehrsatz 45, T. 2), die deshalb nicht von den Fehlern befleckt werden kann, die der gewöhnlichen Liebe innewohnen, sondern die stets größer und größer werden (nach Lehrsatz 15 dieses Teils) und den größten Teil des Geistes einnehmen (nach Lehrsatz 16 dieses Teils) und in seinem ganzen Umfange affizieren kann. – Hiermit habe ich alles abgehandelt, was sich auf das gegenwärtige Leben bezieht; denn was ich zu Anfang dieser Anmerkung gesagt habe, daß ich hiermit kurz alle Affekte zusammengefaßt, das wird jeder leicht sehen können, der auf das in dieser Anmerkung Gesagte und zugleich auf die Definitionen des Geistes und seiner Affekte und auf die Lehrsätze 1 und 3, Teil 3 achtet. Wir müssen nunmehr zu dem übergehen, was die Dauer des Geistes, ohne Beziehung auf den Körper, betrifft.

Lehrsatz 21. Der Geist kann nur, solange der Körper dauert, sich etwas vorstellen oder sich vergangener Dinge erinnern.

Beweis. Der Geist drückt nur, solange der Körper dauert, das wirkliche Dasein seines Körpers aus und begreift auch nur so lange die Körperaffektionen als wirkliche (nach Folgesatz zu Lehrsatz 8, T. 2); und folglich (nach Lehrsatz 26, T. 2) begreift er jeden Körper nur so lange als wirklich daseiend, als sein Körper dauert, und kann sich daher nur etwas vorstellen (siehe die Def. der Vorstellung in der Anm. zu Lehrsatz 17, T. 2) und sich vergangener Dinge erinnern, solange der Körper dauert (siehe die Def. des Gedächtnisses in der Anm. zu Lehrsatz 18, T. 2). W. z. b. w.

Lehrsatz 22. Es gibt jedoch in Gott notwendig eine Idee, die das Wesen dieses oder jenes menschlichen Körpers unter der Form der Ewigkeit ausdrückt.

Beweis. Gott ist nicht nur die Ursache vom Dasein, sondern auch vom Wesen dieses oder jenes menschlichen Körpers (nach Lehrsatz 25, T. 1); dieses Wesen muß deshalb notwendig durch Gottes Wesen selbst begriffen werden (nach Ax. 4, T. 1), und zwar mit einer gewissen ewigen Notwendigkeit (nach Lehrsatz 16, T. 1), und diesen Begriff muß es notwendig in Gott geben (nach Lehrsatz 3, T. 2). W. z. b. w.

Lehrsatz 23. Der menschliche Geist kann mit dem Körper nicht absolut vernichtet werden, sondern es bleibt etwas von ihm übrig, das ewig ist.

Beweis. Es gibt in Gott notwendig einen Begriff oder eine Idee, die das Wesen des menschlichen Körpers ausdrückt (nach dem vorigen Lehrsatz), die deshalb notwendig etwas ist, das zum Wesen des menschlichen Geistes gehört (nach Lehrsatz 13, T. 2). Wir legen aber dem menschlichen Geiste bloß insofern eine Dauer bei, die durch die Zeit definiert werden kann, als er das wirkliche Dasein des Körpers ausdrückt, das durch die Dauer erklärt und durch die Zeit bestimmt werden kann, d. h. (nach Folgesatz zu Lehrsatz 8, T. 2) wir legen ihm nur so lange Dauer bei, als der Körper dauert. Da es jedoch etwas gibt, was mit ewiger Notwendigkeit durch Gottes Wesen selbst begriffen wird (nach dem vorigen Lehrsatze), so ist dieses Etwas, das zum Wesen des Geistes gehört, notwendig ewig. W. z. b. w.

Anmerkung. Diese Idee, die das Wesen des Körpers unter der Form der Ewigkeit Ausdrückt, ist, wie gesagt, eine gewisse Weise des Denkens, die zum Wesen des Geistes gehört und die notwendig ewig ist. Demnach ist es unmöglich, daß wir uns erinnern, vor dem Körper da gewesen zu sein, da es ja in dem Körper keine Spuren davon geben, noch die Ewigkeit durch die Zeit definiert werden, noch irgendeine Beziehung auf die Zeit haben kann; und doch nehmen wir wahr und erfahren, daß wir ewig sind. Denn der Geist nimmt diejenigen Dinge, die er durch den Verstand begreift, nicht minder wahr, als diejenigen, die er im Gedächtnis hat. Denn die Augen des Geistes, womit er die Dinge sieht und beobachtet, sind eben die Beweise. Wenn wir uns daher auch nicht erinnern, vor dem Körper dagewesen zu sein, so nehmen wir doch wahr, daß unser Geist ewig ist, insofern er das Wesen des Körpers unter einer Form der Ewigkeit enthält, und daß dieses sein Dasein nicht durch die Zeit definiert oder durch die Dauer erklärt werden kann. Unser Geist kann daher nur insofern dauernd genannt und sein Dasein durch eine gewisse Zeit definiert werden, als er das wirkliche Dasein des Körpers in sich schließt, und hat nur insofern das Vermögen, das Dasein der Dinge in der Zeit zu bestimmen und sie unter der Form der Dauer zu begreifen.

Lehrsatz 24. Je mehr wir die Einzeldinge erkennen, um so mehr erkennen wir Gott.

Beweis. Dieser erhellt aus dem Folgesatz zu Lehrsatz 25, Teil 1.

Lehrsatz 25. Das höchste Streben des Geistes und seine höchste Tugend ist, die Dinge nach der dritten Erkenntnisgattung zu erkennen.

Beweis. Die dritte Erkenntnisgattung geht von der adäquaten Idee gewisser Attribute Gottes bis zur adäquaten Erkenntnis des Wesens der Dinge (siehe die Def. derselben in der Anm. 2 zu Lehrsatz 40, T. 2). Je mehr wir daher die Dinge auf diese Weise erkennen, um so mehr erkennen wir (nach dem vorigen Lehrsatz) Gott, und folglich (nach Lehrsatz 28, T. 4) ist die höchste Tugend des Geistes, d. h. (nach Def. 8, T. 4) das Vermögen oder die Natur des Geistes oder (nach Lehrsatz 7, T. 3) sein höchstes Streben, die Dinge nach der dritten Erkenntnisgattung zu erkennen. W. z. b. w.

Lehrsatz 26. Je befähigter der Geist ist, die Dinge nach der dritten Erkenntnisgattung zu erkennen, um so mehr begehrt er die Dinge nach dieser Erkenntnisgattung zu erkennen.

Beweis. Dieser ist offenbar. Denn sofern wir den Geist als befähigt begreifen, die Dinge nach dieser Erkenntnisgattung zu erkennen, sofern begreifen wir ihn als bestimmt, die Dinge nach dieser Erkenntnisgattung zu erkennen, und folglich (nach Def. 1 der Affekte) je befähigter der Geist dazu ist, desto mehr begehrt er danach. W. z. b. w.

Lehrsatz 27. Aus dieser dritten Erkenntnisgattung entspringt die höchste Zufriedenheit des Geistes, die es geben kann.

Beweis. Die höchste Tugend des Geistes ist, Gott zu erkennen (nach Lehrsatz 28, T. 4) oder die Dinge nach der dritten Erkenntnisgattung zu erkennen (nach Lehrsatz 25 dieses Teils). Diese Tugend ist um so größer, je mehr der Geist die Dinge nach dieser Erkenntnisgattung erkennt (nach Lehrsatz 24 dieses Teils); wer daher die Dinge nach dieser Erkenntnisgattung erkennt, geht zur höchsten menschlichen Vollkommenheit über, und wird folglich (nach Def. 2 der Affekte) mit der höchsten Lust affiziert, und zwar (nach Lehrsatz 43, T. 2) verbunden mit der Idee von sich und seiner Tugend, und deshalb entspringt (nach Def. 25 der Affekte) aus dieser Erkenntnisgattung die höchste Zufriedenheit, die es geben kann. W. z. b. w.

Lehrsatz 28. Das Streben oder die Begierde, die Dinge nach der dritten Erkenntnisgattung zu erkennen, kann nicht aus der ersten, wohl aber aus der zweiten Erkenntnisgattung entspringen.

Beweis. Dieser Lehrsatz ist an sich klar; denn alles, was wir klar und deutlich erkennen, erkennen wir entweder aus sich oder aus einem anderen, das aus sich begriffen wird, d. h. die Ideen, die klar und deutlich in uns sind oder die zur dritten Erkenntnisgattung gehören (siehe Anm. 2 zu Lehrsatz 40, T. 2), können nicht aus verstümmelten und verworrenen Ideen erfolgen, die (nach derselben Anm.) zur ersten Erkenntnisgattung gehören, sondern aus adäquaten Ideen oder (nach derselben Anm.) aus der zweiten und dritten Erkenntnisgattung. Deshalb kann (nach Def. 1 der Affekte)die Begierde, die Dinge nach der dritten Erkenntnisgattung zu erkennen, nicht aus der ersten, wohl aber aus der zweiten entspringen. W. z. b. w.

Lehrsatz 29. Was der Geist unter der Form der Ewigkeit erkennt, erkennt er nicht daraus, daß er das gegenwärtige wirkliche Dasein des Körpers begreift, sondern daraus, daß er das Wesen des Körpers unter der Form der Ewigkeit begreift.

Beweis. Insofern der Geist das gegenwärtige Dasein des Körpers begreift, insofern begreift er eine Dauer, die durch die Zeit bestimmt werden kann, und insofern hat er bloß das Vermögen, die Dinge mit Beziehung auf die Zeit zu begreifen (nach Lehrsatz 21 dieses Teils und Lehrsatz 26, T. 2). Die Ewigkeit kann aber nicht durch die Dauer erklärt werden (nach Def. 8, T.1 nebst Erläuterung). In dieser Beziehung hat also der Geist nicht die Fähigkeit, die Dinge unter der Form der Ewigkeit zu begreifen, sondern weil es der Natur der Vernunft gemäß ist, die Dinge unter der Form der Ewigkeit zu begreifen (nach Folgesatz 2 zu Lehrsatz 44, T. 2), und es auch zur Natur des Geistes gehört, das Wesen des Körpers unter der Form der Ewigkeit zu begreifen (nach Lehrsatz 23 dieses Teils), und außer diesen beiden nichts anderes zum Wesen des Geistes gehört (nach Lehrsatz 13, T. 2) gehört also dies Vermögen, die Dinge unter der Form der Ewigkeit zu begreifen, nur dem Geiste, insofern er das Wesen des Körpers unter der Form der Ewigkeit begreift. W. z. b. w. *Anmerkung.* Wir begreifen die Dinge auf zweierlei Arten als wirkliche, entweder insofern wir sie als in Beziehung auf eine bestimmte Zeit und einen bestimmten Ort als daseiend begreifen, oder insofern wir sie als in Gott enthalten und aus der Notwendigkeit der göttlichen Natur folgend betrachten. Diejenigen aber, die in dieser zweiten Art als wahr oder real begriffen werden, begreifen wir unter der Form der Ewigkeit, und ihre Ideen schließen das ewige und unendliche Wesen Gottes in sich, wie wir Lehrsatz 45, T. 2 gezeigt haben; siehe auch die Anmerkung dieses Lehrsatzes.

Lehrsatz 30. Unser Geist hat, sofern er sich und den Körper unter der Form der Ewigkeit erkennt, insofern notwendig eine Erkenntnis Gottes und weiß, daß er in Gott ist und durch Gott begriffen wird.

Beweis. Die Ewigkeit ist eben das Wesen Gottes, insofern dies ein notwendiges Dasein in sich schließt (nach Def. 8, T. 1). Die Dinge unter der Form der Ewigkeit begreifen, heißt also die Dinge begreifen, sofern sie durch Gottes Wesen als reale Seiende begriffen werden, oder sofern sie durch Gottes Wesen das Dasein in sich schließen; demnach hat unser Geist, insofern er sich und den Körper unter der Form der Ewigkeit begreift, sofern notwendig eine Erkenntnis Gottes und weiß usw. W. z. b. w.

Lehrsatz 31. Die dritte Erkenntnisgattung hängt von dem Geiste als der formalen Ursache ab, insofern der Geist selbst ewig ist.

Beweis. Der Geist begreift etwas nur insofern unter der Form der Ewigkeit, als er das Wesen seines Körpers unter der Form der Ewigkeit begreift (nach Lehrsatz 29 dieses Teils), d. h. (nach Lehrsatz 21 und 23 dieses Teils) nur insofern er ewig ist; demnach hat er (nach dem vorigen Lehrsatz), insofern er ewig ist, eine Erkenntnis Gottes. Diese Erkenntnis ist notwendig adäquat (nach Lehrsatz 46, T. 2), also ist der Geist, insofern er ewig ist, alles das zu erkennen befähigt, was aus dieser gegebenen Erkenntnis Gottes folgen kann (Lehrsatz 40, T. 2), d. h. die Dinge nach der dritten Erkenntnisgattung zu erkennen (siehe die Def. derselben in der Anm. 2 zu Lehrsatz 42, T. 2), deren adäquate oder formale Ursache deshalb der Geist ist (nach Def. 1, T. 3), insofern er ewig ist. W. z. b. w. *Anmerkung.* Je weiter man daher in dieser Erkenntnisgattung gelangt, um so besser ist man sich seiner selbst und Gottes bewußt, d. h. um so vollkommener und glückseliger ist man. Dies wird sich aus dem folgenden noch klarer ergeben. Es ist aber hier zu bemerken, daß, obgleich wir jetzt überzeugt sind, daß der Geist ewig ist, insofern er die Dinge unter der Form der Ewigkeit begreift, wir doch zur besseren Erläuterung und zum besseren Verständnis dessen, was wir dartun wollen, ihn doch betrachten werden, als finge er jetzt an zu sein, und als finge er jetzt an, die Dinge unter der Form der Ewigkeit zu erkennen, wie wir es bisher getan haben. Wir können dies ohne Gefahr eines Irrtums tun, wenn wir dabei die Vorsicht gebrauchen, alles nur aus klar erkannten Prämissen zu schließen.

Lehrsatz 32. An allem, was wir nach der dritten Erkenntnisgattung erkennen, erfreuen wir uns, und zwar verbunden mit der Idee Gottes als Ursache.

Beweis. Aus dieser Erkenntnisgattung entspringt die höchste Zufriedenheit des Geistes, die es geben kann, d. h. (nach Def. 25 der Affekte) die höchste Lust, und zwar verbunden mit der Idee seiner selbst (nach Lehrsatz 27 dieses Teils) und folglich (nach Lehrsatz 30 dieses Teils) auch verbunden mit der Idee Gottes als Ursache. W. z. b. w.

Folgesatz. Aus der dritten Erkenntnisgattung entspringt notwendig die geistige Liebe zu Gott; denn aus dieser Erkenntnisgattung entspringt (nach dem obigen Lehrsatz) Lust, verbunden mit der Idee Gottes als Ursache, d. h. (nach

Def. 6 der Affekte) die Liebe zu Gott, nicht insofern wir ihn uns als gegenwärtig vorstellen (nach Lehrsatz 29 dieses Teils), sondern insofern wir erkennen, daß Gott ewig ist, und das nenne ich die geistige Liebe zu Gott.

Lehrsatz 33. Die geistige Liebe zu Gott, die aus der dritten Erkenntnisgattung entspringt, ist ewig.

Beweis. Denn die dritte Erkenntnisgattung ist (nach Lehrsatz 31 dieses Teils und Ax. 3, T. 1) ewig, und sonach (nach demselben Ax., T. 1) ist die Liebe, die aus ihr entspringt, auch notwendig ewig. W. z. b. w. *Anmerkung.* Obgleich diese Liebe zu Gott keinen Anfang hat (nach dem obigen Lehrsatz), hat sie doch alle Vollkommenheiten der Liebe, als ob sie so entstanden wäre, wie wir im Folgesatz des vorigen Lehrsatzes fingiert haben, und es ist hier kein Unterschied, außer daß der Geist die Vollkommenheiten, die wir als ihm erst jetzt zuteil werdend fingierten, ewig gehabt hat, und zwar verbunden mit der Idee Gottes als ewiger Ursache. Wenn die Lust im Übergehen zu größerer Vollkommenheit besteht, so muß die Glückseligkeit gewiß darin bestehen, daß der Geist mit der Vollkommenheit selbst begabt ist.

Lehrsatz 34. Der Geist ist nur, solange der Körper dauert, den Affekten unterworfen, die zu den Leidenschaften gehören.

Beweis. Die Vorstellung ist eine Idee, wodurch der Geist ein Ding als gegenwärtig betrachtet (siehe die Def. derselben in der Anm. zu Lehrsatz 17, T. 2), die jedoch mehr den gegenwärtigen Zustand des menschlichen Körpers als die Natur des äußeren Dinges anzeigt (nach Folgesatz 2 zu Lehrsatz 16, T. 2). Der Affekt ist daher (nach der allgemeinen Def. der Affekte) eine Vorstellung, insofern diese den gegenwärtigen Zustand des Körpers anzeigt, und also ist (nach Lehrsatz 21 dieses Teils) der Geist nur, solange der Körper dauert, den Affekten unterworfen, die zu den Leidenschaften gehören. W. z. b. w. **Folgesatz.** Hieraus folgt, daß keine Liebe außer der geistigen Liebe ewig ist.

Anmerkung. Betrachten wir die gemeine Meinung der Leute, so sehen wir, daß sie sich zwar der Ewigkeit ihres Geistes bewußt sind, daß sie sie aber mit der Dauer vermengen und sie der Vorstellung oder der Erinnerung beilegen, die, wie sie glauben, nach dem Tode übrig bleiben.

Lehrsatz 35. Gott liebt sich selbst mit unendlicher geistiger Liebe.

Beweis. Gott ist absolut unendlich (nach Def. 6, T. 1), d. h. (nach Def. 6, T. 2) die Natur Gottes erfreut sich einer unendlichen Vollkommenheit, und zwar (nach Lehrsatz 3, T. 2) verbunden mit der Idee von sich, d. h. (nach Lehrsatz 11 und der Def. 1, T. 1) mit der Idee von sich als Ursache, und dies ist das, was wir im Folgesatz zu Lehrsatz 32 dieses Teils die geistige Liebe genannt haben.

Lehrsatz 36. Die intellektuelle Liebe des Geistes zu Gott ist Gottes Liebe selbst, wonach Gott sich selbst liebt, nicht sofern er unendlich ist, sondern sofern er durch das unter der Form der Ewigkeit betrachtete Wesen des menschlichen Geistes expliziert werden kann, d. h. die intellektuelle Liebe des Geistes zu Gott ist ein Teil der unendlichen Liebe, mit der Gott sich selbst liebt.

Beweis. Diese Liebe des Geistes muß zu den Handlungen des Geistes gehören (nach dem Folgesatz zu Lehrsatz 32 dieses Teils und Lehrsatz 3, T. 3), sie ist daher eine Handlung, durch welche der Geist sich selbst betrachtet, verbunden mit der Idee Gottes als Ursache (nach Lehrsatz 32 dieses Teils und dem Folgesatz dazu), d. h. (nach Folgesatz zu Lehrsatz 25, T. 1 und Folgesatz zu Lehrsatz 11, T. 2), eine Handlung, wodurch Gott, sofern er durch den menschlichen Geist expliziert werden kann, sich selbst betrachtet, verbunden mit der Idee von sich. Demnach ist (nach dem vorigen Lehrsatz) diese Liebe des Geistes ein Teil der unendlichen Liebe, womit Gott sich selbst liebt. W. z. b. w.

Folgesatz. Hieraus folgt, daß Gott, sofern er sich selbst liebt, die Menschen liebt und folglich, daß die Liebe Gottes zu den Menschen und die intellektuelle Liebe des Geistes zu Gott ein und dasselbe sind.

Anmerkung. Hieraus erkennen wir deutlich, worin unser Heil oder unsere Glückseligkeit oder Freiheit besteht, nämlich in der beständigen und ewigen Liebe zu Gott, oder in der Liebe Gottes zu den Menschen. Diese Liebe oder Glückseligkeit wird in der heiligen Schrift Ruhm genannt, und mit Recht. Denn bezieht man diese Liebe auf Gott oder auf den Geist, so kann sie immer mit Recht Zufriedenheit der Seele genannt werden, die vom Ruhm in der Tat nicht verschieden ist (nach Def. 25 und 30 der Affekte); denn auf Gott bezogen ist sie (nach Lehrsatz 35 dieses Teils) Lust (man gestatte mir noch diesen Ausdruck), verbunden mit der Idee von sich, sowie auch, auf den Geist bezogen (nach Lehrsatz 27 dieses Teils). Weil sodann das Wesen unseres Geistes bloß in der Erkenntnis besteht, deren Uranfang und Grundlage Gott ist (nach Lehrsatz 15, T. 1 und Anm. zu Lehrsatz 47, T. 2), so wird uns hieraus klar, wie und aufweiche Weise unser Geist nach seinem Wesen und Dasein aus der göttlichen Natur folgt und beständig von Gott abhängt. Ich glaube dies hier wohl bemerken zu müssen und an diesem Beispiele zu zeigen, wieviel die Erkenntnis der Einzeldinge, die ich die intuitive oder die der dritten Gattung genannt habe, vermag (siehe die Anm. 2 zu Lehrsatz 40, T. 2) und daß sie mächtiger ist, als die allgemeine Erkenntnis, die ich zur zweiten Gattung gerechnet habe. Denn obgleich ich im ersten Teile im allgemeinen gezeigt habe, daß alles (und folglich auch der menschliche Geist) nach seinem Wesen und Dasein von Gott abhängt, so affiziert dieser Beweis, wenn er auch folgerichtig und über allen Zweifel erhaben ist, unsern Geist doch nicht so, als wenn dasselbe eben aus dem Wesen jedes Einzeldinges geschlossen wird, von dem wir sagen, daß es von Gott abhängt.

Lehrsatz 37. Es gibt nichts in der Natur, was dieser intellektuellen Liebe entgegen ist, oder was sie aufheben kann.

Beweis. Diese intellektuelle Liebe erfolgt notwendig aus der Natur des Geistes, sofern dieser in Gottes Natur als eine ewige Wahrheit betrachtet wird (nach Lehrsatz 33 und 29 dieses Teils). Gäbe es also etwas dieser Liebe Entgegengesetztes, so wäre dies dem Wahren entgegengesetzt, und folglich würde das, was diese Liebe aufheben könnte, bewirken, daß das Wahre falsch wäre; dies ist (wie an sich klar) widersinnig, also gibt es nichts in der Natur usw. W. z. b. w.

Anmerkung. Das Axiom des vierten Teiles bezieht sich auf die Einzeldinge, sofern sie mit Bezug auf eine bestimmte Zeit und einen bestimmten Raum betrachtet werden, woran, wie ich glaube, niemand zweifeln wird.

Lehrsatz 38. Je mehr Dinge der Geist nach der zweiten und dritten Erkenntnisgattung erkennt, um so weniger leidet er von den schlechten Affekten, und um so weniger fürchtet er den Tod.

Beweis. Das Wesen des Geistes besteht in der Erkenntnis (nach Lehrsatz 11, T. 2); je mehr Dinge also der Geist nach der zweiten und dritten Erkenntnisgattung erkennt, ein um so größerer Teil von ihm bleibt übrig (nach Lehrsatz 23, 29 und 33 dieses Teils), und folglich bleibt (nach dem vorigen Lehrsatz) ein um so größerer Teil von ihm von den Affekten unberührt, die unserer Natur entgegengesetzt, d. h. (nach Lehrsatz 30, T. 4) die schlecht sind. Je mehr Dinge daher der Geist nach der zweiten und dritten Erkenntnisgattung erkennt, ein um so größerer Teil von ihm bleibt unverletzt, und er leidet folglich weniger durch die Affekte, W. z. b. w.

Anmerkung. Hieraus erkennen wir das, was ich in der Anmerkung zu Lehrsatz 39, Teil 1 berührt und in diesem Teile zu entwickeln versprochen habe, daß nämlich der Tod um so weniger schädlich ist, je größer die klare und deutliche

Erkenntnis des Geistes ist, und folglich je mehr der Geist Gott liebt. Weil ferner (nach Lehrsatz 27 dieses Teils) aus der dritten Erkenntnisgattung die höchste Zufriedenheit, die es geben kann, entspringt, so folgt daraus, daß der menschliche Geist von solcher Natur sein kann, daß das, was wir von ihm als mit dem Körper vergehend gezeigt haben (siehe Lehrsatz 21 dieses Teils), von gar keiner Bedeutung ist gegen das, was von ihm übrig bleibt. Doch hiervon sogleich ausführlicher.

Lehrsatz 39. Wer einen zu den meisten Dingen befähigten Körper hat, hat einen Geist, dessen größter Teil ewig ist.

Beweis. Wer einen zu den meisten Tätigkeiten befähigten Körper hat, wird von den schlechten Affekten am wenigsten bestürmt (nach Lehrsatz 38, T. 4), d. h. (nach Lehrsatz 32, T. 4) von den Affekten, die unserer Natur entgegengesetzt sind, und hat also (nach Lehrsatz 10 dieses Teils) das Vermögen, die Körperaffektionen nach der Ordnung in der Erkenntnis zu ordnen und zu verketten, und folglich zu bewirken (nach Lehrsatz 14 dieses Teils), daß sich alle Körperaffektionen auf die Idee Gottes beziehen, woraus (nach Lehrsatz 15 dieses Teils) folgt, daß er mit Liebe gegen Gott erfüllt wird, die (nach Lehrsatz 16 dieses Teils) den größten Teil seines Geistes einnehmen oder ausmachen muß, und daher (nach Lehrsatz 33 dieses Teils) hat er einen Geist, dessen größter Teil ewig ist. W. z. b. w.

Anmerkung. Weil die menschlichen Körper zu sehr vielem befähigt sind, so können sie ohne Zweifel von solcher Natur sein, daß sie Geistern angehören, die von sich und Gott eine große Erkenntnis haben, und deren größter oder hauptsächlichster Teil ewig ist, so daß sie den Tod kaum zu fürchten haben. Zum besseren Verständnis dieses muß ich hier bemerken, daß wir in beständigem Wechsel leben und je nachdem wir uns in etwas Besseres oder Schlechteres verwandeln, glücklich oder unglücklich heißen. Denn der Säugling oder das Kind, das zur Leiche geworden, heißt unglücklich, dagegen hält man es für Glück, wenn wir die ganze Lebensbahn mit gesundem Geist in gesundem Körper haben durchlaufen können. Und in der Tat, wer wie ein Säugling oder ein Kind einen Körper hat, der zu sehr wenigen Dingen befähigt ist, größtenteils von äußeren Ursachen abhängt, der hat einen Geist, der, an sich allein betrachtet, fast gar kein Bewußtsein, weder von sich selbst, noch von Gott, noch von den Dingen hat; wer dagegen einen zu sehr vielem befähigten Körper hat, hat einen Geist, der, an sich allein betrachtet, viel Bewußtsein von sich, von Gott und von den Dingen hat. In diesem Leben streben wir also hauptsächlich dahin, den

Kinderleib, soweit es seine Natur gestattet und ihm nützlich ist, in einen anderen zu verwandeln, der zu vielem befähigt ist, und der einem Geiste angehört, der sich seiner, Gottes und der meisten Dinge bewußt ist, und zwar so, daß alles, was zu seinem Gedächtnis oder seiner Vorstellung gehört, im Verhältnis zur Erkenntnis fast von gar keiner Bedeutung ist, wie ich bereits in der Anmerkung des vorigen Lehrsatzes gesagt habe.

Lehrsatz 40. Je mehr Vollkommenheit jedes Ding hat, um so mehr ist es tätig und um so weniger leidet es, und andererseits, je mehr es tätig ist, um so vollkommener ist es.

Beweis. Je vollkommener jedes Ding ist, um so mehr Realität hat es (nach Def. 6, T. 2), und folglich (nach Lehrsatz 3, T. 3 und Anm. dazu) um so mehr ist es tätig, und um so weniger leidet es. Ebenso verfährt auch der Beweis in umgekehrter Ordnung, woraus folgt, daß ein Ding andererseits um so vollkommener ist, je tätiger es ist. W. z. b. w.

Folgesatz. Hieraus folgt, daß derjenige Teil des Geistes, welcher übrig bleibt, von welcher Größe er auch sein mag, vollkommener ist als der andere Teil. Denn der ewige Teil des Geistes ist (nach Lehrsatz 23 und 29 dieses Teils) die Erkenntnis, durch welche allein wir tätig heißen (nach Lehrsatz 3, T. 3), derjenige aber, den wir als vergänglichen zeigten, ist die Vorstellung selbst (nach Lehrsatz 21 dieses Teils), wodurch allein wir leidend heißen (nach Lehrsatz 3, T. 3 und der allgemeinen Def. der Affekte). Demnach ist also (nach dem obigen Lehrsatze) jener Teil, von welcher Größe er auch sein mag, vollkommener als dieser. W. z. b. w.

Anmerkung. Dies ist es, was ich mir vorgenommen hatte von dem Geiste darzutun, sofern er ohne Beziehung auf das Dasein des Körpers betrachtet wird. Hieraus, zusammengenommen mit Lehrsatz 21, Teil 1 und anderen Lehrsätzen, erhellt, daß unser Geist als erkennender ein ewiger Modus des Denkens ist, der von einem anderen ewigen Modus des Denkens bestimmt wird, und dieser wieder von einem anderen, und so ins Unendliche, so daß alle zusammen Gottes ewige und unendliche Erkenntnis ausmachen.

Lehrsatz 41. Wenn wir auch nicht wüßten, daß unser Geist ewig ist, müßten wir dennoch Frömmigkeit und Religion und überhaupt alles, was wir im vierten Teile als zur Seelenstärke und zum Edelmut gehörig gezeigt haben, für das Wichtigste halten.

Beweis. Die höchste und einzige Grundlage der Tugend oder richtigen Lebensweise ist (nach Folgesatz zu Lehrsatz 22 und 24, T. 4) das Streben nach seinem Nutzen. In der Bestimmung dessen aber, was die Vernunft als nützlich vorschreibt, haben wir die Ewigkeit des Geistes, die wir erst in diesem fünften Teile kennen lernten, nicht berücksichtigt. Obgleich wir also damals nicht wußten, daß der Geist ewig ist, haben wir doch das für das Wichtigste gehalten, was wir als zur Seelenstärke und zum Edelsinn gehörig zeigten; wenn wir also demnach dies auch noch jetzt nicht wüßten, müßten wir diese Vorschriften der Vernunft dennoch für die wichtigsten halten. W. z. b. w.

Anmerkung. Die gewöhnliche Ansicht der Menge scheint eine andere zu sein; denn die meisten scheinen zu glauben, daß sie, soweit sie ihren Begierden frönen dürfen, frei seien, und daß sie insoweit ihr Recht aufgäben, als sie nach der Vorschrift des göttlichen Gesetzes leben müssen. Frömmigkeit also und Religion und überhaupt alles, was sich auf Seelenstärke bezieht, halten sie für Lasten, die sie nach dem Tode abzuwerfen und den Lohn für ihren Dienst, nämlich für Frömmigkeit und Religion zu empfangen hoffen, und nicht durch diese Hoffnung allein, sondern auch und vor allem durch die Furcht, nach dem Tode mit schrecklichen Qualen bestraft zu werden, werden sie dahin gebracht, soweit es ihre Beschränktheit und ihr schwacher Geist erlaubt, nach der Vorschrift des göttlichen Gesetzes zu leben. Wenn diese Hoffnung und Furcht den Menschen nicht innewohnt, sondern wenn sie vielmehr glaubten, daß der Geist mit dem Körper vergehe, und daß den Unglücklichen, die unter der Last der Frömmigkeit aufgerieben werden, kein anderes Leben übrig bleibe, würden sie zu ihrer Sinnesweise zurückkehren und alles nach ihren Begierden einrichten und lieber dem Ungefähr als sich selbst gehorchen wollen. Dies scheint mir ebenso widersinnig zu sein, als wenn jemand deshalb, weil er meint, sich ja doch nicht immerfort mit gesunden Nahrungsmitteln nähren zu können, lieber mit Giften und todbringenden Dingen sättigen wollte, oder weil er sieht, daß der Geist nicht ewig und unsterblich ist, deshalb lieber sinnlos sein und vernunftlos leben will. Dies ist so widersinnig, daß es kaum der Erwähnung wert ist.

Lehrsatz 42. Die Glückseligkeit ist nicht der Lohn der Tugend, sondern die Tugend selbst, und wir erfreuen uns derselben nicht, weil wir die Begierden einschränken, sondern umgekehrt, weil wir uns derselben erfreuen, deshalb können wir unsere Begierden einschränken.

Beweis. Die Glückseligkeit besteht in der Liebe zu Gott (nach Lehrsatz 36 dieses Teils und der Anm. dazu). Diese Liebe entspringt aus der dritten

Erkenntnisgattung (nach dem Folgesatz zu Lehrsatz 32 dieses Teils), und folglich muß sich diese Liebe (nach Lehrsatz 59 und 3, T. 3) auf den Geist beziehen, insofern er tätig ist, und ist sonach (nach Def. 8, T. 4) die Tugend selbst. Dies war das erste. Sodann, je mehr der Geist sich dieser göttlichen Liebe oder Glückseligkeit erfreut, um so mehr erkennt er (nach Lehrsatz 32 dieses Teils), d. h. (nach dem Folgesatz zu Lehrsatz 3 dieses Teils) um so größere Macht hat er über die Affekte, und (nach Lehrsatz 38 dieses Teils) um so weniger leidet er von den schlechten Affekten. Demnach hat der Geist dadurch, daß er sich dieser göttlichen Liebe oder Glückseligkeit erfreut, die Macht, seine Begierden einzuschränken, und weil das menschliche Vermögen der Einschränkung der Affekte in der Erkenntnis allein besteht, so erfreut sich also niemand der Glückseligkeit, weil er seine Affekte eingeschränkt hat, sondern umgekehrt, das Vermögen, die Begierden einzuschränken, entspringt aus der Glückseligkeit selbst. W. z. b. w.

Anmerkung. Hiermit habe ich alles beendigt, was ich von der Macht des Geistes über die Affekte und von der Freiheit des Geistes dartun wollte. Hieraus erhellt, wieviel der Weise vermag, und wieviel mächtiger er ist als der Ungebildete, der bloß von den Begierden getrieben wird. Denn der Ungebildete, abgesehen davon, daß er von äußeren Ursachen auf vielfache Weise hin und her getrieben wird und nie im Besitze der wahren Seelenruhe ist, lebt überdies gleichsam ohne Bewußtsein seiner selbst, Gottes und der Dinge, und sobald er zu leiden aufhört, hört er auch auf zu sein; der Weise hingegen, sofern er als solcher betrachtet wird, fühlt sich kaum je in seinem Gemüte beunruhigt, sondern im Bewußtsein seiner selbst, Gottes und einer gewissen Notwendigkeit der Dinge, hört er nie auf zu sein, sondern ist immer im Besitze der wahren Seelenruhe. Wenn nun auch der Weg, der, wie ich gezeigt habe, dahin führt, sehr schwierig zu sein scheint, so läßt er sich doch finden, und allerdings muß etwas schwierig sein, was so selten angetroffen wird. Denn wie wäre es möglich, wenn das Heil so zur Hand wäre und ohne große Anstrengung gefunden werden könnte, daß es fast von allen vernachlässigt würde? Aber alles Erhabene ist eben so schwer als selten.